解鎖

新『識』界

一個社會科學家的生活探索、
建構及解決「我」與「知識」的問題

黃應貴 著

三民書局

序

　　這本書，原是筆者規劃撰寫「社會人文新視界」系列叢書中的最後一本，但因想法最先成熟反而先完成，也最能呈現筆者目前的想法、視野與立場。這自然會直接影響其他四本的書寫與內容。而這系列叢書的目的是要向臺灣學界介紹當代社會人文學科新觀念或新知識的發展，以便我們能夠走出上個世紀現代性知識的限制，發現及探索新知識的可能性，來面對新時代，以了解及解決新時代的新現象及新問題。這對學界及年輕世代的讀者而言，應該也是急迫的。

　　至於這本書《解鎖新「識」界──一個社會科學家的生活探索、建構及解決「我」與「知識」的問題》，並不是要討論所有社會科學的理論知識的建立與發展、建制化過程，及其對其他學科及社會的影響與被接受的問題，而是著重在社會科學主要學科中的核心觀念如何發展有關的問題。若是依前者，可能每個學科都須寫一本書才有可能。但在同樣的政經及歷史條件下，不同社會科學其實都會面對相同的時代問題。若一個學科對於該時代的社會問題無法提供可能的解決途徑時，勢必會被社會所唾棄而崩解。反之亦是。甚至新學科的浮現，往往也是依時代需求而來。如傅柯提到精神分析、犯罪學、教育學等在西方 17、18 世紀的先後出現，往往與資本主義興起以來對於財產觀念及犯罪者處理方式的改變有關。是以，本書將以社會科學的核心觀念為主，來討論其

理論觀念的出現與時代的關係外，更是透過這樣的處理過程，了解不同社會科學的理論知識，有何發展的共同趨勢，並呈現當代社會科學在專業化發展後，如何跨越不同學科的界線，以發現或創造新知識的可能性。這些發展趨勢，也表現在教育制度的轉變，在臺灣各大學學院的學士班已出現一股普遍趨勢，就是希望學生在學習過程，能聚焦在個人的興趣及能力，發展出以個人為中心的知識系統，以利於個人在這變遷快速的時代，為自己找到適當的出路。是以，這本書的書寫，就是希望能有助於讀者面對他自己的時代及他自己。

最後，特別謝謝蔡英俊、已過世的林淑蓉及吳泉源，在筆者因故無法推動「新世紀的社會與文化」計畫來探索新知識的可能性時，找筆者前往清華人社院學士班教書，並提供推動這計畫所需的經費，讓筆者有更大的發展空間，找到退休後的第二春，才能完成此書。當然，也必須向三民書局的編輯群表示謝意，謝謝他們的細心校對及修飾，及想出一個既不會太嚴肅又能吸引人目光的書名，沒有他們的費心，也就沒有這本書的出版。

黃應貴

2022 年 6 月

解鎖新「識」界

——一個社會科學家的生活探索、建構及解決「我」與「知識」的問題

目　次

第一章
導　論

一、緣　起

　　本書的主要內容，原是筆者從中研院民族所退休而無法推動「新世紀的社會與文化」長期研究計畫時，當時擔任清華人類所所長的林淑蓉、後來擔任清華人社院院長的蔡英俊及人社院副院長的吳泉源，知道這事後，邀請筆者到清華人社院學士班教書，以助筆者持續推動「新世紀的社會與文化」計畫。當時三人都允諾筆者若願意去學士班，他們會全力支持該計畫的推動與實踐。但到了學士班，原有一門必修的「社會科學導論」，教授該課清華社會所李丁讚教授，因已教了三、四年，希望筆者去接這門課。筆者早先在臺大人類學系的授課內容，幾乎都是非常專業的人類學課程，如經濟人類學專題討論、宗教人類學專題討論、親屬與性別專題討論、政治人類學專題討論、歷史人類學專題討論等等，唯一教過大學部的課是「社會人類學」，後來筆者還將上課內容整理成《反景入深林：人類學的觀照、理論與實踐》（黃應貴 2021[2008]）一書。對筆者而言，「社會科學導論」完全是新的經驗，

因為這正是筆者推動「新世紀的社會與文化」計畫背後涉及如何超越現代性知識的限制之問題，便一口答應。本書即為依據「社會科學導論」課的內容改寫而來，雖然這門必修課在後來的課程改革中被取消了。然而，筆者在推動「新世紀的社會與文化」過程中，對於知識的理解逐漸產生不同的想法，加上個人的生命經驗，使筆者有了新的體悟，便將原來的「社會科學導論」課改為「社會科學的解構與再建構」，課程旨在當人們面對當代的新政經與歷史條件時，如何發現或建構出「**以個人為中心的跨領域新知識**」來面對新時代的問題，尋找解決之道。換言之，**當代新知識的發現或建構，是與新時代的條件及個人的生命經驗息息相關。**每個人的知識就如個人的存在，是受限於時代的條件，不然固然是時代的產物，但也由於個人生命經驗的不同，對於同樣的知識可能有不同的理解，並創造或發現可以面對時代問題的新知識之可能性，因此，本章便以個人追求知識的過程為例，讓讀者更易進入本書要討論的主題，以便促發讀者思考每個人如何各自選擇不同的路徑[1]。

二、少年時期的生命經驗與臺大歷史系的啟蒙

筆者出生於戰後，正如同時代面對社會秩序及生產力未恢復的條件下，青少年時期往往必須在有空時協助家計。故初一（即

---

1. 本章有關個人的生命經驗與知識追求的過程，可見於黃應貴 (2021a)。但即使同樣是生命經驗的陳述，卻因目的不同而有不一樣的重點，本章著重於生命經驗與跨領域知識的整合。

現在的國一）星期日時，常在市場外圍路旁協助同學一起賣自己所種的菜，曾被巡邏的警察認為我們造成市場的雜亂，因此將我們裝著要賣青菜的菜籃一腳踢翻到路旁水溝的經驗，影響筆者自小的內心深處一直有著「改變這社會」的衝動，認為自己以後應該要讀能夠經世致用的學問。但在嘉義中學受博物課邱明哲老師的啟發，加上小學時經常與自然接觸的機會，使自己對於生物學有非常高的興趣，最後選擇了生物組。但到高三時，因心中無法忘懷的生命經驗，還是由生物組轉到人文組，並因就讀嘉義中學時所接收的錯誤信息，結果考入了臺大歷史系。

　　到了臺大歷史系之後，才發現根本不是那回事。雖然 1960 年代的臺灣已漸由農業社會轉變到工業社會，並強調只要努力便能成功，但筆者記得曾唸過一篇「中國第一條電線」之類題目（確實的題目已忘了）的文章，只為了證明哪一條才是第一條電線。對筆者而言，重要的是電線在當時代的中國，有怎樣的現代意義？而不是哪一條是第一條。失望之餘，每天便沉醉在小說中，特別是舊俄時代的小說。比如托爾斯泰 (1957) 的《戰爭與和平》、屠格涅夫的《父與子》、杜斯妥也夫斯基的《罪與罰》、《卡拉馬夫助兄弟們》、蕭洛霍夫的《靜靜的頓河》等小說，這些都影響筆者後來研究的主題直到今天。像《戰爭與和平》，托爾斯泰在跋中便進一步討論小說中的主題「什麼是歷史？」因為在小說中，打敗法國拿破崙的俄軍統帥，在整個過程中，他幾乎沒有做任何決定。是以，他認為真正的勝利者是平民百姓，而不是他。故歷史的主體是平民百姓，而不是過去歷史學所強調的帝王將相。這也正是

筆者後來關心的「歷史人類學」問題。

　　同樣，在讀《卡拉馬夫助兄弟們》時，正巧當時臺大大一學生必讀《胡適與中西文化：中國現代化之檢討與展望》（胡適、李濟、毛子水等 1968）一書，以便灌輸我們胡適所倡導的西化路線是我們未來的出路。但讀了《卡拉馬夫助兄弟們》才讓筆者了解到西方的現代性文化對非西方文化的影響，後者抉擇時必須建立在對西方文化及自己文化均有深入理解不可。小說中，代表西方理性文明的老二，把理性思維發揮到極點。這與代表情慾的老大老是非理性地破壞既有社會秩序而帶來災難是相對應的。但只講求理性的結果，終會面對理性的限制而走上瘋狂之途。因此，作者把俄羅斯未來的希望寄託在代表斯拉夫精神的老三，故事也以老三自修道院下山傳道與愛而終結。由此，筆者才意識到胡適當時引發的中西文化論戰根本是膚淺的，也埋下筆者對於具主宰性西化之途的疑慮。

　　不過，在歷史系一年中，除了讀小說所帶來的啟發以外，研究歷史作品還是有其影響，印象最深刻的是陳寅恪的《隋唐制度淵源略論》(1974a) 及《唐代政治史述論》(1974b) 等。他在書中一再強調他之所以研究唐代，是因為它是中國歷史上最強盛的時期。而了解它強盛的原因，實有助於我們（在民國初年）建立一個強盛的中國。書中指出唐代強盛的最大因素便是它的開放性。在當時代的長安可以看見各式宗教（包括現稱伊斯蘭教的回教及瑣羅亞斯德信仰的祆教），而其制度上的建立與運作，更往往是針對西北方的外族力量來決定，而不是將中國視為一個與外隔絕的

政治體來經營等等，這其實已涉及在臺灣歷史系很少會談論的史識問題。

歷史系對筆者的另一個長遠影響是學會寫卡片的習慣。在當時，沒有電腦的時代條件下，學習者或研究者必須將閱讀到的資料或論點抄在卡片上分類收集。開始時因知識有限而會發現到處都是值得抄寫的材料，但隨著知識的增長抄寫的資料便會逐漸減少。最後，筆者喜歡在讀完每一篇或每一本研究成果後，都會寫一張卡片來記錄閱讀心得，其中包括作者的主要關懷或問題意識、理論架構或立場、資料來源以及研究成果。其次是這研究成果在這研究領域中的貢獻與限制，也就是現在所說的定位問題。最後是考慮是否可有其他的解決之道。也只有對該研究定位後，筆者才能較明確的掌握該知識。這樣的習慣與作法，讓筆者一生都受用無窮。

不過，歷史系對筆者最直接的影響便是因學長的介紹而讀了費孝通 (1948) 的《鄉土中國》，這讓筆者首次接觸到社會學，以及「救中國必須由了解中國社會做起」的學術立場，並因此覺得社會學似乎更合乎筆者對於「經世致用」的想像，於是筆者轉學到社會學系。

三、社會系時的人類學反思

轉到社會學系之後，因是西方傳入的學問，中文教材有限，必須唸英文書。筆者為加強英文能力，自大一暑假開始時，便在文星書店買了第一本最便宜的英文書。這本便宜的口袋書，便是

米德 (M. Mead) 的 *Coming of Age in Samoa* (1961)。買這本書完全是個意外，但暑假唸完了這本書，筆者開始對人類學產生莫大的興趣。因為這本書透過三毛亞田野工作的研究，指出當時美國嚴重的青少年問題，所有的社會科學都把這種叛逆行為看成是一種生理的自然現象與必然過程。但在三毛亞，卻因為父母親與小孩間的關係從小就非常和諧而無衝突，以致於小孩成長到青少年時，並沒有發生反抗的叛逆行為。由此，米德進一步指出，兒童養育方式將會決定青少年是否有反叛期，充分顯示出人類學以一個個案的當地人觀點，來挑戰當時西方社會所認為的一般性的真理，以剔除西方霸權文化的偏見。這讓筆者非常的震驚，也警覺到自己不喜歡歷史學的原因之一是它無法告訴我一般大眾的主觀看法與立場，就像自己當年無法理解為何在市場上賣菜賺一點小錢，就會被扣上造成市場雜亂的罪名？但讓筆者更深深體會人類學能顧慮被研究者的觀點。還有一次經驗是，大三暑假時，曾替一位美國社會學家 W. L. Grichting 在三重做問卷。問卷中，其中一個題目是問被訪問者的宗教信仰，然後要被訪問者從以下幾個答案中圈出：1.佛教、2.道教、3.回教、4.基督教、5.無。結果，百分之八十的人不知要怎麼回答。因大部分的人都分不清自己信仰的是道教、佛教還是祖先崇拜等等。事實上，許多人會將信仰儀式混雜在一起，也就是今日大家習以為常的「民間信仰」。但當時研究者並不了解當地人的信仰，就會以自己所學的宗教分類方式來發問，以致無法得到適切的回答。因此，筆者決定改唸人類學，也順利地考上了臺大人類學研究所。這時，臺灣學界正進入現代

化的熱潮。

四、人類學研究所的機緣

　　進入臺大人類學研究所，筆者原先要研究當時災難頻傳的煤礦工人。這是因筆者當兵時，曾受過傘訓。當時訓練過程，由於意外頻傳，使得同期受訓的學員之間，一方面熱絡異常有如多年好友一般，另一方面卻都只記得對方的代號，而不是姓名。在筆者的感覺，大家似乎都不願意建立真正的友情與關係，以免意外發生時徒增傷悲。因此，筆者很想理解在災難頻傳的煤礦工人間，他們怎樣透過相互幫助來度過難關？特別是犧牲者的家屬。但後來又因為補修系裡田野實習課，而改變了筆者的研究對象。當時田野實習課是到南投縣信義鄉望美村的久美探訪當地原住民。令筆者印象深刻的是，當時原住民正處在開始與資本主義市場經濟接觸的階段，其努力與掙扎的情景，讓筆者很自然地回想到自己小時的生活情景，也勾起少年時的豪情壯志。加上當時濁大計畫正需要有人從事濁水、大肚溪兩流域間地區的原住民研究。筆者便選擇了布農人的經濟發展作為碩士論文的主題，以便兼顧學術研究及社會實踐的目的。事實上，在從事田野工作及撰寫碩士論文的過程中，筆者也有實際協助當地人解決其經濟問題，特別是有關儲蓄互助社、共同運銷、共同購買等運作上有關問題的解決，筆者提供實質的意見及參與族人與外界溝通的工作。因此，論文完成的同時，筆者也覺得自己盡了研究者社會實踐的義務。

五、農業機械化與對現代化的質疑

筆者碩士畢業後到中研院民族所工作，因王崧興老師計畫的需要，前往彰化縣花壇鄉的富貴村從事有關農業機械化的田野研究工作。這計畫主要是探討臺灣在 1960 年代中期以後，由農業社會進入到工業社會，農村人口大量流失到都市或工廠工作，造成農村人口不足以維持既有水稻的生產，政府乃提出了「農業機械化」的政策，以便解決農村人口短缺的問題，並選出三個臺灣農村來從事農業機械化的實驗。結果三個農村的實驗都以失敗告終，故這研究計畫是要了解失敗的原因。筆者繼王崧興老師研究半年之後又從事半年的田野工作，了解到計畫失敗的主因是政府推動該計畫時，因農村經過三七五減租及耕者有其田政策，使得臺灣農家水田面積都太小而無法直接從事農業機械化。因此籌組農村合作社，以便合併土地來進行農機的使用。而合作社經營的方式主要是依美國科層組織的觀念，將所有參與者分科分層來分配工作，並將收成依原有水田面積來分配。但這種模式完全將當地農人與土地的關係切斷，使得當地農人僅從事分配到的工作，有如工廠的上下班制，不再像以前全心全力隨時去田裡轉一圈的那種照顧方式，以至於收成大幅減低而引起當地人退出合作社的經營而失敗。

不過之後，農業機械化在當地竟又發展成功，甚至推廣到全臺。這是因為當地農人進行農機的使用時，是依華人既有的社會關係之特性來進行。這社會關係特性有如費孝通 (1948) 在《鄉土

中國》中所提到的「差序格局」：自我中心、人之間的互動是依既
有關係的緊密程度而來，關係愈緊密者回報愈深厚，關係淺者或
沒有關係者，就沒有回應或得透過賄賂等手段來建立關係。在這
特性下，富貴村自行推動的農業機械化是每家只買一臺農機（耕
耘機、插秧機、割稻機等），但只耕作農機所有者的田，不足以收
回成本及發揮效力，他們乃透過個人的社會關係，徵集足夠需耕
作的水田來經營。這結果是每一家都成為不同農機的擁有者，其
他農機工作就由與當事人有社會關係的農機擁有者來代工。如此
一來，既達到農業機械化而解決了勞力不足的問題，又使每一家
農人都是老闆及顧客。但這成功的背後所依賴的，並非西方科層
組織所強調無差距對待所有顧客的理性分科分層觀念，相反的，
是依賴將人分級的差序格局，這個社會型態被視為不符合現代社
會的理性觀念，故當地人挑戰了當時具意識形態的現代化觀念。
但筆者的這個研究（黃應貴 1979）因與主流的現代化唱反調而在
當時學界並沒有引起注意，其靈感卻是來自大一讀過的小說《卡
拉馬夫助兄弟們》。事實上，這時期，國際學界也因世界資本主義
經濟經過戰後二十年的繁榮期，造成社會階級、族群、性別等的
不平等，因而有 1960 年代末期學生運動的改革要求，並將政治經
濟學或馬克思理論引至社會科學的研究上，使得這些理論主宰了
1970 年代的社會科學研究。但因這類理論與研究過分強調結構性
的力量而忽略人的主體性，開始有後現代或後結構理論思潮的浮
現。只是臺灣還未解嚴，這類的理論與思潮因政治上的壓抑而未
能浮現來挑戰現代化理論。

六、資本主義之外的另一種可能及對馬淵東一理論的挑戰

完成農業機械化研究後再回到久美，筆者開始注意到當地人適應資本主義市場經濟的情形，結果是當地土地較多而適應較成功的人，更懂得向儲蓄互助社貸款而再投資，但土地較少者只是存錢於儲蓄互助社者，往往無法貸款再投資。於是形成一個明顯的奇怪現象：窮人存錢給有錢人再投資，使得貧富差距日益擴大。因此，當地一些熟悉的朋友曾遺憾地對筆者說，「你只幫了有錢人」。筆者第一次聽到這樣的評論時當下大吃一驚，也第一次意識到原來社會實踐的結果是解決了原有的問題，卻製造出另一個新問題。若要真的解決問題，長久之計便是去面對更基本的問題：資本主義經濟之外的另一種可能。事實上，這正是經濟人類學試圖提出與探索的根本問題。而為了面對這問題，筆者意識到必須先解決「什麼是經濟」的問題。為了回答這問題，筆者也開始處理布農族經濟以外的其他社會組織各個層面。特別是上述布農人在經濟發展與適應的過程中，主要都是以集體適應的方式來進行。這顯然與他們的社會組織、信仰等都有緊密的關係。是以，筆者選擇了與外界更隔離的東埔社，來進行處理有關他們的親屬、政治、宗教等層面問題。因此，筆者必須面對馬淵東一的觀點。

在有關布農族社會文化的研究中，日本學者馬淵東一的父系繼嗣理論之解釋，到 1980 年代中期以前，一直占據主導地位，但筆者分析自己田野工作資料所了解到的布農族，卻與他的理論解

釋並不相符。在馬淵東一的理論中，布農族是依父系繼嗣原則而
來的先天地位所組成的社會。雖然他並沒有完全否定或忽略個人
能力的重要性，但至少那不是他所理解的布農特色。唯在筆者的
研究當中，個人能力的強調甚至超越他們的先天地位，使筆者無
法完全釋然他的解釋。面對與馬淵在理解與解釋上的衝突，筆者
一直在尋找解決之道。在 1980 到 1981 年間，筆者有機會拿到哈
佛燕京學社的獎助，到哈佛大學進修一年。這時正是美國資本主
義經濟經歷石油危機導致資本利潤率下降的衝擊，並受到日本經
濟的挑戰而由高峰開始下跌，故使得筆者對於資本主義社會有了
新而實質的認識。

　　譬如，筆者剛到哈佛大學時，暑假期間在書店看到涂爾幹的
名著 *Elementary Form of Religious Life* 很想買下來。但依筆者在臺
灣的經驗，開學後因買的人多就會減價。但等到開學後，因該書
是大學教科書，買的學生大幅增加，導致價格不減反增。直至學
期結束前，學生拋售讀過的書，加上書店要空出空間來賣下學期
的新教科書，使這本書的價格狂跌。這個過程讓筆者了解到什麼
是市場供需律的機制，跟臺灣被扭曲的市場經濟截然不同。

　　另一方面，在哈佛校園經常可以碰到以往唸過知名的書之作
者，他們往往是被哈佛以高薪挖角而來。以人類學系為例，筆者
遇到了原在英國劍橋教書的英國人 David Maybury-Lewis，以及原
同樣是在劍橋教書的斯里蘭卡人 Stanley Tambiah 與 Nur Yalman
等當時著名的人類學家，被學生稱為系裡的三巨頭。由此還是能
看到資本主義強調的開放性及資本的力量。也因這機緣，筆者得

以向他們請益。其中，Yalman 建議筆者如要解決研究問題，可能去英國進修會較有幫助。因此，1984 年筆者取得了國科會的進修獎助，便前往馬林諾斯基所開創英國現代人類學基業、而費孝通唸過的倫敦政治經濟學院（在英國簡稱為 L.S.E.）。這時的大英帝國雖然已經沒落，但卻是柴契爾夫人與雷根總統推動新自由主義化政策、試圖拯救沒落中的資本主義經濟，並透過世界組織如世界銀行、WTO、國際貨幣基金等，將這些政策推廣到全世界，使我們進入全球化的新時代。這也是後現代或後結構理論思潮開始流行的時代條件。

七、倫敦政經學院求學時所受到的衝擊

在倫敦政經學院求學的四年中，讓筆者受到最大的衝擊便是世界觀的問題。在倫敦政治經濟學院社會人類學系大一的課程只有兩門課。一門是社會人類學導論，另一門是基本民族誌。後者主要內容是每個文化區挑選一本最有代表性的民族誌來唸而且學生們需分組討論，各組將由系裡不同老師來帶。這樣的課在美國主要的人類學系都沒有。這麼做的目的是，除了培養學生閱讀民族誌的能力外，更重要的是培養學生能具備一個涵蓋人類社會文化整體的圖像，也就是培養以人類社會整體的角度來看待社會文化現象的視野。雖然開始時，筆者會認為這是大英帝國的餘緒，以便治理廣布在世界各地的殖民地。但後來才意識到這是一種世界觀，雖然筆者無法確定是這種世界觀造就了大英帝國，還是大英帝國造就了這世界觀。因這種視野，幾乎在英國的日常生活中

隨處可見。

譬如，筆者在倫敦的四年中，最大的消遣便是星期六晚上觀看 channel four 民營商業電視臺的電影欣賞節目，每個星期播放一部非西方主流國家（西方主流國家是指英美法德義等）的代表性電影。其中有許多小國家，筆者根本就不知道在地球何處。然而，一個商業電臺竟有能力去注意世界其他各地的電影，正反映上述世界觀的影響力。這點特色，更因電視臺在 1987 年播放日本文部省提供的紀錄片可證之。

1987 年夏天，筆者在 BBC 電視臺看了由日本文部省所提供的紀錄片「日本是否站上國際舞臺？」其第一單元便播放日本在近七十年前參與《凡爾賽和約》的會議經歷。在當時的會議中，五強之一的日本，除了替自己爭取國家利益外，對於國際事務因缺少必要的世界觀而無緣置喙。這個慘痛的經驗讓日本與會代表非常挫折，他們回國後，遂積極推動日本建立國際視野或世界觀，包括要求駐外使館必須收集當地重要的著作，翻譯成日文，以便一般日本人更容易接觸世界其他地方的歷史與文化。然而近七十年之後，他們還在反省日本是否有完備的世界觀站上國際舞臺？由此可見建立世界觀之困難。

此外，在 L.S.E. 進修，得以接觸到來自世界各地不同文化的優秀學生，也透過與他們的互動過程中，得以發現自己原本在國內不易凸顯的優點與專長，實有助於自我認同的建立。當然，最重要的影響還是在於筆者是否解決了與馬淵東一有關臺灣布農文化理解上的衝突？由於 1980 年代的後現代或後結構理論與思潮，

雖有解構之貢獻，卻沒有再建構的建樹。因此，L.S.E. 人類學系乃發展出結合 P. Bourdieu (1977, 1990a) 的實踐論 (theory of practice) 與 M. Mauss (1979, 1990) 所強調文化主觀的分類系統，由日常生活中來探討社會與文化的現象，我們又稱其為文化實踐論。在此概念影響之下，筆者反省到會與馬淵東一發生衝突，是我們都侷限於經驗論科學觀的結果。事實上，從布農人主觀的文化觀念來看，特別是人觀，他們認為一個人的能力既是繼承自父親，也是由後天的學習努力而來，這兩者並不衝突。由此，筆者進而開展出以人觀重新理解與解釋布農人的社會與文化。

八、基本文化分類概念

　　筆者對於布農文化的新理解，一方面是受到人類學新的知識發展所啟發，另一方面則因觀察當地布農人的生活所獲得的想法。事實上，筆者在去英國之前的田野工作中，就已注意到許多類似下面三個與布農人人觀有關的實際例子。第一個是 1978 年，筆者第一次到東埔社（現在的南投縣信義鄉東埔村第一鄰）從事正式田野工作時，看到當地布農人玩乒乓球的方式，印象深刻且百思不解。他們平常的玩法是當對方把球打過來時，己方若覺得接不到球，可以不接而不算失分。只有去接對方打過來的球但又沒有接到，才算失分。後來筆者終於明白，原來布農人認為只有與能力相當的人比賽，勝負才有意義。如果對方明顯不如自己，則勝之不武。因此，比賽過程中，雙方都可以因對方球難接而放棄卻又不失分。如此，很可能使比賽頻頻中斷而難以為繼，最好的玩

法便是找到實力相若的人為對手。

第二個例子是當筆者於 1978 年至 1980 年間在東埔社從事田野工作時，詢問他們如何分財產，每個人都說他們是「平分」。可是，從筆者所收集的實際資料來看，沒有一家是平分的，使得筆者也是百思不解，後來才了解，布農人認為必須依照個人不同的能力與貢獻分給不同的分量，才是「公平」。譬如，某家有三兄弟，老大擅於在山上陡峭的林地及旱田工作；老二喜歡在平坦的水田或梯田工作；老三偏好到都市工廠工作。因此他們分家時，老大分到所有的林地及大部分的旱田，老二分到水田及位於平坦地形上的旱田，老三則一塊地都沒分到。對他們來說，這樣的分法是依據每一個人的能力及過去的貢獻或努力的結果。也因此，三兄弟均認為這是「平分」。即便是年輕時就到都市工廠工作而分不到一塊土地的老二，他也認為這樣的分法是很「公平」的。

第三個例子的時空背景與第二個例子一樣，也是筆者同一時間在東埔社發現的現象。當時，布農人雖以種植經濟作物（特別是番茄、高麗菜、香菇、木耳）為主要的生產工作，但當地人之間的「交換」，往往是依據雙方的相對能力來進行。譬如，有一個人一天可賺一千元，另外一位一天只賺五百元。當前者向後者借五百元時，歸還時要給一千元。反之，後者向前者借一千元，歸還時只要給五百元。換言之，兩人間的交換，是以雙方相對能力來進行，而不是像市場經濟中以普遍性的標準來估計。

這三個例子均說明布農人文化上主觀的人觀之重要性，但如果研究者自己在觀念上沒有突破，也就無法意識到乃至掌握經常

出現的現象及其意義，更別說是深入了解與解釋其社會文化的現象與特色。也因此，這種理解實包含了被研究對象本身的深層特性之掌握及研究者本身研究觀念上的突破。至少，在科學主義下，文化上的主觀觀念之探討往往會被排斥，以至於當時筆者雖覺得奇怪，卻沒有進一步去面對，而陷入與馬淵解釋上衝突的困境。

由於人觀探討上的成功，使筆者決定進一步系統地探討整個分類系統而有了「**基本文化分類概念**」的研究。而這個研究計畫，不但可避免後現代主義或後結構論對於當前社會及人文科學所使用的許多分類概念，如政治、經濟、宗教、親屬、乃至社會與文化等，都只是消極地批判為西方資本主義文化的產物外，更能積極地提出具有批判性、反省性、以及創造性的研究新切入點，使我們的研究能夠進一步深入了解被研究的對象，以便對其社會文化特性的理解與掌握有所突破。雖然，這類的探討並非全新的，而是與涂爾幹、牟斯 (M. Mauss) 所強調西方哲學從亞里斯多德以來而由康德集大成的所謂了解之類別或範疇 (the categories of understanding) 有關。這個哲學知識傳統強調人觀、時間、空間、物、數字、因果等類別，是各文化建構其知識及認識其世界的基礎；其他較複雜的概念與知識，都是由這些基本的分類概念所衍生而來的。只是，在這個研究計畫的架構中，筆者並不假定原所說的基本分類概念都是一樣與固定，也許還有其他基本的分類概念待發現；而每個基本的分類概念在每個不同文化中，更有著不同的重要性與特質。因此，在這研究計畫中，筆者曾考慮加入超自然的概念、工作、乃至知識本身等可能的基本分類。至今已先

後處理並出版了《人觀、意義與社會》、《空間、力與社會》、《時間、歷史與記憶》、以及《物與物質文化》四本專題論文集，使臺灣的社會人文學研究得以由過去經驗論科學觀的限制進入文化主觀的境界。

九、田野的衝擊

在 1995 年，《臺東縣史》 總編纂施添福教授邀請筆者參與《臺東縣史》的編寫計畫時，其實有點心不甘情不願。因在筆者的生涯規劃中，並沒有計畫此事。當時，筆者正在思索如何深一層去處理有關與夢及情緒的心理層面之研究，以及準備有關「物」的分類之研究。然而，作為晚輩，加上他過去一直很積極支持筆者規劃的研究（特別是空間及社群的省思等問題上），很難拒絕他的邀約。而寫地方志，也算是對當地原住民的一種回饋。所以，最後筆者還是答應寫《臺東縣史・布農族篇》(2001)。為了撰寫這本地方志，筆者整整跑了 16 個布農聚落，而且必須在很短的時間內掌握每一個聚落的獨特性質。這使得筆者必須發展出更清楚的基本社會文化圖像，以及作為參考點的全人類社會文化的圖像不可。處理《臺東縣史》時，筆者必須跳出過去以一個聚落為中心深入研究的作法，重新考慮到整個區域的共同性問題。如此，在這專書中，筆者不僅帶入了資本主義化、國家化、基督宗教化等的問題，也涉及了這個地區族群互動過程對於個別地方社會形成的影響，更涉及歷史過程中不同階段發展的動力之差別，使得布農族研究開始向歷史深度發展而有歷史化趨勢。這也使得筆者

開始重新思考整個臺灣社會歷史發展過程在全人類社會文化圖像中的特殊位置與特色（黃應貴 2006a）。因此，上述全人類社會文化的視野對筆者也有了更具體而真實的意義。

但從事《臺東縣史・布農族篇》的田野工作時，對筆者最大的衝擊是來到延平鄉永康村的短期田野。這是筆者所知最窮困的布農族聚落之一——在日治時期被日本殖民政府強迫集團移住而遷居至山腳下，與鄰近閩南人及阿美族人混居的聚落永安僅有一線之隔。由於腹地狹小，每一家分得的土地有限而難以自足，對外的經濟活動更為永安人所掌控，加上曾有洪水造成山崩而淹埋了該聚落的部分房子與農田，使得該聚落的年輕布農人很早就被迫出外工作討生活。在筆者訪問當地時，聚落的基督長老教會牧師說到：幾年前，短短三個月之內，該聚落曾有十幾個年輕布農人自殺。他們多半原本在都市裡工作，但外勞取代他們的工作後，只得回鄉居住。由於從小離鄉工作，根本不懂得農耕。回到家鄉後，許多人游手好閒、整天酗酒。其中有人選擇自殺，就像傳染病一樣其他人連續自殺。這使得這位當時剛從玉山神學院畢業的傳教士嚇壞了。他說他雖是神學院畢業，但一直到這件事發生時，他才開始自問「什麼是存在的意義？」在他悲傷的述說中，筆者也感到震驚！臺灣地方社會到底發生了什麼事？這事也成為筆者後來從事有關新自由主義研究的動機。

十、新自由主義與《「文明」之路》

然而，2001 年時，筆者正擔任中研院民族所所長，無法長時

間離開臺北去從事長期田野工作，一直到 2005 年辭掉所長的工作後，2006 年筆者回到熟悉的東埔社繼續從事田野工作，及有關布農人夢及夢占的研究。事實上，筆者一回到田野後，很快地就意識到我們面對的是一個完全不同的新時代。譬如，1999 年 921 災後重建後，在大臺中地區，不僅快速道路取代了過去的公路而使臺北到東埔社所花費的時間，由早期的一天多縮短到半天多外，原本沒有電腦與網際網路的東埔社一下子變成家家戶戶有電腦、可上網的情形，就跟在都市一樣。快速道路的完成，更使得東埔社布農人由原先僅在重要節日才會到水里購買日用品的習慣，改為每週口帶著全家人到臺中大賣場購買一週所需的日用品。當時臺中有十家大賣場，九家是外資、僅有一家是合資，因此東埔社布農人所購買的商品，可說是來自世界各地。

此外，原先進到山地管制區時，在南投縣信義鄉的入口處有一個屬於內政部警政署的入山檢查哨檢查入山證。但現在已取消了檢查哨，取而代之的是 Seven Eleven。因此，東埔社布農人就戲稱現在治理臺灣的是 Seven Eleven 這類的財團，而不是政府或國家。更讓筆者驚訝的是當地布農人創造出新的排球規則：第一局，發球那方同時發兩個球，只有兩個球都贏時才算得分，雙方各贏一球則平手而不算得分。第二局則雙方各發一個球，同樣是兩個球都贏時才算得分，否則雙方各贏一球則平手不算得分。兩局都贏就算贏，只有平手戰到第三局時，才恢復平常大家所熟悉的規則來決勝負。對當地布農人而言，這新規則的創造是用來再現他們對於當代的想像。他們常說，以前只要努力工作就能成功，

就如同過去打排球只打一個球，只要專心打這個球便可。但當代則完全不同，一個人必須同時注意許多事情而無法專心，就如同同時玩兩個排球一樣。換言之，他們是以新的排球規則與玩法來再現他們對於這新時代的想像。

而讓筆者對於這新時代有進一步深入思考的，則是上述快速道路完成所導致東埔社布農人到臺中大賣場購買日常用品的現象，卻因新資本的不斷流入這整個大臺中地區而使購買行為不斷產生再結構現象：當山地地區的原住民跑到臺中大賣場購買日常用品後，原本在水里販賣商品的店商因失去顧客而倒閉，使得資本額大於水里店商卻不如臺中大賣場的興農超商，見有機可乘乃在水里設立超商。這使得一部分山地布農人轉而在水里購買而不再跑遠路到臺中大賣場。但水里興農超商的成功也引起臺中家樂福大賣場注意到大臺中地區腹地的商機，便在南投市設立家樂福大賣場的分店。由於南投市距離水里不到二十分鐘車程，東埔社布農人大都轉到南投市家樂福大賣場購買日常用品，以取代臺中或水里。由此可見在當代，新資本的不斷流入往往造成社會生活的某個領域不斷地再結構，正說明資本在當代社會文化變化上的決定性與力量。這讓筆者逐漸意識到新自由主義的動能與深層現象，而不再像開始研究時因前述外勞的問題而以表象的全球化觀念來理解當代。此後，從 2006 年到 2012 年，筆者經過六年的時間終於完成《「文明」之路》三卷的研究，分別包含當地布農人在前資本主義、資本主義化及新自由主義化的一百多年來發展，並在 2012 年出版該書，也正式宣告臺灣在 1999 年進入新自由主義

化的新時代。

十一、日劇與當代日本文學作品的啟發

　　筆者研究期間，歷經既有現代性理論知識乃至於文化實踐論不符實際現象所帶來的困擾與挫折，最後卻是由日本當代小說及日劇而得到許多啟發，乃逐漸找到有效再現當代的觀念與解釋方式。譬如，大江健三郎 (2001) 的《燃燒的綠樹》所描繪的既沒有教義、又沒有儀式、只有個人的修練及諸教合一、以及一旦擴大就沒落等當代新興宗教的新現象，讓筆者得以重新思考如何有效處理當代的「宗教」問題。而村上龍 (2002) 的《希望之國》中，日本國中生在北海道創立「國中之國」的作為，更讓筆者意識到當代的民族國家已經是過時而不再是理所當然的存在，因它是會破產的。同樣，角田光代 (2012) 的《樹屋》中，男主角的家因陌生人進進出出，使他視家為旅館，直到他了解父母為何善待陌生人而使他將家人重新界定為能帶給其他家人希望的人就是家人時，筆者才意識到在當代，親屬的意義早已改變。而日劇「電車男」固然讓筆者意識到網路不僅是新自由主義化的前提，更告訴我們在當代，人群結合的方式早已超越了過去社會科學所強調的血緣、地緣、乃至於志願性團體等原則。「我們的教科書」中被霸凌的國中女生，創造出過去的我、當下的我、未來的我三個自我來解決被同學視為不存在的透明人而導致自殺的問題，讓筆者意識到在當代多重自我的普遍化趨勢。而「錢的戰爭」更告訴我們在當代，債權人與欠債者的關係已經逐漸取代工業資本主義時代

的資本家與勞工的關係，雖然，這種階級關係相對於過去資本家與勞工的關係更加有彈性而容易轉換，使得債權人與欠債者往往是同一個人而界線不明等等。在這些當代文學與戲劇的啟發下，加上對於新自由主義相關文獻的閱讀，使筆者才得以完成《「文明」之路》的第三卷有關當地新自由主義化的過程，並對整個新自由主義有所了解。進而推動「新世紀的社會與文化」研究計畫及叢書的出版，以便更系統地去探討臺灣新自由主義化的現象與問題。

十二、心臟手術併發症後的省思

「新世紀的社會與文化」計畫與叢書雖然順利地進行，但只做到如何區辨新自由主義化與工業化社會的不同，並沒能發現或建構出超越現代性知識的限制或現代性與後現代知識上的差別，因而無法找到解決新現象與新問題的新知識，這在筆者內心一直有種遺憾之感。2018 年 7 月底，筆者在臺大醫院接受心臟二尖瓣整形及冠狀動脈結紮手術，手術結束後，轉到普通病房休養，即將出院之際，卻發生嚴重的心律不整併發症，經過兩次電擊急救才挽回生命。第二次電擊時，筆者忽然進入另一個時空，照面的都是已經過世的人物（但大都不認識）。他們都叫筆者的「元神」之名，而非世俗之名。所謂元神之名，來自於筆者在 1990 年代，在偶然的機緣下學習龍門金劍氣功之時，經師父灌頂後，身體自動走出某種形態的腳步，師兄認為那是筆者的元神。由於當時南港到新店道場的交通非常不便，只得自己一人練習。但因身體轉

動的力量愈來愈大而難以控制，在沒有師父帶領之下，便先行停止，以免走火入魔。此後也就忘了此事。但到了異世界，這個名字又再度被提起。更因為筆者的元神力量很強，在搞不清楚狀況的時候，便被不同的「人」操弄去跟其他人對抗，以至於陷入非常混亂的局面。為了終止混亂局面，異世界中的人物決定要處置筆者。此時，筆者已過世的六位師長突然出現，不僅制止他們，還把筆者趕回這個世界。經過一段小波折後，又回到臺大醫院的加護病房。對於受過現代性知識洗禮的人，很容易以筆者在做夢來解釋，但對筆者而言，那是再真實不過的經驗，就如日常所處的真實世界一般。

在醫院經過一個月的治療，出院回家養病。由於電擊的緣故，雖然經過電腦斷層判定沒有傷害到腦子，但很多事都不復記憶。回到家後，開始重新學習如何生活（包括走路等肢體動作），並重新回憶起從小到大的成長經歷、省思當時的反應與作為。這時的回憶與省思，等於是重新定位或解釋過去的生命經驗，使自己漸漸有了不同於過去的視野與格局。故對筆者而言，這不只是**重生**，而是如河合隼雄 (2004) 所說的**昇華**。至少，現在的筆者，已經不會像手術前一樣，視宗教的神祕經驗為不能理解也不可處理的課題，而是從已知知識來面對未知領域，將其合併看待，以尋求一**個更深、更廣、更遠的視野與格局**來理解。此種逐漸累積的過程，讓自己不斷地達到更高的自性化境地，也不斷地重新認識自己。這裡的論述，便是往這個方向邁進的一個努力。而結論便是「**人與超自然的互動，由於直接挑戰了既有的現代性知識，而不易被**

認識，也不易深入了解。這條路徑，不再承認現實的意識是人存在的唯一意識世界，更不將世界具體固定化於限定的空間，反而強調人可依其個人生命經驗的領悟或修行，達到更深、更廣、更遠的視野與格局，使當代狹隘的主體化問題轉換為達到更高整全性自我追求的境界，包含認識世界的方式與面對未知知識的昇華」（黃應貴 2020a: 57）。這其實已涉及當代國際學界正在發展中，試圖超越既有現代性知識中的許多二元對立的基本假設，以發現或建構出新知識的所謂「本體論轉向」的發展。

十三、小　結

由上可知，以個人為中心的知識發展，除了當時代的政經與歷史條件的限制與塑造外，更涉及個人的生命經驗，因它讓個人對已存在的知識有不同的理解與掌握。然而在當代臺灣，啟蒙運動以來所發展成熟的現代性知識，早已過時而不足以有效了解及解決當代的新現象及新問題，必須發現或建構出新的知識。而這種新知識，更不是單單解構性的後現代知識就可以滿足。但不幸的是臺灣主流學界還受到上個世紀的現代性知識主宰，使得臺灣社會停滯不前。本書將以個人追求知識過程開始，並非筆者有多大的成就，而是能更貼切地透過個人的生命過程，凸顯出為了解決問題及尋找自我，會不斷地反省自我及既有知識，及加入有助於解決問題的其他知識與想法，包括現代性知識的理性主義所排斥的文學與宗教經驗等。雖然如此，上述本體論的轉向仍在發展中，其成效還有待未來證明。而且，筆者認為未來能發展出合乎

時代需要的新知識，可能還是得等真正活在這新時代的年輕人來
發掘，像筆者這類屬於上個世紀的人，所能做的其實很有限，而
這本書的目的就是希望能提醒年輕人認真面對你們的時代及你們
的生活本身，才有可能以已知來面對未知及創造未來。

第二章
啟蒙運動與社會科學的誕生

一、社會秩序如何可能？

　　社會科學的發展與西方現代性的出現息息相關。它源自中古封建社會的沒落所導致舊秩序的瓦解，但後起的資本主義卻還未能立即建立新秩序，因而造成社會秩序的混亂。為了建立新秩序，故有「社會秩序如何可能？」的問題出現，這也是現代社會科學知識的萌芽。如盧梭、孟德斯鳩、伏爾泰「法蘭西啟蒙運動三劍客」的提問與討論。

　　然而上述問題的前提：進入資本主義時代後，新秩序取代舊秩序所導致的結果。但從法國年鑑學派第三代代表史學家 Jacques Le Goff 在 *Time, Work and Culture in the Middle Ages* (1980) 一書中的新觀點來看，中古由封建主統治農民的社會，因人口增加而導致都市與商業的興起，不得不與遠處互通有無來解決生存物質之不足。為此引發時代的需求：**共同的時間**，使從事交換或貿易才有可能。試想如果沒有共同的時間，如何與遠處的人約定交貨等貿易行為？但這需要新的知識及新的技術。前者必須有哥白尼

的「天體運行說」之類的革命，後者則是鐘錶的發明。而為了與東方直接貿易，更導致大航海時代來臨，使全球性商業資本主義的發展有了可能。然而，大航海時代不僅涉及新的天文知識，也涉及航海技術的突破與創新，更重要的是要有類似現代民族國家的組織力量在背後支持不可。換言之，經濟與國家在資本主義發展之初，就是一體之兩面，就如貨幣一樣，是由國家所生產，它既代表著國家的治理力量，也代表著經濟實力。與中古封建社會的經濟形態相當不同。

上述時代特性也充分表現在西方文學史上的第一部現代小說而為西方現代文學的肇始者：塞凡提斯 (2016)《唐吉訶德》。故事是講 16 世紀末、17 世紀初的地中海地區，由於舊秩序沒落、新秩序未建立起來，社會各處呈現混亂情況。是以，唐吉訶德乃試圖恢復不合時宜的騎士精神，結果製造許多荒謬的故事。但它卻是西方世界第一本以地方方言，而不是拉丁文所撰寫的文學作品，說明西歐的文學是與民族國家、資本主義一起發展的，此種說法可見於 Anderson (1991)《想像的共同體》，與許多非西方國家的發展模式相當不同。譬如，日本的現代文學是在日本明治維新之後才出現的。這觀點可見於柄谷行人的《日本現代文學的起源》(2017) 一書中。事實上，《唐吉訶德》這小說還涉及西方文學史上新的社會分類「文學」或「小說」的出現，因它不是真的，而是幻想而來的。這當然涉及了這分類背後知識本體論上的創新：真實 (reality) 與虛幻 (illusion) 的分辨。而這分辨正如 Anthony Giddens 在他的 *The Constitution of Society* (1984) 一書中所說，這

是現代性知識的本體論基礎，而這基礎來自啟蒙運動的結果。故社會科學的出現，不僅與西方現代性的出現緊密相關，更是啟蒙運動影響下的發展結果。不過，在進一步談啟蒙運動之前，順帶一提，這小說也區辨了後來社會科學與人文學的差別：這小說的重點之一是關於中世紀騎士把放縱情慾視為他們生活中的一部分，使這小說充滿著心理內驅力與情感動力，故充滿著非理性的情慾。而這在西方理性主義與科學精神的關照下，往往被劃分為社會科學的範圍之外，故被視為文學的範疇。

二、啟蒙運動[1]

　　不過，社會科學知識的萌芽，必須等到 18 世紀啟蒙運動時才有進一步的發展。啟蒙運動強調以理性 (reason)、經驗 (experience)、及實驗 (experiment) 來了解自然、人及社會的時代，是一種知識及文化的運動，故與我們現在所說的「現代性」緊密相關。這與 14 至 17 世紀的文藝復興運動不同，文藝復興主要是對古典作品的重新學習，找出新時代的新意義但它也為之後的啟蒙運動提供了知識的養分。不過，一般人會把這兩者混淆，主要是廣義的啟蒙運動不限於 18 世紀，而包括早期 1650 到 1750 時期對於現代科學知識的追求，以及晚期 1750 到 1850 與工業革命結合的發展。晚期的啟蒙運動不僅能凸顯理性時代強調理性、經

---

1. 本段有關啟蒙運動的部分，主要參考 Hamilton (1992)、Hawthorn (1987)、Hulme (1990)。

驗與實驗的特性,更與社會科學的發展緊密連結。

　　晚期啟蒙運動與工業革命連結後對社會科學的影響,在於工業革命發生於人類對於新知的需求而導致機器的發明,而後工業革命帶來了新的社會形式與組織,並造成新的社會現象與問題,使當時代的人對於新知的渴望更加強烈。這些不僅帶來社會科學的進一步發展,更促進社會科學分科的出現,以便加速專業知識的發展與累積。這也反映在此之前的知識,不僅沒有社會科學的分科,連自然科學與社會人文學科都沒有分家。所以,笛卡兒是科學家,但也是人文學家。同樣,米開朗基羅是雕塑藝術家,更是有名的科學家。事實上,啟蒙運動以前的知識追求者,都視之為哲學家 (philosophe) , 到 18 世紀時就稱之為百科全書者 (Encyclopedie) 或博物學者。但不管如何稱之,他們所追求的是放諸四海皆準的「普遍性」(universalistic or cosmopolitan) 知識。雖然這並不表示那就真的具有普遍性,譬如當時的學者很少知道中國,除了少數如伏爾泰者之外。此外,就知識的目的而言,他們更不是為了知識而知識,而是希望透過知識的累積與了解,去從事改變傳統社會,並以新的思考方式來想像這世界。也就是反對中世紀的宗教權威、迷信,而以理性、經驗與實驗,來證明新秩序的存在。而他們對於新秩序的想像,是反對專制主義,追求平等、民主及人的解放。這是透過新制度的建立,達到人類社會「進步」的目的。

　　不過,啟蒙知識不具有他們所聲稱的普遍性,還可以從另一個角度來了解。由於啟蒙運動的精英,都是中產階級以上的人,

甚至是大地主。如孟德斯鳩就是大地主。是以，他們並不關心社會普羅大眾，特別是在底層的人。也因此他們所爭取的權力，並不包括那些沒有財產的農人與婦女。

無論如何，經過啟蒙運動所發展出來的知識，基本上是經驗的、物質論 (materialist) 的知識，他們只相信人的感覺中的視覺，而卻除其他的感覺，如聽覺、味覺、嗅覺、身體感等。但另一方面，休姆 (Hume) 所提出的道德哲學 (moral sciences)，假定所有人類的人性是一致的：就像一張白紙，因後來的經驗而改變。這是 19 世紀現代社會出現的基礎，只有在這普遍性的基礎上，人類才有可能去建立社會科學的知識。只是如前所提，這樣的知識並不是為了知識而知識，而是有很強的實用性質：改善人類社會以達到社會進步與增進人類的福祉。這就如自然科學的知識，如種牛痘一樣，是要避免人類的自然災難。只是，社會科學是透過社會制度的創造，來達到社會進步的目的。

而自啟蒙運動以來，社會科學的知識之所以能如此快速發展，當然是與時代的需求有關。大家對於知識的渴望乃至狂熱，更提供其成功的條件。譬如，大家都聽過牛頓發現萬有引力的故事，但這其實是伏爾泰創造出來的，並不是真實的事。當時這種故事會特別吸引人，即在於大家對於新觀念的欲望 (desire for new ideas)。事實上，在 1774 年路易十六世在位時，當時國家還沒擔負起國民義務教育的責任，可是全國卻有三分之一的人會讀與寫。這也反映出當時的人對於停滯的恐懼，已取代了過去對於改變之恐懼。他們不僅以創新來挑戰既有的秩序，更對於反常

(abnormal) 行為非常稱讚 (praise)。這種對於知識狂熱的時代氛圍，更因大眾媒體的出現而加強，如報紙、研究院、刊物、研討會等等的普遍化。當然，這些現象都與印刷工業的興起有關。

此外，隨大航海時代來臨而得與異文化不斷接觸，也提供了社會科學進一步發展的背景。不過異文化接觸後卻產生兩種完全不同的反應：一種是把異文化看成高貴的野蠻人，認為他們保留著人類天生的單純與樸實，沒有現代人的狡詐與虛偽，像盧梭便是。但更多的人卻視異文化為文化落後的野蠻人，需要教化以改善其文化，大部分的演化論者都抱持這種態度。兩者競爭的結果，後者得到勝利，因而發展出以「文明化」為名的殖民主義，導致非西方社會的古文明遭到嚴重的災難，像是美洲的古文明印加帝國、阿茲特克帝國等，均遭到滅亡。

在這理性主義的帶領及時代特殊條件與刺激下，社會科學的知識逐漸成長，實踐者不僅在想像社會的形態與未來，也在從事社會變遷及改變人間事，並由此擴大對自己的了解。不過，這過程中有一個大的轉折，就是 1776 年美國革命及 1789 年法國大革命，尤其是後者，對後來社會科學的影響更大。這兩次革命都是由啟蒙運動或哲學家所導致的結果。特別是法國大革命，企圖建立政治、經濟、社會上的平等，但後來卻演變成恐怖統治，還必須由拿破崙的專制統治才得以結束這個恐怖時代，可說是違背了原先啟蒙運動的精神。

不過透過恐怖時代的經驗，人們意識到人本身的複雜性，不可能只憑理性就能完成社會的改革，因此恐怖時代又被稱為西方

的浪漫主義時代，強調人除了理性之外，非理性的情感、情緒等，乃至於其他的感官，在了解人及社會文化上，有其一定的重要性。而這浪漫主義後來變成了西方社會科學裡的主觀論或觀念論、以及現象學的重要來源。

　　這裡就涉及到啟蒙運動雖有助於社會科學的發展，但也造成阻礙。不只是理性人的假定造成的限制，沒有意識到所謂的事實其實是與價值不可分。而在當時，最大的阻礙是啟蒙所開啟的是一種思考方式，而不是創造出社會的樣式，也不是對社會的想像。而這種思考傳統是以個人為主體，是建立在個人主義的立場上。我們看西方的思想史，有不以個人為主體的論述嗎？沒有，因所有的觀念創新都是屬於個人的成就，這也影響了他們對社會的看法：社會成了個人的集合。故每個人都是社會的縮影 (microcosm of society)。但社會科學或社會學等要成為專業知識，就必須要讓研究對象成為獨一無二的。至少，它必須超越個體心理學，否則無法提供解釋社會的一致性模式。這問題因工業革命帶來了新的契機。

　　前面已提到，工業革命導致對知識的需求及科技創新外，更因帶來新的社會形式（工業社會）而促進對於解決社會問題之知識的需求。但更重要的影響是工業革命帶來了強而有力的中產階級以及公民社會的出現。這種中間力量的存在，使得有關如何改革社會以避免無秩序及革命，成了社會思考上的主流。是以，聖西蒙把社會現象看成社會生理學 (social physiology)，或孔德把社會看成生物有機體 (biological organism)，不僅提供研究對象

(subject matter) 與研究上必要的方法 ， 更提供了一種非革命式的改進社會而類似功能論的手段，使社會科學研究大有進展，不過此時仍無法清楚界定社會科學研究的主題是獨一無二的，只有等涂爾幹提出「社會事實」(social fact) 的理論概念來界定社會學是獨一無二的學科之後才得到解答。

三、社會事實與思考三律

　　涂爾幹所提出的「社會事實」之概念，用在其他社會科學或特殊領域的界定上，往往包含三個基本的性質[2]：第一，它不可化約為其他的，是自成一格的，即 sui generis。譬如，社會運動雖是由個人所組成，但社會運動之所以成為社會科學研究的對象，因它是超越個人的現象。在社會運動中，個人已經沒有自主意識而是跟著群眾而活動，所以這現象是不可化約為個人的行為，而與日常生活不同。第二，它必須由它本身來解釋。譬如，當我們在研究社會時，對於社會的現象如土地的性質，只能由社會的性質來理解。像採集狩獵的社會，土地是一種自然資源，不屬於個人或群體，只有自然的疆界。但在農業社會，土地是生產因素，故屬於群體或個人所擁有。到了工業社會，土地更變成一種商品。換言之，當社會是研究的對象時，要了解和其有關的社會現象（如土地），就必須由社會的性質來了解。第三，它本身的改變，必須來自它本身的動力來解釋。涂爾幹 (Durkheim 1984) 的《分工論》

2.Hatch (1973) 也有類似的看法。

就提供了一個清楚且有名的例子。其在書中寫到，機械連帶 (mechanic solidarity) 的原始或傳統自立自足的社會，每個人都從事相同的工作。但到了有機連帶 (organic solidarity) 社會，每個人的工作不同而相互依賴。這改變的過程是由於前一個社會人口自然成長的結果，必須有分工的專業化發展，才能滿足個人不同的需求。但這轉變的動力，實來自社會本身內在的動力：人口自然增加的結果。也因「社會事實」的理論概念之發明，使社會科學乃至於任何學科的主要分支，都可有明確的研究對象。反之，許多有名的研究領域之所以無法成為一個學科，就是因為它無法證明它是社會事實。譬如，「族群」至今沒有成為一門學科，和其無法證明它是社會事實有關，因它往往可以化約為宗教信仰或語言等其他事實。當然，這個概念在當代新自由主義化的新政經條件下，已經逐漸失去了它原有的有效性，因在當代，既有的社會範疇都相互滲透，尤其經濟的邏輯更是滲透到社會生活的各個層面。譬如，宗教上的廟會活動，已經不再只是神聖的活動而已，往往又與觀光旅遊的世俗性活動結合一起，它既是宗教、神聖的，也是經濟、世俗的。

　　無論如何，現代社會科學的發展與突破，固然是源自啟蒙運動，但其背後的思維卻奠定在西方更早的古典文化傳統而與文藝復興有關，當然其中也有受到反啟蒙的浪漫主義及既得利益者反潮流的傳統主義之影響。所謂源自啟蒙運動背後西方古典文化傳統，主要是指社會科學的思考方式是受到古希臘以來西方哲學傳統所講的思考方式或思考模式很大的影響，包括最基本的假定「思

考三律」及邏輯論證所代表的理性等 (Russell 1959)。這裡所說的
思考三律是指：

    1. 同一律。A 就是 A。
    2. 拒中律。A 必須是 A 或非 A。
    3. 矛盾律。A 不能是 A 又是非 A。

若違反這思考三律，就會被當時的西方人批評為野蠻無文明、迷
信等。譬如，早期西方傳教士到亞馬遜地區傳教時，發現當地土
著因其圖騰信仰而認為他們是鸚鵡的後代而與鸚鵡是兄弟，故不
能殺害或吃食鸚鵡。這完全違反西方思考三律中的矛盾律，因人
不可能是人又是鸚鵡。故傳教士認為當地土著幼稚野蠻而迷信
(Levy-Bruhl 1966, 1985)。但當地土著雖未發展出現代的科學文
明，卻發展出對全世界都很重要而又能維持生態平衡的熱帶雨林
文明。

    至於邏輯論證，包含今日哲學的邏輯課會談到的所有邏輯方
法，如三段論法等等。不過，有了思考三律及邏輯論證，並不保
證我們得到的知識就一定是真理。這可以由愛因斯坦有名的故事
來進一步了解。愛因斯坦成名前教邏輯，他第一天上課就問同學，
有兩個人去掃煙囪，工作完後，一個人臉黑黑，一個人臉白白，
哪一個人會去洗臉？第一位同學說，當然是臉黑黑的人去洗臉。
但另一位同學卻說應該是臉白白的，因他看到對方臉黑黑而以為
自己也臉黑黑，因而去洗臉。愛因斯坦卻說，你們都錯了，哪有

兩個人去掃煙囪，會一個人臉黑黑，而另一個人竟臉白白！這前提就錯了。因此，邏輯只能告訴你論證的對錯，卻無法提示事實的真假。前提錯了，即使論證對，結論還是錯的。這裡說明了社會科學依據啟蒙的理性進行判斷，但並不表示這種思考方式是放諸四海而皆準的。一旦面對人類非理性的行為如情感或情緒，這種思考方式往往會行不通，因而說明現代社會科學有其侷限性。

四、啟蒙運動在臺灣？

本章所說的，到底對臺灣社會文化的理解有什麼意義？筆者認為現代社會科學的產生，幾乎都與西方資本主義興起所導致的現代性息息相關。因此要了解臺灣社會，就要意識到西方資本主義全球性擴張對於臺灣的影響。事實上，筆者認為這幾乎是臺灣的宿命。它可以從臺灣史本身來了解。臺灣有文字記載的歷史是從 1624 年荷蘭殖民臺灣開始，事實上就是西方資本主義向全世界擴張所造成的。在這之前，臺灣原住民原是臺灣島上的主人。然而，荷蘭人殖民臺灣的目的是為了從事熱帶栽培業，特別是甘蔗及香料。但當時臺灣平埔族只會用山田燒墾方式從事陸稻種植，不會種水稻。這樣，無法解決強迫平埔族人從事熱帶栽培業時，這些從事熱帶栽培的工人所需的糧食如何解決。因此，1636 年荷蘭人大量引進中國東南沿海的漢人，特別是福建廣東兩省，移居臺灣來種植水稻，因而開啟了漢人與原住民的競爭。到了 1895 年日本殖民臺灣時，臺灣原住民已經成為臺灣社會的少數弱勢民族。這種原住民與漢人地位的轉變，事實上是西方資本主義全球性擴

張所造成的結果。當然這並不意味著資本主義在臺灣社會的發展上一直具有重要的影響力。至少在 1683 年清朝施琅招降鄭氏政權後，採取閉關自守政策，降低資本主義外力的影響力。即使如此，國際趨勢已無法擋。在 1871 年牡丹社事件後，清廷還是不得不開山撫番從事現代化努力，以面對國際潮流與壓力。所以 1892 年在有小洛陽之稱的集集，就有八個英國腦館，以收集當時已成為國際商品的樟腦。不過，日本殖民臺灣之後，因採取「工業日本農業臺灣」的政策，使臺灣的資本主義化腳步有所減緩。一直到二次大戰發生，將政策改成「農業南洋工業日本」後，臺灣因成為日本前往南洋的跳板，在發展策略方針上有所改善。但戰後，因戰爭的破壞及國民政府接收時所造成的社會動亂（如二二八事變），使臺灣的生產力倒退到日本統治之前，加上美國當時並沒有支持國民政府，使臺灣的經濟發展搖搖欲墜，一直到 1950 年韓戰發生，共產集團與資本主義集團的對立局面形成，臺灣成了美國西太平洋防線上的一環，國民政府也在美援的支持下，接受了美援背後的現代化理論，使臺灣走上現代化的道路。到了 1965 年左右，臺灣第一次由農業社會進入到工業社會而加速現代化或資本主義化，並創造出經濟奇蹟，也使臺灣發展出西方現代性所強調的理性特色，或俗稱的世俗化。雖然如此，資本主義本身在 1979 年之後，又有新一波的發展與轉變，此即新自由主義化。而臺灣在陳水扁總統執政時期從事金融改革的「金融六法」及政府改造的「四化政策」，都使臺灣在 21 世紀初以來，進入了另一個新自由主義化的新時代。相對於現代性，這個新時代凸顯了極端的個

人化，使個體與自我得以發揮到極點，也使得非理性的問題浮上
檯面。事實上，即使有效區辨了新自由主義化與現代化的差別，
若無法找到超越兩者更深、更廣、更遠視野的新知識，還是無法
解決新自由主義化所帶來的新問題。很可惜，臺灣的主流社會，
特別是政界及學界，還一直停留在 20 世紀的現代性思維中，造成
以上個世紀的思考方式來處理這世紀新時代的新現象與新問題，
以致於每況愈下。因此，這本書將重點放在社會科學在 1980 年代
以後的解構與再建構，以便尋找及建構新的社會科學知識體系，
來面對新時代的新挑戰[3]。

---

3. 參見黃應貴 (2012a, 2012b, 2012c)。

第三章
社會科學的分化

·學科發展與學術政治

依據 Fuller (1993) 的意見，學科界線的產生，往往反映實際資源的控制及權力關係，而與學科本質無關。事實上，一般平民百姓在面對實際生活時，也不會去區分哪些活動是屬於經濟、政治或是宗教等不同的領域，而都是他們生活中的一部分。一個學科是否能得到較多的資源之控制與權力，往往涉及這社會一般人「感覺」這學科知識是否有能力改變這世界。故「知識是權力」只是修辭上的，並不具有本質性的權力在內。也只有科學知識革命或科學知識轉變時，人們才會真的去檢驗知識與修辭學的關係。而且，一旦我們愈是仔細檢驗知識的生產過程，就愈會危及學科知識的權威性。會有這樣的情形，那是社會科學知識並不存在於學者所研究對象及其自身的「社會設置」之外，而是在其中。換言之，社會科學知識的研究對象之設定，完全是人為的，並沒有本質性的存在。因此，我們要了解社會科學知識的發展，必須放回它的歷史脈絡及社會文化脈絡中。這也是為何在社會科學當中，

有許多重要的知識，在被提出的當時，並沒有得到應有的重視，
這就是所謂的**學術政治**。

　　譬如，二次大戰後臺灣最重要的社會學家陳紹馨先生，依他
的社會理論（陳紹馨 1979），認為每一類型的社會所能夠支持的
人口數是一定的，超過一定會導致社會動亂。而戰後的臺灣，仍
是個農業社會，在未進入工業化社會之前，應該進行節育，否則
臺灣社會將承受不住龐大人口數帶來的社會危機。但當時國民黨
政權一心反攻大陸，需要大量人口來收拾舊山河，不僅無法接受
他的意見，還將他列入黑名單而加以監控。但到了 1960 年代，即
使臺灣已進入了工業化社會，政府還是被迫推動節育，避免人口
過多而吃掉經濟成長的果實，足以證明陳紹馨先生有先見之明。
第二個例子是受國際學界公認的 21 世紀的學者，如傅柯、諾伯
特‧伊里亞斯 (Norbert Elias)、吉爾‧德勒茲 (Gilles Deleuze) 菲利
克斯‧伽塔利 (Fèlix Guattari) 和查爾斯‧桑德斯‧皮爾斯
(Charles Sanders Peirce) 等等。但他們都已過世，甚至有些並不曾
生活在新自由主義下的環境下，卻影響了這世紀的學術思維。傅
柯在第四章有關權力時就會談到，在此就不述。伊里亞思及德勒
茲在第十五章討論情感、潛意識與主體性時會談到，在此也不討
論。至於皮爾斯則是最極端的典型代表。

　　皮爾斯是 19 世紀末到 20 世紀初自笛卡兒、洛克以來集大成
於康德的哲學傳統挑戰者之一。在當時是屬於國際學界非主流的
邊緣人，所以他一生都沒有找到大學的正式教職。晚年貧困還依
賴詹姆斯 (William James) 的救濟才能度日。他挑戰最用力的是笛

卡兒的物與心靈或身心二元論，以及洛克的經驗論。一直到 1980
年代，解構論及後結構論的興起，他的學術地位才重新得到肯定，
並於 1989 年在他 150 歲冥誕時舉辦第一次國際學術研討會討論
他的思想。詹姆斯稱他為實用主義的先驅，這場國際學術研討會
的結論是他應為美國最偉大的哲學家，即使英國的卡爾・波普爾
(Karl Popper) 都認為他是人類歷史上最偉大的哲學家之一。但他
一生潦倒，沒有穩定工作，所以沒有辦法寫出系統而重要的代表
作，只寫了現在重編出版的論文集三十卷，加上他的知識廣博，
除了數學與邏輯，還包括化學、測地學、天文學、實驗心理學、
哲學等等，故一般人很難了解他的思想。他的符號學，主要是反
對 signifier/signified 結構語言學以語言結構了解世界的作法。他
提出了 object/sign/interpretant 的三元模式來討論。他用 firstness
指涉現象本身，用 secondness 指涉現象的構成，以 thirdness 指涉
影響與作用。這是他只能用當時的時代用語來簡單呈現他的思想。
所以，他所說的象徵並不需要對應真實才能存在，使得人跟自然
或非人間一樣可以溝通。所以皮爾斯如詹姆斯一樣並不否認看不
見的存在，使他能更寬廣地面對生命世界[1]。我們如果有關注當
代社會人文主要學術期刊，可發現幾乎沒有不引用他的論點的論
文，雖然許多引用顯然有爭議。

　　既然學科分類沒有本質性的基礎，而是與資源、權力有關，
許多學術界的概念與分類往往是在反映結構性關係。以 Pletsch

---

1. 參見 James Hoopes (1991) 的導論。

(1981) 的討論為例,所謂的第一世界、第二世界、第三世界的觀念,就是一種傳統相對於現代及共產世界相對於自由世界而來的結構性關係。就現代與傳統而言,代表西方的第一世界及代表東歐、蘇聯的第二世界是相對較現代,而代表開發中國家的第三世界則是相較於傳統。但在同樣是現代的第一及第二世界,第一世界則較自由,第二世界則由共產主義的獨裁專制統治而較不自由。這種結構性關係是有其目的論的意義。即現代化理論其實早就預設了現代化的過程,先是提高生活的水準以滿足經濟上的需求,之後才會追求政治上的現代化:即民主與自由。故第二世界繼續現代化的結果,總會走向自由民主的。也因這樣的結構性關係存在,社會科學各學科在研究上的定位也就不同,第三世界就由人類學來研究,第一、第二世界則由社會學、經濟學、政治學等學科來研究。但其中還是有些差別,第一世界的研究多半是在追求一般或普遍性的原則,而第二世界的研究多半是放在區域研究裡,而不是一般學科裡。這裡等於更進一步說明學科分類真的沒有本質性的基礎。是以,每個國家社會科學的分類發展,只有放回其歷史脈絡中來了解,以下以美國及法國為例。

二、美國社會科學學科的建制化[2]

　　美國社會科學的建制化與南北戰爭有關。戰爭結果,北方勝利而使美國走向資本主義發展的道路。但美國是一個弱勢的國家

---

2. 本段主要依據 Manicas (1991) 的論文而來。

(weak state)，既缺少現代民族國家的國家文官制度 (state bureaucracy)，也缺少中產階級的政治文化（即不強調政治的文化），以及被邊緣化的政府 (marginalized government)，使得美國視管得最少的政府就是好政府，這也連帶影響美國主要大學的興起，完全是在私人企業的支持下而發展起來的，幾乎所有長春藤聯盟都是私立學校。事實上，大學的出現，也與上述美國資本主義化的進一步發展之需求有關。不只是工業化需要自然科學知識的應用性發展，工業化帶來的社會問題，更有待了解與解決。譬如，都市化、移民、階級戰爭等。是以，對於「**使用問題**」的探討，取代了「**為什麼？**」並與道德哲學脫勾，使得大學成為追求客觀知識的地方，因而提供專業人員發展的條件。

1865 年，一群業餘人員成立了美國社會科學學會 (American Social Science Association)，開始推動社會科學的建制化。其後，更因 1900 年企業家成立了 NCF (National Civil Federation)，積極推動幾項重要的工作：

    1.解決工業進步產生的社會問題
    2.提供全國重要問題的討論與研究
    3.具體化具有啟發性的公共意見
    4.促進社會問題相關的立法

在這樣的條件下，社會科學得以發展。雖然剛開始時，並沒有明顯的分科。譬如，1880 年哥倫比亞大學的政治學院 (School of

Political Science)，及約翰‧霍普金斯大學 (John Hopkins) 的歷史研究 (Historical Studies)，開的課幾乎一模一樣，都包括歷史、政治學、經濟學、地理學等。但為了達到了解及解決社會問題的目的，專業知識的積累與學術專業化的發展趨勢，已經不可逆轉。

當然，**每個學校每個學科的發展過程，開始主其事者的想法，會影響其面貌**。尤其當時美國尚遺存英國留下來的經驗論或功利主義的傳統外，還有德國浪漫主義的學術傳統，因當時很多人是在德國拿到博士。不過這個學術傳統的競爭，卻因一次世界大戰而定調 。 一次大戰因 The world must be made safe for democracy（世界應該讓民生享有安全）的論點而促使美國參戰。最後德國的戰敗 ，導致德國學界的形而上學 (metaphysical) 、 國家主義論 (statist)、以及整全性的社會科學 (holistic social sciences) 也被象徵式打敗了，而代表英法的實證論獲得最後的勝利，也奠定了我們現在看到的社會科學發展方式，並成為全世界最具影響力的模式。

三、法國社會科學的建制化[3]

相對於美國的情況，法國的社會科學建立在由國家支持的研究院或研究機構內，而非大學中。這跟法國大革命的失敗經驗有關。原本想建立的民主國家，反而是由拿破崙的專制統治來收拾，導致知識界一直不信任國家。因此在 18 世紀所形成的三個獨立領域的結構，一直影響到今天。這三個獨立領域是：**政治科學、經**

---

3. 本段依據 Heilbron (1991) 一文而來。

濟科學、人文科學。其中，**政治科學**完全與國家結合，變成訓練公務人員的學校，而不是大學裡的社會人文學科。他們被訓練成對國家的忠誠，學校所教的完全是工作實務，對國家是不批評的。所以，它與知識分子無關。反之，**人文科學是屬於道德科學**，凡文學、藝術、建築等人文領域都包括在內，他如心理學、社會學、人類學等，往往是與其他學科結合，**不僅是法國學界最活躍的領域，更是以知識分子自居，獨立於國家政治**。也因此，**法國的社會人文學界往往缺少國家的觀念與理論**。譬如，法國的社會學家涂爾幹，他既不討論國家，更沒有政治社會 (political society) 的概念。而年鑑學派的歷史研究，不曾以民族國家史作為其研究的對象。像布勞岱爾 (Fernand Braudel) 或雅克‧勒高夫 (Jacqes Le Goff)，前者以研究地中海地區成名，而後者研究的是整個西歐。至於**經濟科學**，因源自政治科學而與國家無法分割。有一度還是政治科學的一部分，一直到重農學派出現後，才與政治科學分離。但真正成為大學的獨立學科，還是晚到 **1930 年代**的經濟蕭條之後，才真正與政治科學分離。即使如此，經濟科學因缺少與其他學科的互動，法國的經濟學一直是積弱不振，完全被看成技術專家，而不是知識分子。直到這世紀以來，因新自由主義化導致法國經濟疲弱不振，迫使經濟學必須尋找新的可能性，才有人才漸出的跡象。除了 Jean Tirole 得到諾貝爾經濟學獎外，Piketty (2014) 的《21 世紀的資本》一書，討論再分配的問題，而成了 2014 年最暢銷的學術作品。可見其因社會的關懷，使其經濟科學已有所改觀。

四、社會科學在中國及臺灣的發展

　　上述的理解將有助於我們了解社會科學在中國及臺灣的發展。中國對於社會科學的接受，是在維新變法之後，一開始主要來自日本的影響。而日本則深受德國形上學的影響。但美國將庚子賠款歸還中國並設立清華學堂，以便送中國學子到美國唸書的作法，卻改變了中國社會科學後來的發展方向。清華學堂就是現在清華大學的前身，透過清華學堂，共送出 1,971 人到美國進修拿學位。這些人回國後，採取美國的制度，因而決定了中國社會科學的實證走向。不過，當時中國正面臨歷史上前所未有的變局，知識分子為了救國，並不拘泥於學科，而是較在意哪種知識對中國是有用的，故學術的分科還不是很明顯。以名考古學家李濟為例，他原本學心理學，但他認為民初中國的主要問題有二：缺少現代科學及世界觀。而考古學正好可以同時解決這兩個問題。因考古學必須依賴現代的科學才能從事考古挖掘及研究分析工作。他的博士論文《中華民族的起源》，就是要證明如要研究、認識中華文化，必須將研究範圍拉到長城以外地區不可。中國人因過去歷史的發展，往往對於中國的了解限制在長城以內。所以，他的學術研究其實是在從事文化革命，以改變中國人的世界觀[4]。這點也是當時代的學者，往往具有的企圖與格局。譬如，歷史學家陳寅恪，他以研究中國隋唐時代聞名，他選擇隋唐的原因和它是

4.這些是筆者聽李濟先生的退休演講之印象（黃應貴 1997）。

中國歷史上最輝煌的時代有關。為什麼？因為隋唐可說是中國歷史上最開放的時代。在長安不僅有外國的使館區，還有世界各種宗教的寺廟、教堂或清真寺等，包括祆教、伊斯蘭教等。陳寅恪有名的作品《隋唐制度淵源略論》、《唐代政治史述論》，都一再證明當時中國政治制度的演變，主要是為了應付西域那方的外敵。要了解中國就不能侷限在中國本身，必須透過中國與外國的互動過程來了解，所以他為了研究中國史而學習十幾種西域的語言文字。一直到今天，還是很少歷史學家可以超越中國的限制來了解中國、研究中國。

　　相對於上者，得到美國社會學博士的吳文藻，回到燕京大學教社會學時，提出社區研究，認為要救中國，就要從了解中國做起，而且是真正的中國。這就要從社區的實際調查研究做起（吳文藻 1935）。因此，他結合了社會學與人類學的田野調查工作，發展出中國式的社會學。他的學生費孝通，更把這新的學術傳統充分發揮，而被國際學界視為中國農民的代言人。在他 L.S.E. 博士論文 *Peasant Life in China*（中譯《江村經濟》）有關開弦弓的研究 (Fei 1939)，指出中國農民只靠農業收入是不足以維生的，必須依賴手工業來彌補不足。但西方資本主義工業產品傾銷中國，導致中國傳統手工業破產，影響農民無以維生。這個論證也在他後來於西南聯大從事雲南的研究時得到進一步的證明。因雲南地區遠居中國內地，並沒有受到西方資本主義工業產品直接的衝擊，反而能維持必要的生活。不過，把這新學術傳統發揮到極點的人，卻是非學術界人士毛澤東。他的《湖南農民運動考察報告》

(1951) 結果確定了以農民革命取代俄國工人革命之方向,也導致國民黨失去了中國大陸政權。而上述較同情農民被稱為北派的社會學人類學家,大都留在中國大陸。隨國民黨政權來臺的學者,大部分是屬於南派研究中國少數民族的學者,他們也塑造了戰後臺灣社會科學的發展方向。

1950 年代後,因毛澤東將社會學、人類學定位為資本主義知識之學問而被禁,加上馬克思主義成為國家意識形態的政經條件下,民初所引進的美國式社會科學,幾乎都被凍結,一直到 1980 年代之後才開始解禁,但強調田野工作而與真實生活接觸的人類學,至今並沒有被視為一級學科,往往附屬在社會學或歷史學之下。至於南派隨國民黨政權來到臺灣之後,一開始跟其他所有社會科學一樣,都面臨為政權服務的困境。譬如,政治學界幾乎只從事政府內部的情資收集與分析,根本沒有什麼實際的研究。其他如人類學雖得以從事臺灣原住民的田野調查工作,但並不是有關當時的實際現象與問題的調查,而是重建當地的傳統文化,以助政府重建戰後的社會秩序(黃應貴 1984)。

這情況一直到 1950 年韓戰爆發後才有所轉變。美國為了在東西對抗的局面下防堵中共而開始援助臺灣,使臺灣成為美國西太平洋防禦線上的一環。由於美國在爭取開發中國家加入西方資本主義陣營而提供援助之時,發展出一套現代化理論來指導開發中國家的發展,因而使得現代化理論成了被援助地區之學界的主流思潮,甚至成了被援助國家的意識形態。這使得美國社會科學的模式再度成了臺灣社會科學發展方向的依據。一直到今天,現代

化理論仍然是臺灣社會人文學界的主流思潮，更是這個國家的意識形態。這個轉折，也可由美國援助臺灣社會人文學界學術發展的單位——中美學術合作基金會，臺灣方面的負責人由原來的陳紹馨被許倬雲所取代而成了定局。因陳紹馨是在日本受訓，接受的是德國的學術傳統與模式，而許倬雲是美國的歷史學博士，更是臺灣現代化理論的主要代言人之一。這時代條件的改變，確實對臺灣社會人文學科的發展方向與模式產生影響。

　　此外，美國政府也意圖將影響力擴及臺灣學術界。以人類學為例，Bernard Gallin (1966) 的《蛻變中的臺灣農村》被認為是美國學者來臺研究的第一人，學界提出的理由一直說是因無法到中國大陸研究，而以臺灣作為了解中國大陸的替代品[5]。但依據日本學者中生勝美研究目前已解密的美國政府檔案，卻發現 Gallin 其實是拿美國 CIA 的經費來研究臺灣，目的是要了解臺灣土地改革的成效，以免重蹈中國大陸淪陷的失敗經驗。Gallin 教書的學校密西根州立大學，在 CIA 的資助下，錄取最多來美國研究人類學的臺灣學生[6]。當時先後有五位臺灣的學生在 Gallin 的名下拿到博士學位。

　　無論如何，在美援的支助下，臺灣的社會科學正逐步成長與建制化，其對臺灣社會發展也有其一定的貢獻。特別是 1965～1980 年代，被認為是臺灣經濟起飛時期，其中經濟學家也扮演了

5.這可見於該書的英文副標題：*a Chinese village in change*。

6.此為中生勝美在中研院民族所的正式演講所提。

一定的角色。尤其最早的經濟六院士，劉大中、蔣碩傑、顧應昌、費景漢、鄒至莊、邢慕寰等人更被視為國師，經濟學在臺灣社會也得到非常正面的肯定。所以在社會科學當中，只有經濟學在大學或中研院之外，成立許多公私立的研究機構。譬如，1976 年成立的「臺灣經濟研究院」、1980 年成立的「中華經濟研究院」、1994 年成立的「臺灣綜合經濟研究院」、2004 年成立的「寶華綜合經濟研究院」等均是如此。然而，在這專業化、建制化的發展過程中，臺灣社會科學依據美國模式發展的結果，正如朱雲漢等 (2011: 282) 在慶祝建國百年的《中華民國發展史：學術發展》中回顧政治學百年來的發展，其結論中提到臺灣政治學的問題是：**1.美國化。 2.西方中心論。 3.與社會脫節。 4.無法有效回應 21 世紀的知識挑戰。**事實上，這四點幾乎可以用到臺灣任何一門社會人文學科之上。而于宗先 (2011: 317) 在回顧經濟學時更指出了另外一點：**尚未能有本土性的理論體系。**

事實上，在這發展過程也曾挑戰主流的發展趨勢。譬如，在 1960 年代，臺灣由農業社會進入到工業社會，其都市化、工業化的現象是過去臺灣社會所沒有的新現象與經驗，學界對此新發展一無所知。因此，從事田野工作的人類學變成最能提供實際狀況的學科，因而一枝獨秀成為當時的顯學。這也是人類學在臺灣的發展過程中最輝煌的時期。1987 年解嚴前後，臺灣社會運動風起雲湧，也使社會學成了一時的顯學。事實上，解嚴也帶動臺灣學界研究課題的百花齊放，包括 1960 年代末期西方學生運動所要解決資本主義社會下所產生的族群、性別、階級等不平等問題。不

過，在臺灣，由於學術界缺少馬克思及政治經濟學的知識傳統，以及工會的不發達，階級問題一直沒有成為學界的重要研究或教學的領域。族群及性別研究雖延續至今，也尚未成為學界的重要且有影響力的學門或學系。**除了學術上無法證明其研究對象的獨特性或涂爾幹所說的「社會事實」而難吸引一流的研究者外，更主要還是如前面所說的，是直接受到資源及權力分配的影響。**譬如，受到政治意識形態的影響，為了要建立**臺灣民族主義**來與**中國民族主義**對抗，於是透過社區總體營造及地方文化產業運動及原住民的正名運動等，來塑造臺灣多元文化的意象，以對抗中國獨尊華人文化所形塑的大中國主義。所以，這些有關研究課題，就因能得到國家資源的充分補助而形成一時顯學。但是否真的有效還須觀察。社區研究的人類學專家呂欣怡在她的論文〈地方文化的再創造：從社區總體營造到社區文化產業〉(2014) 文中提到，地方上的參與者並非完全不知這些運動背後是政府意圖在地方社會施行國族建構，而成為其治理的手段之一，但有些地方上的人還是樂此不疲，因有了充裕經費，他們得以將**商品經濟**及**禮物經濟**混合，使經營理念結合了**共同體**與**市場**兩種不同的思維邏輯，或同時遵循**道德秩序**與**市場秩序**，以「**我們可以怎樣地繼續下去**」來取代「**我們想要達成的是什麼**」的問題，**以創造出一種向前看的認識方式，在每一個存在的瞬間辨識潛伏的未來。**只是，這時的地方社會，不論你叫它為社區或社群，都已不是原來依血緣地緣而組成的自然村落，而是以個人身分所組成的社會性 (sociality) 群體，並不一定具有集體性與凝聚力（黃應貴、陳文德 2016）。

　　當然，這類涉及**資源及權力而影響學科或特定研究領域的發展**，不只是在臺灣或中國，幾乎全世界都一樣，只是程度與方式不同。以美國人類學與博物館的關係為例，19 世紀人類學的研究幾乎都是由博物館出錢，所以研究者必須同時收集標本及解說，以便博物館展示來證明文化的演化。到了二戰後，為了解決工業資本主義發展所帶來的社會問題，研究經費大都由政府及大企業支助，人類學也走向專業的道路，在田野工作時把重點放在社會文化行為上，雖然不再收集標本，物質文化研究一落千丈，但博物館依然存在，正如 Anderson 在《想像的共同體》所說，博物館已成為國家灌輸國家意識形態及治理的手段之一，只是與人類學研究分離而且博物館愈建愈多。但到了 1980 年代，因後現代理論或新民族誌對於人類學民族誌權威的質疑與挑戰，強調多元聲音，**使博物館成了各種力量發聲與爭奪話語權的場域，而有所謂「再現政治學」(politics of representation) 之稱**，人類學與博物館又重新結合，但博物館展示已不再被視為**價值中立或客觀的教育場所**。尤其在新自由主義經濟當道下，社會福利、公共支出、各種學術研究經費的不斷縮水下，**每個學科都要向大眾證明其存在的應用價值與市場價值**，人類學研究也由過去以社會文化行為為中心轉變向**文化資產與物質文化這些具有產值與價值的領域發展**，並試由這些新的材料與議題，重新去打造人類學的面貌（王嵩山2014）。這在第十三章物與物質性會進一步說明。

　　新自由主義全球化的發展使學術研究更加國際化，確實也使臺灣社會人文學科不再獨尊美國學界或模式。但面對新時代的新

挑戰仍是一籌莫展。以筆者（黃應貴 2014）已發表的〈臺灣人類學的未來？新世紀的省思〉為例，就批評當下臺灣人類學的幾個盲點：

　　1.缺少歷史意識或時代意識的去脈絡化研究

　　2.既有現代性觀念的陷阱與包袱

　　3.被忽略的「心理學解釋之轉向」

　　4.缺少對於被研究對象的整體圖像之掌握

　　5.既成觀念的限制

要打破這些盲點，就必須要能**面對現實、掌握當下社會大眾的深層關懷、創造新的觀念與知識系統來有效再現及解釋當下的新現象及新問題、培養新的綜合性能力及建立更寬闊的視野**等，才有可能面對新時代的變局。這些批評與意見，筆者相信幾乎可以用到臺灣任何一門社會人文學科身上。這也是為何在這本書，要讓讀者意識到臺灣的社會科學多半還停留在**後現代的解構**之前，自然不可能進入到當代的**再結構**階段。

第四章
政治與權力[1]

一、引　言

　　上兩章已經說明社會科學出現的歷史脈絡，主要是西方中世紀封建社會的崩解導致既有社會秩序的沒落，而新時代的資本主義社會秩序還未能建立起來，造成社會秩序的混亂。為了解決無秩序的狀態，「社會秩序如何可能？」便成了當時西方社會的主要關懷。加上啟蒙運動的影響，使人們認為可以透過理性與科學，建立一套有關社會的知識系統，來了解及改善社會，因而促成社會科學的誕生。

　　但是要如何了解及解決社會秩序問題？早期社會思想家，如孟德斯鳩、盧梭、洛克等，都是從思想或社會想像的層面去建構社會秩序的圖像，但不一定能有效實踐，甚至法國大革命還導致背離原理想的結果。因此，正在發展中的社會科學知識，一直無

---

1. 本章主要依據黃應貴 (2021d, 2021k) 及黃應貴、林開世 (2019) 的成果而來。

法落實。直到工業革命之後，人類為了進行工業化生產，不僅利用自然科學的知識創造新機器來從事生產，更為了這種生產而創造了新的社會形式，也就是「工業社會」。它之所以能有效運作，實得力於理性科層組織的創造，才能有效控制及管理龐大的物資及人力，更使人類意識到正式制度的重要性。這也是為何韋伯討論現代性時，除了一般人都會提到的理性、科學與經驗外，更會特別強調理性科層組織的重要性。這也使得社會科學有了轉機。至少，工業革命之後的社會科學分科發展之所以可能，就是依資本主義化過程所創造出來的各種正式制度來作為各個學科的主要研究對象，而這些制度往往都有相對應的社會範疇。但是有哪些制度是所有人類社會都有的？這個問題引起 20 世紀初國際學界的爭議。

當時一般社會科學家都同意，基本制度的產生，是為了滿足人類的基本欲望與需求。但是有哪些基本欲望與需求，學者有著不同的意見。譬如，W. G. Sumner & A. G. Keller (1927) 就提出人類有飢餓、愛、空虛、恐懼的本能，因而有自我保存、性愛、自我滿足、以及對超自然的恐懼等的社會需要，也就有經濟與政治、家庭、美學與心智表現及娛樂、宗教等社會制度的存在。J. O. Hertzler (1961) 則細分出經濟與工業、婚姻與家庭、政治、宗教、倫理、教育、科學、傳播、美學與表演、健康與娛樂等。雖然每位學者都有自己不同的意見，但最後最沒有爭議的制度有四種：政治、經濟、宗教及親屬。這也是英國社會人類學所強調的四大分支的主要來源與依據，也是 T. Parsons 社會體系裡的主要四個

制度來源。其中，政治制度與社會秩序最有關，而政治乃成了政治學、政治社會學、政治人類學等的最關鍵概念。本書將從政治的概念解構談起，更由於篇幅的限制，將只是針對每個學科核心的概念來討論，以便凸顯出該學科知識理論的發展趨勢，而非就整個學科的發展來討論，否則每個學科都得以一本書的篇幅來談。

二、政治與權力的範疇及政體

依朱雲漢等 (2011) 的說法，所謂的政治是指「有關公眾的事」，政治學乃是對「人類群體生活中，有關權力的分配、制度安排以及治坤等現象從事分析及評價的學問」。這門學問對於「社會秩序如何可能」的問題之回答，認為社會秩序來自人與人之間的不平等關係，這不平等關係就是權力。不過，自資本主義興起以來，西方對於權力的看法，一直到 1980 年代以前，都是以功利主義式的權力觀念來定義：即一個人用武力或身體力量來壓制對方。這點，我們可以從 Steven Lukes 的小書 *Power: A Radical View* (1974) 談起。Lukes 將權力分成三類：第一類為單向度的權力觀 (one-dimensional view of power)，主要是指個人做的決定對他人產生影響，有如人類學所說的個人理性選擇的權力。第二類為二重向度的權力觀 (two-dimensional view of power)，主要指沒有做出任何決定的人，卻能對他人或事件產生影響或秩序的潛在性權力，例如同額競選民意代表時，那些投反對票或棄權或不去投票而沒有直接表達意見的力量。這與第一類權力觀是互補的。第三類是可用於說明前兩者利益衝突之團體、階級或制度之基礎而來的權

力，包括人類學所說的組織性及結構性權力。不過，這三類都是屬於功利主義式的權力。我們所熟知的韋伯 (Weber 1978) 在權力的討論上，亦不例外，韋伯提出權威是指權力的合法基礎，並可加以分成三種：

> **第一種是來自職位**，譬如總統或國王，可以動用武力、警察或司法等力量來平服別人。
>
> **第二種是來自傳統**，譬如長子繼承的方式，使繼承者得以動用群體的力量來平服別人。
>
> **第三種可稱為 Charismatic**，是依賴個人魅力來吸引或凝聚群眾而產生力量，以此群眾力量來平服別人，像宗教領袖就是一個例子。

不過，韋伯對於權威的分類，主要是說明愈是現代的社會，愈是依賴職位而來，愈是不現代的社會，愈是依賴傳統，第三種往往是界於其中的轉變期。但不管是哪一種，都是指功利主義式的權力觀念。因此權力便是能強迫他人順從你的意志之力量。

在上述權力觀念的限制下，所謂的政治學、政治社會學乃至政治人類學等，主要研究的主題便是政體，也就是指社會群體內部如何分工、整合及平衡，以達到維持社會秩序的統治目的。譬如，現代民主國家如何以三權分立與平衡而達到民主政治？這類研究，最終就是要建立人類社會有哪些不同類別的政體？及其之間的演化關係。像 Morton H. Fried 的 *The Evolution of Political*

Society (1967) 就是將人類社會分成四種：

1. **平權社會 (egalitarian societies)**：指打獵、採集的原始社會。如愛斯基摩人、布農人、非洲的 Bushman 等。
2. **等級社會 (rank societies)**：如非洲的氏族社會。
3. **階層社會 (stratified societies)**：如排灣族的貴族社會（是建立在貴族壟斷土地）、傳統帝國（是建立在統治者對被統治者的剝削）或西方的封建社會（是建立在封建主對農奴的剝削）等。
4. **現代民族國家 (nation-state)**：是建立在全國性有效的文官制度之治理上，也就是韋伯所說的理性科層組織上。

而人類政治社會或政體，就是**由平權社會逐步演變到現代的民族國家**。

三、功利主義式以外的權力

但上述的探討方式與功利主義式的權力觀念，無助於我們了解實際的「政治」行為。甚至在非西方社會根本就沒有現代意義的「政治範疇」與制度（如政體、主權、法院等）。以非洲的氏族社會為例，他們是以氏族族長來建立及維持秩序，人與人的關係均來自親屬關係，即使後來建立了現代國家，一樣是以親屬的結構原則來治理。如一再發生內戰的蘇丹及分裂出去的南蘇丹，以政治學家的觀點來看，他們只有**社會沒有政治**。因他們政治範疇

的出現，往往是經歷過現代化的洗禮後才建構出來的，故幾乎無
法以西方既有的政治及權力觀念了解非西方社會。所以，政治人
類學在研究非西方社會時，往往是從權力著手，而不是從「政治
範疇」或政治制度著手。但人類學家所說的權力，往往是由文化
所界定的，而不是西方以往所說的功利主義式權力。即使政治人
類學的發展經歷了強調個人理性選擇的交易理論 (Barth 1959)、以
儀式來解決結構上衝突的衝突理論 (Turner 1957)、上緬甸諸政治
體制輪轉的循環論 (Leach 1954)，乃至於馬克思理論所強調的結
構性權力 (Wolf 1990)，但是該分支對於政治及權力的界定，並沒
有突破性的進展，因上述發展的理路還是與當時的歷史政經條件
有關，例如結構功能論、交易理論、衝突或政體循環論等，都是
在西方資本主義的繁榮期強調社會秩序的穩定與不同的解決方案
所發展出來的不同理論。甚至在 1960 年代末期因資本主義的繁榮
發展逐漸造成階級、種族、性別的不平等，導致學生運動並引入
馬克思理論或政治經濟學，而有了結構性權力，但它只處理了結
構卻欠缺對於人的關注，而被後現代理論所挑戰。這些問題或限
制，因 Clifford Geertz 在峇厘島的研究，把文化界定權力的立場
發揮到極點而有所突破，此即他有名的著作 *Negara: The Theatre
State in Nineteenth-Century Bali* (1980) 所提來自東南亞的特殊權
力觀念 potency 的文化性權力。但這本著作的影響力，卻因傅柯
在 1979 [1975] 年出版的《規訓與處罰：監獄的誕生》(*Discipline
and Punish: the Birth of the Prison*) 所遮蓋，這當然是傅柯所提出
現代民族國家治理上的另一種看不見卻又無所不在的權力，不僅

能說明現代民族國家治理上的重要手段，其觀點更能延續到新自由主義化下的國家治理之上，雖然後者他主要是以生命政治學來指涉。

四、傅柯的影響[2]

傅柯《規訓與處罰：監獄的誕生》主要是透過法國 18 世紀下半所建的監獄之規訓犯人的過程，來證明另一種權力的存在。這種新型全景式監獄 (panopticon)，是中央有監視臺的圓形監獄。守衛可以由監視臺隨時監視四周獄房裡的犯人行為，但犯人又看不到獄卒，以至於犯人會覺得隨時都被監視者。由此，傅柯發現了一種看不見卻又無所不在的權力。傅柯強調現代民族國家的治理，並不只依賴我們看得見的軍隊、警察、司法所構成的功利主義式的權力，就能有效治理，更須依賴這種看不見又無所不在的權力。不過，他在這本書中討論的更多，其中有兩點深深影響到新自由主義化後的政治研究。第一，他的討論中沒有明顯的政治主體。以往有關政治的討論，往往是把國家或政府、政黨、政治領導人代表政治主體，但傅柯完全不同，他強調政治往往是由各種力量交錯縱橫運作的結果，包括不同背景的國內外商人、黑道、階層或階級、國內外群體、乃至於抽象的新知識（如精神分析、犯罪學、教育學等）運作的結果，故對他而言，國家並非本質性的存在。這我們在第五章會進一步討論。

---

2. 參見黃應貴 (2019: 35–37)。

　　其次，他不像以往研究，是從制度或政體來研究，而是強調人本身及日常生活。所以對他而言，全景式圓形監獄所展現的無所不在又看不見的權力，幾乎可見於軍隊、學校、醫院、乃至於一般人日常生活當中。對他而言，一般人因這種無形權力所造成的不平等關係，才是西方 18 世紀以來社會秩序之所以能夠建立起來的重要基礎，故他又稱我們習以為常的工業社會為「**規訓的社會**」。傅柯認為，**這類性質權力的出現，或犯罪學、教育學、精神分析等新知識的出現，其實是因應時代的需要。傅柯的發現與創新，正好證明權力的性質並非普世皆同的，可能因時代、文化的不同而不同**。這也正好凸顯人類學強調文化界定權力的貢獻，將在後面進一步討論。

　　傅柯的新觀點被 Anderson 充分運用到他的《想像的共同體》一書中。他認為現代民族國家絕大部分的人都沒有見過這國家的其他許多陌生人，為什麼會覺得這些人跟他同屬於一個群體？這就涉及當代民族國家有效統治的秘訣：其實是透過工業革命之後才有的大眾媒體及資本主義化的印刷工業，如報紙等，來建構國家內部的共識或意識形態。這在第五章會進一步談到，在此便不多說。不過，他的觀念並不完全來自傅柯，也和他在印尼的田野工作所接觸到的東南亞特殊權力觀念 potency 有關。人類學民族誌研究的貢獻雖因傅柯而失去一次大展身手的機會，但只要有深入的民族誌研究，這種機會就會一直存在，亞馬遜地區的研究就是一個例子。

五、亞馬遜地區非理性心理機制下權力的啟示

　　事實上，對於了解 21 世紀新自由主義化下的新時代，亞馬遜地區的發現相當具啟發性。Joanna Overing 在亞馬遜地區經過近三十年的研究之後，1990 年她與 Alan Passes 合編的書 *The Anthropology of Love and Anger: The Aesthetics of Convivality in Native Amazonia* (1990) 一書中，展現出另一種過去人們不曾意識到的權力存在。透過這個研究，我們發現位於南美北部最大河流　亞馬遜河流域的亞馬遜地區印第安原住民社會，有幾個特性（黃應貴 2021d: 207–208）：

1. 大多數當地原住民社會是屬於流動性大而沒有清楚邊界的平權社會，往往缺少世系群或法人團體之類的組織，也缺乏擁有土地的團體、權威結構，或政治與社會結構等。故這類社會很不穩定，一下子結合，一下子又分散，使得以往人類學家往往搞不清楚這類社會如何組成及運作來維持社會秩序。

2. 他們在道德上及價值上，均高度強調如何與其他人高興地生活，強調友情、快樂、生活實踐與技巧上的藝術品味，日常生活著重美學和感情上的舒適。

3. 這樣的社會裡，人與人之間的關係洋溢著愛、照顧、陪伴、慷慨等情緒，而這類情緒往往構成社會秩序的基礎。一旦打破和諧與歡樂的關係，馬上產生反社會的情緒：

憤怒、恨意，而導致社會秩序的破壞與群體的分裂。

4. 因此，愛與憤怒是社會政治體的兩面；理想化的友情與歡樂在實際運作上，便已經埋下它們自行破壞的種子。由於完全建立在人跟人之間的愛心、慷慨，往往不能持久，所以社會發展到某種程度就會瓦解。這樣的社會秩序並非立基在我們過去熟悉的權力所產生上下不平等關係，而是在平等的基礎上相互連結成群，因而是個平權社會。

5. 儘管亞馬遜地區和大洋洲的美拉尼西亞，其社會文化特性均適宜以「社群性」(sociality) 理解，但相對於美拉尼西亞以交換為支撐機制，亞馬遜地區的秩序是建立在情緒的心理機制上。

6. 這並不表示亞馬遜地區沒有交換的行為，他們對交換的看法是一種陪伴、友情。因為透過交換的過程可以跟別人接近、拜訪別人，所以對當地人而言，交換本身意味著喜歡某個人的陪伴跟共享，是愛與親善的表現。

由於這個新發現的權力性質，來自心理機制，對於 21 世紀新自由主義化後的新時代而言，因個人存在先於群體存在的前提下而有個人極端化的發展，加上非理性的情感與情緒日漸占居重要地位，故這種新性質之權力的發現，實有助於我們面對及思考當代的政治問題。在這裡，筆者要特別提醒讀者，無論傅柯、Anderson、Geertz、乃至於亞馬遜的新權力觀念，並不是過去不存在，而是

到了 1980 年代之後，才被人們所意識到，這當然是啟蒙運動過分強調理性而忽略非理性的經驗論科學觀造成的限制，直到 1980 年代之後，因後現代的解構下，才有了發展的空間，也呼應了時代的需要。就如伊里亞思於 1939 年所提的「文明化理論」，強調社會結構與人格結構、或社會起源 (sociogenesis) 與心理起源 (psychogenesis) 是相互編織、滲透與作用。每個時代所展現的心理內驅力是不同的。也因此德勒茲和伽塔利在 1977 年出版的書 *Anti-Oedipus: Capitalism and Schizophrenia* 才有了翻身的機會。

六、德勒茲與伽塔利的 *puissance*（權力）之時代意義

　　哲學家德勒茲與心理分析學家伽塔利合寫的這本書出版時，在國際學界（除了澳洲外）西方學者都把它當作反面教材。但隨著新自由主義化的發展，它已經成了新的經典，雖然兩位作者在上個世紀就已過世。但正如傅柯替這本書的定位所說 (Foucault 1977)，這本書是結合馬克思、佛洛依德及符號學家的理論而來。基本上，它是分析欲望 **(desire)** 與真實 **(reality)** 的關係，以及欲望與資本家機器 **(machine)** 的關係。並以抽象的概念，如多面向 **(multiplicities)**、流動 **(flows)**、組裝 **(arrangements)**、連結 **(connections)** 等，來回答如何進行 **(how to proceed)**，而不是為什麼？譬如，如何介紹欲望到思想、論述、及行動？欲望如何在政治領域內展示它的力量而顛覆既有的秩序？傅柯並認為這是一本倫理學，作為反依底帕斯 **(anti-Oedipal)** 是變成一種生活的風格，

是一種思考與生活的方式。而筆者認為這本書中最核心的觀念是欲望生產與社會生產是一件相同的事，生產的一種社會形式執行欲望生產的一種本質性壓抑，而欲望的生產潛在地有破壞社會形式的能力，故欲望是下層結構的一部分。那是因為欲望是可以被壓抑的，但欲望的每個位置，不管它多麼小，卻有能力質疑一個社會已建立的秩序，所以欲望並非非社會的 (asocial)。欲望的本質是革命性的。換言之，每個人內心深處都有革命或叛逆的種子。是以，他們提出 *puissance* 的權力觀念，來指涉任何人的欲望都有可能顛覆或翻轉既有社會秩序的力量。M. Maffesoli 在他的 *The Time of the Tribes: The Decline of individualism in Mass Society* (1996) 或阿岡本 (G. Agamben) 在他的 *Homo Sacer: Sovereign Power and Bare Life* (1998) 的書中，也都提到了這關乎生命的 *puissance* 權力，以對抗傅柯生命政治下人無所逃脫國家治理模式的窘境，因生命本身就是一種潛能，有一種對抗權力的潛能。故在鄭瑋寧 (2019) 的論文中，我們看到 Taromak 的大學生 Sachi 探索「新政治」的可能，而第三章筆者提到呂欣怡 (2014) 所研究的白米社區，當地人雖明知國家推動社造及地方文化產業背後有國家建構多元社會及臺灣民族主義意識形態的企圖，但還是樂此不疲，試圖創造出一種向前看的認識方式，在每一個存在的瞬間辨識潛伏的未來。

德勒茲與伽塔利的理論觀念，也有助於我們重新理解當代社會運動的可能性（黃應貴 2021k）。以往我們熟悉的社會運動，在西歐是於 18 世紀下半葉至 1820 年代才成為一種明顯的制度，而

被當作是一種有意圖的**政治形式**，因其主要對抗的對象，往往是現代民族國家的統治，但其發展往往又與民主化有緊密的關係。雖然，後因政治經濟條件的改變，**使其在 20 世紀 （特別是在 1960 年代末期之後）**的訴求已經擴大到認同的關鍵問題，包括女性主義、種族問題、同性戀權利、原住民運動等，因而被稱為「**新形態的社會運動**」而與以往有所差別。**利益與認同問題往往難以**區分。至於新自由主義化以來，因網際網路等溝通工具的發達，社會運動的形態更加不同於以往。它不再是依賴政黨或工會組織來動員，而是透過網際網路等新型的科技工具來號召。**而其能發揮作用，往往是依賴普世價值為依歸，而且有國際化的趨勢。**但另一方面，在社會運動成為正式制度性活動前，在世界各地原就時常發生報復、反叛、抵抗等集體活動。這種日復一日持續抵抗的形式，是他們與從他們抽取勞力、食物、稅、租金及利益的政治體制或社會規範持久的鬥爭。他們主要的武器，譬如以腳拖地、裝傻、逃跑、假順從、偷竊、假裝無知、縱火、怠工、謠言、閒話、人格抹殺或給綽號等等，往往沒有正式組織、正式領導人，也沒有宣言、正式的起因、名字及旗幟等。所以在制度上是看不見、行動往往不是大尺度。但在現代資本主義國家的治理下，**這些在日常生活中的消極性動作所能達到的影響，雖不像暴動、革命等重大衝突那樣引人注目，但實際上，這些看似不重要，甚至會被視為與反抗精神背道而馳的行為，才是真正能夠與權力者周旋，進一步致使剝削或宰制無法有效運作的依歸，並且以長遠抗爭的尺度來看，這類消極反抗形式，對無權者而言才是重要的。**

所以，**抵抗** (resistance) 一時也成了人類學研究的重要課題。換言之，在現代民族國家治理下所創造的社會運動制度之外，還有另一種日常生活中常見的改良社會方式。但這個研究傳統，除了 20 世紀末、21 世紀初，在學界就引起許多有關民族誌上單薄的質疑與討論，更涉及在理論上無法有效面對什麼是日常生活及何謂運動等理論觀念外，最重要的還是現實上政經條件已改變，這類活動已有了新形式及意義。這就涉及了新自由主義化下，既有組織沒落、人被解放之後，每個人都因對既有社會秩序不滿意，而想從事社會改革運動。因此，在當代新自由主義化下的臺灣，到處可見年輕世代嘗試的各種新創團隊、另類食物網絡或農夫市集與主婦聯盟之類的合作社、社造與地方文化產業、具有宗教色彩的各種修練及養生學會或行善團、乃至於彩虹媽媽等等，其成員來來去去，群體消消長長，**背後往往都涉及個人如何透過各類不穩定的組織，來從事社會的改革及主體的重構，更涉及德勒茲及伽塔利所說的每個人內心深處具有革命本質的欲望，及筆者所說的由自我重構的過程創造或發現更深、更廣、更遠的視野與新知識，來面對這新時代。更何況還有許許多多幾乎被主流社會完全忽略的無言抗議。**這些看似平凡的活動，反而更能與當代正在發展中的嶄新社會組成方式相應，也涉及對於過去主流社會運動背後所假定社會與個人對立的本體論之挑戰，更隱含未來新知識發展的可能性。

七、另一種可能性權力

　　無論如何，在這樣的新時代裡，除了上述日常生活中的社會改良運動及無言抗議，我們如何了解及掌握社會中其他可能對抗主宰性權力的力量呢？這讓筆者想起曾經做過的農業機械化研究之例子（黃應貴 1979）。筆者在彰化花壇鄉富貴村從事農業機械化研究時，最想解決的事是如何定位一位在當地農業機械化過程具有真正決定性的人。因他每年都向各農業實驗所及大學農學院索取他們試驗出來的各種稻米新品種，並親自試種，配合使用各種不同比例的農藥及肥料，最後發現在鳳山實驗失敗的鳳山五號稻米，適合花壇地區，不僅產量大，一分地可生產三千斤稻穀，是當時臺灣最高的產量，而且稻米有些黏性，有如糯米。他將這品種推薦給村中其他農人，其方式就是將收成的稻穀堆在家門口，讓路過村中的農人一眼就知道它的產量非常高，使得一年內全村的人都使用這品種。也因品種一致，產量又高，花壇村乃被政府選為實驗農業機械化的村子。當政府農業機械化實驗失敗後，他反而自己進行機械化，說服其他人個別購買各種不同的農機來經營，發揮差序格局的社會關係，因而得以成功。但在這過程，村中沒有人覺得是他推動的結果。一方面，他沒有任何職位引人注意，另一方面，他說服人的方式，往往是使當事人以為是自己要這樣做，就如他推動鳳山五號的過程一樣。換言之，他的方式是讓對方覺得自己願意來做。事實上，筆者的老師王崧興先生在這個聚落進行田野工作達半年，卻不曾意識到這個人的存在與重要

性。對筆者而言，若不是他對筆者有些興趣，筆者也很可能遺漏了他。記得第一次去訪問他時，他就問筆者他田裡有一樣作物全村只有他才有，筆者看了一看，發現一種在山上做田野常見的樹薯，但平地已很少見，筆者便指出它來。他又進一步問，如果他沒有問，筆者會注意到嗎？筆者只好承認不會注意，他於是說到「什麼叫視而不見！」從此以後，筆者才不斷去拜訪他，也才逐漸了解到他其實才是當地農業機械化成功的幕後推手，但村民沒有人意識到這點，這跟他的「道家式」作法有關。這就如他喜歡看當時的《中央日報》，筆者不甚了解地問他，「你相信報紙上講的話嗎？」他回答說那就要看你怎麼看，不會看的人只看它講什麼，會看的人是看它沒講什麼！後來筆者和他讀中興大學農經系的兒子熟悉之後，才知這人有一個老師，是以前挑貨從鹿港到彰化販賣的小商販，路過花壇時就會教他讀經典古籍、野史、傳奇等。兒子認為父親的知識是一種智慧，很想跟他學，他父親卻覺得兒子慧根不夠而拒絕。他還喜歡找筆者下象棋，每次都讓筆者覺得只差一點就要贏他了。其實，一直到田野結束前，筆者不曾贏過他。田野結束後，筆者反思他跟人的互動過程，才愈來愈意識到他的「道家」哲學。很想以他為主角來寫一篇論文，就叫〈水田裡的哲學家〉。因他的方式實際上是一種讓你不覺得他在影響你的智慧與權力。但這種智慧與權力，一直潛伏在漢人的社會當中，就如同道家在中國歷史的發展過程中，雖不如儒家外顯具體，但在重要時機，卻會見到它的蹤影，像是中國民間演義傳統常提及的周朝的周公、漢朝的張良、三國的孔明、隋唐的風塵三俠、明

朝的劉伯溫等等，都是野史中的常見人物，他們行事風格皆具「道家」風範。這種權力對於人類社會的未來有何意義？就待我們進一步來發掘了。

第五章
現代民族國家[1]

　　第四章提到以往政治學對於政治的界定是有關權力分配、制度安排及治理等現象，其對權力的主要看法是指人與人間的不平等關係。然而在近現代，它的運作卻是以現代民族國家的存在為前提。那麼，我們對於現代民族國家的想像是什麼？應該視它為理所當然的存在嗎？是不變的自變數？

　　事實上，即使是一個能有效治理地方的現代民族國家，在不同時期可能也會呈現不同的面貌。舉例來說，日本殖民臺灣的過程，就經歷了幾次改變：

1. 日本在 1895 年開始統治臺灣。但初期要全力平息漢人的抵抗，對於原住民採取安撫政策，是一種半放任半妥協的作法。

2. 到 1929 年，日本殖民政府出版全臺灣五萬分之一地圖

---

1. 本章依據黃應貴 (2019, 2021e, 2021k)、黃應貴主編 (2018) 及黃應貴、林開世 (2019) 與林開世 (2019b) 的成果而來。

時，獨缺位於現臺東、屏東、高雄之間的內本鹿地區。換言之，一直到 1929 年，日本殖民政府還未能有效治理內本鹿地區。

3. 到了 1930 年左右，日本殖民政府已大致在全臺灣建立以駐在所為中心，統轄警察行政、教育、醫療衛生、交易等功能的地方行政系統，才真正有效統治臺灣。因此總督府對臺灣原住民的治理政策，改採積極的武力鎮壓，如 1930 年的霧社事件、1931～1932 年的大關山事件等。

4. 到了 1933 年 4 月 19 日，大關山事件的領導人之一，布農人拉荷阿雷在高雄歸順日本殖民政府，成為「全島最後未歸順蕃」投降的大事件。至此，日本才真正控制全臺灣，並開始推動「文明化」政策，如集團移住及水稻耕作等。

5. 1939 年二次世界大戰發生，臺灣相對於南洋地區，被視為是屬於日本本土擴張上的直接管轄地區，因而推動皇民化運動，意圖將臺灣歸入他們的本土範圍，直到 1945 年終戰為止，是日本在治理臺灣最穩定成熟的時期，尤其相對於國民黨政權接收臺灣時，造成的二二八事件更是老一輩臺灣人會懷念日本政權的原因。

6. 戰後國民政府的統治過程，直至 21 世紀以前，就如黃崇憲 (2008) 論文所述，戰後早期臺灣的國家治理，先是由黨國資本主義主宰，然後演變為私人企業與國家產生父子式上下的政商關係，到 1990 年之後，這種政商關係又

演變成兄弟夥伴關係。

　　換言之，現代民族國家的形成與治理，其實是一個長遠的歷史發展過程。以英國為例，依 Philip Corrigan & Derek Sayer (1985) 的 *The Great Arch* 之研究，我們會發現這個西方典型的民族國家的形成，是從 1530 年開始，一直到 19 世紀才完成，甚至直到現在，都還不斷地發展中。這過程簡單陳述如下（黃應貴 2021e: 215–216）：

1. 英國現代國家的形成，包括從中世紀的封建制度轉變而來的國王，以及作為統治者象徵的王權之形成與發展，也包括由王權轉換為國會權的發展過程。

2. 實際執行民族國家治理的中央政府跟文官制度的建立。

3. 負責壓制的警察、監獄、國家武力等的建立與制度化。

4. 經由立法過程來建立規範人民行為及國家運作的法律。

5. 透過一致的教育體系及共識的控制，建立全國性最基本的生活標準。

6. 關於財產、紀律方面的觀念、分類、法律，以及相關制度的改變，都與英國資本主義的發展相配合。譬如，工業資本主義興起後，股份公司出現，必須將利潤分給股東，法律規定每年報表必須經過會計師審核，以為股東分享利潤的依據外，並規定了破產、公司的有限責任，以及會計師成為一種專業。

雖然資本主義是英國近現代國家建立的重要條件，但是，兩位作者並不認為英國國家的建立是以經濟為動力。他們強調：民族國家的權力是來自道德的規範、認識與評價。蘇格蘭人從 18 世紀以來發展的道德哲學，尤其是亞當・史密斯的理論，與國家的形成同步進行。**國家的形式通常也因特殊的道德風氣而得以合法化及活潑化**。所以，作者認為，現代國家的形成有如文化革命，國家建構與文化工程，兩者密不可分。其建構的過程既是物質的、制度的，也是文化的。

但在進入後現代的新自由主義化時代，Benedict Anderson (1991)《想像的共同體》的出現，讓我們對於國家的理解帶到社會想像的層面（黃應貴 2021e: 213–214）：

1. 他認為我們這個時代最普遍的合法化價值就是所謂「**國族性**」或「**民族**」(nationness)，也就是說，**民族國家本身的存在便提供了當代許多現象存在的普遍理由或價值。因為當代所有的政權，或者是政治制度的建立，乃至於政治活動，都必須建立在這個基礎上。**

2. 不過，他一開始也講的很清楚：**無論是國族性或者是國族主義，都是特殊類別的文化創造物 (cultural artifacts)，它在 18 世紀末結合各種歷史力量自然出現。但一旦出現，它就如同調節器 (modular) 一樣到處移植形塑。他甚至進一步說，國家是一個想像的政治社群，有它的主權以及它內在的限制。這裡所說的「想像」，是**

因為現代國家的人民不可能認識所有的國民，所以必須透過根植於國民心中的團結意象來連結彼此，甚至為它而犧牲生命。為何這想像可以發生那麼大的力量？這就在於**它文化的根**。

3. 由此，安德生也意識到，**每個社會的想像有不同的風格 (style)**。比如說，印尼以親屬跟侍從關係 (clientship) 來結合人民，土耳其是以親屬（特別是父親的意象）及性別來建立他們的國家意象。

4. 其實，現代國家之所以可以作為「想像的共同體」，是有其特殊的條件。**在消極條件上，它在建立新的認識世界方式前，就必須打破原有的文化體系、宗教社群與帝國紀年等舊的認識世界之方式**。這就像西歐現代國族主義或是民族國家的建立，其實伴隨著世界觀的轉變——放棄神諭式教義式語言拉丁文、放棄社會階序中以上層統治者為核心的信仰、放棄人的起源與世界起源一致而視過去是美好黃金時代的時間觀念。這種世界觀的轉變，固然有賴於文藝復興、啟蒙運動、宗教改革等思潮，逐漸改變了近代西歐人從中世紀以來所建立對於世界的認識方式。

5. 另一方面，**雖然放棄舊的認識世界方式，但還不足以建立新的民族國家。認識世界的新方式，必須具備三個重要的條件：第一個就是印刷工業**，特別是資本主義印刷工業，提供今日大家習以為常的報紙，使「想像的共同

體」之中所有的人，不需面對面直接互動，就可以得知遙遠之處的最新消息，而產生休戚與共的感覺。**第二個條件是標準化的語言**，使共同體成員間的溝通成為可能。也只有在這條件下，印刷工業才可能發揮效用。**第三就是國家統一的教育體系**。在這個條件之下，民族國家能發展出、或者建構出他們**新的認識世界方式**。雖然，這樣的想像社群是有其內在限制的，往往受限於已存在的政治疆界，但仍是遏止不了新政治體在 1776～1838 年間的出現，而且大都是共和國，它們是這類民族國家在世界舞臺上的首波出現。

也只有在前面這些消極及積極的條件下，整個人類社會大致經過四波民族國家的形成與發展，包括第二波新世界的民族國家，第三波由古老帝國發展出的官方民族主義 (official nationalism)，以及最後一波二戰後由殖民地獨立的殖民地民族主義 (colonial nationalism)。到今天，我們可以看到全世界各地都發生了所謂建立民族國家的普遍現象，甚至遍及偏遠的大洋洲小島。**也因有過去民族國家建構發展的歷史經驗，當代的民族國家學會除了透過大眾媒體、教育體系及行政規劃來灌輸民族主義意識形態外，更發展出三個強而有力的制度來強化民族國家的機制：人口普查、地圖、博物館**。因為這三者可以塑造人們對於人性、支配領域的地理、以及祖先提供的合法性看法。這三者連結起來，不僅全面**化分類格 (totalizing classificatory grid)** 及系列化世界成可複製

的共和體複數 **(serializing the world with replicable plurals)**。如此，使國家及人民對國家的想像具體化。但這樣的想像風格，是工藝技術的產品，是資本主義深層的驅動力所造成的。另一方面，民族主義式新形式的意識 **(consciousness)**，這種意識是透過不斷的被述說而產生。所以，資本主義的印刷工業或工藝技術非常重要，因此我們才會說現代民族國家的發展與資本主義的發展是相輔相成、一體兩面的。

更因為每個國家因傳統文化上的差別，使得每個國家建立新的認識世界的方式之內容有所不同，進而影響其建立現代國家的風格也不同，或者說國家的意象或想像不同。這可由 Bruce Kapferer (1988) 的研究 *Legends of People, Myths of State* 證之，他以斯里蘭卡及澳洲兩者作比較（黃應貴 2021e: 217–218）：

> 前者的神話傳說強調建國英雄都是被迫離開，返鄉後再以暴力手段復興國家而成為英雄。這種想像得以將異族，如外來的 Tamil 人，以對付惡靈的暴力手段納入其國家的階序中。對比於此，澳洲雖為白人統治，卻因其主要成員不是流放的囚犯就是投機的冒險家，缺少文化傳統卻強調義氣，在建立新的文化傳統及新國家的過程中，強調個人先於社會的平等主義以及個人主義式的社會想像，進而合法化了白澳政策：他們欲求有同樣能力的伙伴成為澳洲公民，因此，當地土著就被認為「能力不足」而未被賦予公民權。

　　由上可知，現代民族國家的建立，不僅是一個長遠的歷史過程，在這過程中，國家本身一直在改變，也需要印刷工業的工藝技術之幫助。更因每個社會與文化各有其既有制度及文化傳統，深深影響其建立的國家之風格，以及當地人對於國家之想像。甚至在同一社會與文化，在不同時代有不同的風格與想像。因國家在變，文化也在變。這就涉及了黃崇憲 (2008) 論文所提及目前研究中所缺的「**國家民族誌**」問題。

　　事實上，這還不是最尖銳的問題。前面所提的所有研究，雖都用到了功利主義以外的權力觀念，包括 Foucault、Anderson、Geertz 等無所不在又看不見的權力或文化性權力，**但都還承認國家是由制度所構成的**。尤其是 Corrigan & Sayer (1985) 討論英國現代民族國家的形成過程，基本上是討論國家的統治象徵、國會權、中央政府與文官制度、警察、監獄、國家武力、人民的行為規範、教育、財產、法律等制度如何建立的過程。**故國家顯然還是立基在具體的事實基礎上，我們才會把國家加以固著化，看成本體論式的存在，是理所當然所給定的常數，是不變的自變數，永遠不會倒的**。但黃崇憲的論文 (2008: 364–365) 就提到 Philip Abrams 的質疑與批評，而**不認為國家是本質性的存在**。換言之，用涂爾幹的用語，**國家不曾被證明它是社會事實而不可化約為其他的事務**。譬如，它可以是建立在宗教信仰的基礎上，像現代許多北非及中東的伊斯蘭國家，以及南亞印度教與伊斯蘭教分裂造成印度、巴基斯坦、孟加拉三個不同的國家，乃至於過去有段時間常被新聞播報的 ISIS 所建立的伊斯蘭國等均是。就如同族群是

可化約為宗教信仰或語言文化的情形一樣。既然這樣，極端的後現代論解構者，就會認為**根本就沒有國家這回事**，我們看到的，**其實是一大堆亂七八糟而又往往相互矛盾、相互衝突、相互重疊的各種力量所共同運作成的結果**，包括媒體、財團、利益團體、黑社會、慈善團體、宗教團體、文藝活動、運動與娛樂、地方派系等的力量交錯而成。這個論點，其實正是 Foucault (2008) 的治理觀念所引起的挑戰。雖然這樣的論點在國內學界及一般人都不會接受，因在現實上大家還是覺得國家無所不在。但像 Abrams 把國家看成「**幻象性社區**」而存在人的心中或腦海裡的觀點，在當代強調個人的主體性與能動性下，已經愈來愈被重視。

　　不過，對既有現代民族國家的觀念最大的挑戰，實來自**新自由主義化下國家本身性質的改變**。這最直接的影響便是過去資本主義發展過程，國家與經濟力量一直是相輔相成的，就如貨幣代表著這兩者的平衡關係一樣。但在新自由主義化下，財團或國際資本家的力量早就超越政府，因而有**財團治國**之說，以至於有**國家弱化或國家功能改變的論點**。相關的爭辯與討論，讀者可參閱林開世 (2019b) 論文〈新自由主義與國家：對當前幾種理論取向的評估〉，筆者在這裡就不再重複。

　　觀察實際情況，**國家不僅弱化乃致消失，更會破產**。譬如，James Ferguson & Akhil Gupta (2002) 所描述的中非洲，我們看到尚比亞 (Zambia) 的私人公司，像 British South Africa Company 的宰制，早就超越了國家。而辛巴威 (Zimbabwe)，地方上的基督教團體，在 NGO 的支持下，不僅取代了國家功能，並成為國際組

織中的當地代表。再如安哥拉 (Angola)，在美國 CIA、中國政府、過去的南非種族隔離政府、國際鑽石公司、及美國教會團體的支持下，反政府游擊隊成了另一個政府。**由此可見在中非洲已出現次國家 (subnational)、國家 (national)、超國家 (supernational) 團體取代現代民族國家統治的現象。更嚴重的問題是在新自由主義經濟條件下建立的現代民族國家是會破產的。**冰島已經破產一次，希臘、西班牙、義大利都在破產邊緣，但因它們背後有歐盟支持目前仍安然度過。然而臺灣，我們至今並沒有被國際社會承認是一個獨立有主權的國家，我們的國債目前是 55,740 億元，也就是說，每位學生還沒大學畢業就業就已經背負 23.6 萬元的國家債務。但這還不包括隱藏性債務 157,090 億（主要是公保、勞保、健保等避免破產所需支付的債務，以及銀行的避險基金等），也不包括前瞻計畫的錢及這次新冠疫情的特別費用，還有早已存在的地方政府舉債。以大高雄為例，2013 年已達法定債務的最高限度，約 2,077.92 億臺幣。但比高雄市的情況更嚴重的至少有 8 縣市。依《商業周刊》有關「縣市財政昏迷指數」的報導，7 縣市（花蓮、南投、雲林、澎湖、彰化、基隆、屏東）是重度昏迷，苗栗則是瀕臨腦死。是以，臺灣的財政未來若無法得到改善，不出十年，政府可能遭遇破產危機。這也是為何我們政府必須處理年金改革、健保及勞保的改革等事宜。而**未來我們要建構怎樣的國家？**恐怕是年輕一代的讀者不可避免又必須面對的課題。

這些例子說明在新自由主義化的趨勢下，我們必須考慮取代現代民族國家的新形式之政體的可能性。這除了大家所熟悉的歐

盟外，村上龍 (2002) 的《希望之國》小說裡國中生在北海道建立的國中之國，則提供了與歐盟相反趨勢的另一種可能性，而這種可能性，實際上是西班牙 Catadonia 原想要採取的路線。然而這發展趨勢，並不一定是新自由主義化所造成的，若從歷史的長期發展趨勢來看，正如霍布斯邦 (E. J. Hobsbawn) 在 *Nations and Nationalism since 1780* 中最後的預言，「**我們將看到民族國家和族群語言團體，如何在新興的超民族國家重建全球的過程中，被淘汰或整合到跨國的世界體系中。民族國家和民族主義在未來有關的歷史裡只扮演被支配乃至於瑣碎的角色**」 (Hobsbawn 1990: 182)。換言之，現代民族國家，正如以核心家庭為主的現代家庭，其實都是歷史的產物，並不是具有普世價值而永恆不變的組織形式。尤其臺灣作為一個國家，並沒有得到國際承認，故在現代民族國家之外，有沒有另一種可能，是我們思考未來出路的另一個選項。

　　不過筆者個人的想法比較接近 Maurizio Lazzarato 在他的 *Governing by Debt* (2015) 所說的，新自由主義治理的結果，既不是回到資本主義，也不是終結資本主義，而是一種新的情境。換言之，**國家也許不會消失，但它再也不是過去大家所熟悉的國家，而是一種新的人群組合及運作方式。**那麼，**我們要如何建構我們對於未來國家的想像與實踐？**當代南非的發展頗具有啟發性（黃應貴 2021k）。 James Ferguson 在他 2015 年出版的 *Give a Man a Fish: Reflections on the New Politics of Distribution* 書中，討論南非直接給所有符合公民條件者基本收入基金 (basic income grant)（簡

稱 BIG）。這種新自由主義式福利國家的新政策已影響到鄰近的納米比亞 (Namibia)、賴索托 (Lesotho)、史瓦帝尼 (Swaziland)、莫桑比克 (Mozambique)、馬拉威 (Malawi)、尚比亞、辛巴威等國家。對這些地區的人民而言，在當代新自由主義化發展的新經濟條件之下，使用愈來愈少的人力生產愈來愈大量的產品，造成失業愈加嚴峻；南非失業人口已達 38%。在無法創造更多工作機會的狀況下，為了避免窮人淪落到更悲慘而無法翻身的地步，因而發給每人基本的生活所需。這雖不符合以往社會福利或社會保險制度所強調的「**提撥制**」**(contributory)** 保險體系，但這種「現金移轉」(cash transfer) 卻可以直接解決窮人的營養、教育、健康等燃眉之急。其正面的結果，不僅引起有關分配政治問題的討論，更涉及新思考方式與推理的浮現，以及相關事務的重新思考。譬如，以往可以得到社會福利、社會保險的人，通常是有正職工作者，否則就沒有退休金、健保等福利或保險。這種制度與觀念完全建立在生產與勞動的基礎上。事實上，即使在舊有制度中，還是有一批人不需工作而可受惠於保險與福利，如家長的配偶——雖然沒有正職工作，但卻處理更多與社會繁衍有關的事務。更何況，在民主政體當中，沒有工作的人還是具備政治權利，透過公民權與政治壓力，要求政權能回應既無工作又無繁衍功能的人之應有物質與服務的需求。但 BIG 方案與上述制度不同，其涉及許多新觀念的出現與改變。

所謂觀念的改變，主要是指過去的福利國家制度基本上是從生產的立場來看分配，特別是馬克思理論或左派認為分配的結構

完全是由生產的結構所決定，或分配是生產的產物，參與生產的
特殊形式決定分配的特殊形式等之看法。但這已不適用於新自由
主義化的南方國家。**BIG** 的創新包括分辨了**權利 (right) 及正當性
(rightfulness)**，以凸顯他們要的不是抽象的權利，而是物質的共
享 (share)。如他們要房子，不是房子的權利。而他們之所以要求
物質的共享，是因為他們是這個國家的公民，是這國家、社會財
產的擁有者，故有其共享的正當性。這也涉及他們的要求是社會
成員先於勞工，是國家公共財的繼承者，這源自社會的價值──
包含過去的痛苦、流血、創意、共同經驗等。正如李維史陀所說，
所謂的文明是繼承自過去許多野蠻時代的發現累積，是由社會成
員所共享。

　　其次，在當代社會，分配的過程逐漸成為社會的新中心，這
是由於愈來愈多人的生活不再依賴土地為基礎的生活及勞力生
計，造成「分配」是社會構成秩序之根本活動。普羅大眾由勞力
世界進入非形式經濟，乃至到分配的生活方式，可由小型交易、
叫賣、臨時工、走私、妓女、乞求、偷竊、乃至於由親戚或愛人
尋求幫助等混合而成。即使馬克思論者會低貶那些與分配過程有
關的閒雜人等（如小偷、扒手、流浪漢、乞丐、騙子、賭徒等），
視之為寄生蟲，但馬克思論者還是承認政治上的直接分配是有價
值的社會行為，因為政治上的直接分配合法了部分的社會流動。

　　此外，過去認為現金移轉 (cash transfer)──讓窮人使用貨幣
及介入市場交易──會破壞既有的社會關係，但南非的例子使我
們發現貨幣、意義及互助性是糾結在一起而不是對立的。我們需

要重新思考「貨幣的連結」(the cash nexus) 與社會連結及互助性的各種形式，以挑戰過去習慣的對立：利益 vs. 義務、感覺 vs. 計算、利他 vs. 自私等。作者藉由 Keith Hart 對於牟斯作品的重讀，指出非市場的關係也絕不僅止於利他的或親屬基礎上的共享，而包含強而有力的自我中心主義、自利、競爭趨力、對抗等。反之，實際的社群凝聚力也不只是建立在合作與利他的平等關係上，還是有利益的、競爭的交互關係。真實的社群連結了共享與自利。同樣地，市場作為一種獨立的社會制度，在市場上的行為，不可能沒有熱情、感情、凝聚力及照顧等。換言之，市場上的交易及交換深深包含著照顧、愛、共享、依附等親密關係。故對牟斯而言，社會關係與貨幣交易相互糾纏，一如有道德關係的義務、照顧、慷慨等也與各種利益交換的各種形式連結。所以我們不可混淆貨幣的交易與市場交換。因市場並不是資本主義的本質性依附，它是更大的社會經濟體系之設置，市場跟其他社會制度連結可以產生特殊而受期望的社會效果。有這樣的理解，我們就會發現 BIG 是新社會主義者新政治的關鍵點：凸顯出經濟異質性或非正式經濟的重要性，使得過去占有中心地位的薪資勞動，被以分配為中心的新政治所取代。

同樣地，過去社會福利制度下的依賴觀念，也得以重新界定。依賴並非不自由的束縛，而是創造一種自由選擇的形式──依賴可以享受很大的能動性；依賴本身就是一種行動，不只是建構社會的方式，也能夠建構個人。個人並不被視為單獨的個體，而是關係體系中的節點。關係性的人並不先存於依賴關係，他們是由

關係所構成。依賴關係就是社會人的主要機制，沒有依賴關係，他們什麼都不是。依賴的人依然是社會的成員或社會財產的擁有者，故 BIG 是公民收入而不是獎助 (grant)。這當然挑戰既有的自由主義常識，也挑戰能動性的形式。這是由於依照依賴而制訂的社會政策，是在建構可欲的依賴形式，而不是剔除依賴；它不是終止依賴，而是追求「有益的依賴形式」(beneficial form) 之多重機會。這也需要新形式的歸屬 (belonging)、依附 (attachment) 及照顧。

此外，上述觀念的釐清主要是在解決最關鍵的分配政治問題，這涉及共享 (share) 的觀念。不同於過去把共享當成一種人與人間的互惠。事實上，共享不是一種交易的形式，它涉及資源的處置，因此不同於禮物的給予。就如同狩獵民族成員可以要求分享獵物一樣，它是依據成員身分而來。與禮物交換不同，共享不僅是非儀式性的，接受者是批判的 (critical) 而不是感謝的 (grateful)。若共享群體擴大到一個國家，共享的觀念是每一個人有權從南非的財富得到利益。因此，平等不只意謂著政治平等，還有經濟平等，後者指所有權的平等，即所有權是平等分享。而 BIG 或現金移轉計畫只是給予每個人正當的享有，這是來自正當的擁有者，故沒有回報的期望、沒有欠債、沒有羞恥──共享是來自公民擁有國家財產的身分。這當然涉及國家的財富來自社會整體，其價值根植於整個社會過程。故正當的分配不應只是依勞力工作的交易來計算，而是從社會整體而來。由此，Ferguson 認為新的福利國家與新思維的結合，可以創造出新的可能，就如同它也帶來了危險一樣。

對 Ferguson 而言 ， 這種由社工人員所創造由下而上的新制度，包含許多新自由主義的論證。譬如，對 BIG 的施予者而言，這是一種投資 ， 被保護支持的是人力資本 ， 社會給付 (social payment) 其實是催化劑，讓消極的失業者變成活躍的企業家以活用手上的有限資本。另一種看法是，社會給付是正當的分享，因為他們是國家的擁有者。但馬克思論者或左派會懷疑這種作法只是合法化了資本主義或緩和資本主義的惡化，而阻礙了對於既有秩序正當性的挑戰。尤其馬克思論者貶低分配、無政府主義者貶低國家與科層組織，但 BIG 或現金移轉卻重視對於非勞動形式的分配形式，也依賴國家行政體系的效力。Ferguson 的回應是：BIG 分配政治是一種去政治的新型政治，雖不知它最後走向何處，但卻是擷取非洲社會主義的某些要素，即使不是回復舊的社會主義，卻也是在創造新的可能。但它還在實驗發展中，尚未有結論。

在筆者看來，Ferguson 所勾劃的圖像，還不足以建立整個國家的新形象，但已能充分顯示它因為包含前資本主義原始社會的共享機制、新自由主義化下企業家及人力資本的看法、現代民族國家文官制度的效力等，共構成一個具有未來可能性的新情境。即使南非的 BIG 方案目前僅分配到 35% 的公民而已──有如臺灣的地方社會因財政惡化而不得不各出奇招來經營地方社會，而呈現不同的樣態，有如一國好幾治。未執行 BIG 的其他地方很可能用完全不同的方式來解決治理問題，而使國家有如分裂卻又鬆散地連結一起的多重群聚體 。 也許它不再叫國家 ， 但也不是像 James Clifford (2013) 在《返歸》一書中所說的「部落」，而是一

種未曾存在的新情境。就如在新自由主義經濟或金融經濟的主宰下，各地可以有各種不同的經濟樣態，包括有機小農自給自足的反資本主義生活方式——只要它的經濟利潤不是巨大到吸引金融資本的介入。**換言之，南非的例子，就如張正衡 (2021) 的例子一樣，都是結合不同時代的各種要素成為一個新的組裝體，以面對未來發展的可能性，發展出後現代民族國家或後新自由主義國家的新面貌，以及新的平臺經濟。所以，這背後更蘊含著新思想與新知識的前提與需求**[2]。但要從事這些想像與實踐，實都已涉及筆者論文（黃應貴 2019: 46–50）在結論時所提到的兩個問題：

第一，認識論上的問題，在有關市場或經濟、國家、社會、政治等的討論，研究者往往無意間仍依循現代性知識的觀點而造成限制。例如，前資本主義時代就已存在的市場，若僅用資本主義興起以來的定義，便忽略其多義性[3]實則提供當代個人對抗新自由主義的機制與手段。譬如，臺灣東部四處可見逃避當代生活方式而從事有機農業的小農，依賴重建地方上的傳統市集來交換生產，以滿足生活所需，即是利用市場的多重意義來對抗當代新自由主義化的典型例子。然而當代對相關問題的討論往往缺少足夠的歷史視野。這點，可由布勞岱爾對資本主義的看法來進一步了解[4]。儘管過去討論資本主義的定義時，非主流的布勞岱爾的

---

2. 張正衡的例子，將會在第七章進一步說明，在此不詳論之。

3. 市場的多義性是指市場並非只有供需律的機制，還包括互通有無、建構社會關係或人群關係、乃至於依中地理論而來的中國市場與地方組織結合的結構等。

定義很少受人重視。在重新解讀下，我們發現，布勞岱爾最有挑戰性的觀點是分辨市場經濟（或經濟生活）與資本主義的不同，使市場運作可以獨立於資本主義經濟之外，成為一套具有高度可塑性的獨立社會制度。這使他被視為反市場論者，因為無論對自由主義者或馬克思論者而言，市場都被看成資本主義中的一環。即使馬克思論者並非將市場當成資本主義的定義性特徵，但市場依然是資本主義生產模式連結其他生產模式以進行擴張的必要機制。此外，布勞岱爾更將資本主義界定為壟斷性經濟，反對專業化，因此它才能不斷轉換到利潤高的領域以確保獲利。在他的定義下，有三種重要的工作分類：商人、工業家及銀行家，他們分別掌握了貿易、製造業與處理金錢的工作。如此一來，資本主義的發展便不再只是一般人熟知的歷史階段而展現各自不同性質，意即，由商業資本主義、工業資本主義到新自由主義，反而是某個部分在特定時代的某個環境中被凸顯的問題，其變化只是內在的壟斷性力量與解放性力量彼此衝突的結果。最後，當變化巨大到一定程度後，就會改變該體系本身而轉性為其他的經濟體系。至於後續如何發展，布勞岱爾並不進行目的論的判斷。然而，他的論點無異於承認市場乃是獨立的社會制度，與經濟（特別是資本主義經濟）之間不存在必然的關係。這點在許多晚近的新討論中先後被提出。

　　譬如，Keith Hart (2007) 對 Marcel Fournier 的 *Marcel Mauss:*

4.這部分可參閱 Wallerstein (1991) 的討論而來。

A Biography 一書撰寫一篇名為 "Marcel Mauss: In Pursuit of the Whole" 的評述，文中指出，牟斯與涂爾幹的學說存在著根本上的不同。牟斯關懷的是具體個人與社會整體的道德關係，堅持個人自由與社會義務的複雜互動構成了「人間條件」，而市場與貨幣普遍存在於人類社會，而非專屬於資本主義經濟的一環。對牟斯而言，市場就如同人類的制度，都是奠定在個體與社會、自由與義務、自利與關心他人的合而為一之上。

　　其次，本體論的轉向或新知識的建構問題。這問題直接關聯到林開世 (2018a) 在導論中提問「到底在甚麼意義下，政治的範疇已經難以提供一個合宜的理解當代各種衝突與矛盾？」（林開世 2018a: 2），其回應是：「第二個意義上，政治作為一個分析概念在新自由主義秩序中的限制，也暴露了從 18 世紀以來，現代性所開展出來的世界觀：由自然與文化、物質與精神、政治與社會、個人與國家等等二元對立範疇所建立起來的科學知識與社會秩序已經難以對當代這種高度不穩定、高密度擠壓、多層次連結的人、物、事所形成的關係，作出有效的理解與評估」(ibid.: 3)。

　　因自 Jean-François Lyotard (1980) 以來，我們已知後現代知識的特性強調有效性，與現代性知識強調對真理的追求不同。這類作法確實讓我們得以分辨出新自由主義下的知識如何迥異於現代性知識，就如同東浩紀 (2012) 的《動物化的後現代：御宅族如何影響日本社會》一書提出「資料庫模式」相對於「樹狀圖模式」的論點，或如德勒茲與伽塔利 (1987) 在 *A Thousand Plateaus* 一書主張「根莖」相對於「樹狀」的知識樣態，又或如英格德 (Tim

Ingold) 在 "Anthropology is Not Ethnography" (2008) 一文提出「隱含秩序」相對於「解釋秩序」的論點，在在都凸顯這兩個時代的現象與知識性質的差別。然而，這些二元對立的思考方式，就如同過去社會科學從啟蒙運動以來一再使用的人征服自然，或個人與群體，或人與非人等，無法真正發展出新知識以解決當代問題。即使 Alain Touraine (2007, 2009) 的討論依然未能擺脫上述認識論的問題。面對這樣的瓶頸，社會科學界究竟要如何超越這類二元對立，以找到新的可能？例如，莊雅仲 (2019) 及林開世 (2019a) 提到晚近人類學者高度引用的人類世 (anthropocene) 或新物質論，即是為了解決大自然環境對人類的反撲，而強調非人的物質或自然，除了能對人產生影響，更有其獨立自主性。這些源自研究亞馬遜 Amazonia 的人類學家 Philippe Descola 所主張的多種本體論觀點，依然是建立在人與物或文化與自然的對立之上。

　　儘管如此，Jerry D. Moore (2019) 認為此一本體論的轉向具有帶來超越性的可能與突破之潛例 。 尤其英格德晚近的研究如 *Lines: A Short History* (2007) 及 *The Lives of Lines* (2015) ， 就試著從自然與人活動所共有的線之觀念切入來超越既有的二元對立。表面上看來，英格德的立場看似接近人類世的立場，其實不然。對英格德而言，人類居住的世界並非由物所構成，而是線。它在日常生活所遭遇的便是構成物件的絲線 (threads) 與痕跡 (traces)，兩者是互相轉換的，因為線可以編織出刺激人行為的網絡。其次，在他的想法中，人並非被封閉的環境所包圍，而是由四通八達的通道交錯，因而形成沒有內外之分的區塊，只有開口及路徑。是

以，生命的生態必須是絲線與痕跡，而不是節與連結點。他所探索的主體並不是有機體與外在環境的關係，而是交織一起的生活關係。藉由研究線的生命，他企圖發現一種方式將我們作為整體人類的經驗，重新鑲嵌於有機生活的連續體中，在這個意義下，並不存在我們目前熟知的各種分科或次領域的界線[5]。Bruno Latour 的 actor-network-theory (ANT) 似乎也有類似企圖，然對比於英格德，Latour 並未區辨上述兩種知識的差別，以致其討論鮮少觸及對上述有關認識論問題的反省。因此對於 ANT 理論是否具有創造出新可能的超越性，筆者並不如莊雅仲及林開世那樣樂觀。對筆者而言，英格德不只意圖明顯，更具備民族誌的經驗及多種學科知識（特別是人類學、考古學、藝術及建築）的基礎，然其全貌仍有未明而難以掌握之處，故其是否可達到目的，有待未來證明。

　　這兩點的內容，在筆者晚近的論文中（黃應貴 2019, 2020a, 2020b, 2021k）都一再提到，目的就是要讀者面對或回答前面筆者已提過的問題：未來你們要建構怎樣的國家？

---

5. 有關英格德的 lines 理論，可參閱 Moore (2019: 340–354) 的評述。

第六章
經　濟[1]

一、前　言

　　既然新自由主義是資本主義新的發展，我們就從經濟的根本改變談起。首先，我們必須先釐清前資本主義經濟與資本主義經濟的基本差別。這點，我們可以透過 Karl Polanyi (1957) 所說的經濟是鑲嵌在社會制度之中來了解。Polanyi 認為人類社會中有三種交換的體系：互惠 (reciprocity)、再分配 (redistribution)、交易 (exchange)。這三種不同的交換體系都存在於不同類型的社會之中，卻各有其主要而具主宰性的交換方式。以互惠為主要交換制度的社會，往往是由對稱的社會群體所組成，最主要的經濟現象是個人間的「互利互生」(mutuality)，譬如澳洲的採集狩獵之二部組織社會，是個無單一首領的平權社會，互惠即作為整合社會成員的機制。以再分配為主要交換制度的社會，通常比較複雜，且

---

1. 本章主要依據黃應貴 (2020a, 2021f, 2021g) 與黃應貴、鄭瑋寧 (2017a, 2017b) 及 Lazzarato (2012) 的成果而來。

具有階級性的權力組織，有一個物資分配中心成為整個中樞的結構。他們重要的經濟現象是人與人之間的「共享」(sharing)，透過再分配的機制使得社會整合在一起，譬如夏威夷的貴族社會。以交易為主的社會，具有價格作為主要運作機制的市場體系，關注個人的貿易行為，並透過市場體系來整合社會，如現在西方的資本主義社會。在這三類社會中，只有資本主義社會的經濟是自成一格的獨立體系，其他的經濟都是鑲嵌在社會制度之中，就如澳洲的二部組織或夏威夷的貴族社會。**這類的主流論述背後假定交易的形式為構成社會組合的機制。**

　　另一種理解前資本主義社會的經濟，可以從**文化經濟學**的角度切入。像 Stephen Gudeman 的 *Economics as Culture: Models and Metaphor of Livelihood* (1986) 就認為所有的經濟學或是經濟理論都是社會建構的，而且都是某一種地方模式。亦即目前所說的經濟學理論，乃是西方社會的地方知識 (local knowledge)。因此，這本書想要探討的是每個文化所建構的**生活模式**，了解每個生活模式當中的**隱喻**，特別是具有**關鍵性象徵**的「**聚焦性隱喻**」(focal metaphor)。因為只有從每個文化的關鍵性隱喻，才可以了解經濟過程對當地的意義為何。譬如，新幾內亞多布 (Dobu) 人生產山芋時，他們把山芋視為人，並認為人與山芋是可相互轉換的，山芋跟人一樣擁有個別的名字。這樣的觀念，牽涉到他們的宇宙觀當中，認為每種物體都是經由轉換而與其他物體相關聯。對多布人而言，在園藝裡生產山芋的活動，不僅涉及他們認為「**世界怎麼形成**」以及「**他們是誰**」、「**社會是什麼**」、「**事情如何發生**」等深

層的信仰，使他們不把生產看成一種特殊的活動類別，或是使用
工具來開採自然世界的活動，而是一種遊戲或社會展演。譬如，
他們認為有一個獨立的超自然世界存在，人們可以利用巫術與咒
語來要求這些超自然力量的幫助，來控制山芋。事實上，對他們
而言，**經濟活動是充滿巫術的社會活動**。換言之，從前資本主義
社會的角度來看，**經濟是什麼？其與當地人認識世界的方式不可
分**。這與資本主義經濟有根本上的差別。那麼資本主義經濟又是
什麼？

二、資本主義經濟[2]

　　一般所說的資本主義經濟，主要是指 18 世紀下半葉工業資本
主義興起以來俗稱的市場經濟，正如 Polanyi (1957) 在他的《鉅
變》裡所說，它是建立在土地、勞力、貨幣三者均進入市場的這
個前提上[3]。換言之，**只有土地、勞力及貨幣都成為市場上的商
品時，資本主義經濟才正式成立**。這有別於學界所界定的資本主
義：廣義的資本主義包括了商業資本主義、工業資本主義及新自
由主義，其間的差別可見於資本性質與獲利方式的改變。正如馬
克思所說，商業資本、工業資本以及金融資本都是資本主義不同
階段的資本樣態，卻象徵著不同的獲利方式。商業資本是以 C—
M—C' 方式獲利：**自甲地買入低價商品，再以高價賣到乙地來賺**

---

2. 本段主要參閱黃應貴、鄭瑋寧 (2017a: 1–3)。

3. 參見 Polanyi (1957) 一書的討論，特別是第六章。

錢。但此時的貨幣並不具備資本的性質，而是交易、衡量及表現物品或商品價值的媒介，其目的為促進貨物或商品流通，提高生活水準。故許多馬克思論者或政治經濟學者不認為商業資本主義是資本主義的一種，如 Eric Wolf (1982)。至於工業資本是以 M－C－M' 方式獲利：**是用資本購買機器與原料，經過工廠勞工生產製成商品賣出，利用使用價值與交換價值的價差來賺取利潤。**這便是馬克思所說的**剝削，而此時的貨幣已是可用來投資的資本。**但新自由主義則是以 M－M' 方式獲取利潤 ： **資本利得的收入明顯超越勞力生產所得，那些繼承財產越多的人，往往越容易賺取更多資本利得。**由此，金融資本的性質明顯不同於商業資本及工業資本。

不過，這並不表示金融資本是橫空出世的當代資本類型。事實上，它早在 17 世紀初時就出現了。1602 年 3 月 20 日荷蘭東印度公司成立，是世界第一個股票公司。荷蘭也由此類經濟制度的新發明，以一小國家姿態，逐漸取代西班牙、葡萄牙而成為資本主義經濟的核心國家。

然而，股票公司在西方的發展，開始時仍然是不合法的，所以沒有買賣股票的地方——即今日的證券行，而是在街上進行交易，也缺少公司的資訊及了解股市上漲或跌落的知識。從 17 世紀到 19 世紀，在西歐及美國經過幾世紀的發展，才有公開合法交易的地方 。 更重要的是以**投資 (investing)** 觀念取代了過去的**投機 (speculation)** 看法後，它才漸被視為合法。至於和股票、股市有關的知識，也因科技的進步與發明，如電報、電話到後來的網路

等，才使其資訊得以流通與累積，構成必要的知識。這就是後來一般所說的金融經濟學。

　　但早期學者並不看重金融。如《國富論》作者亞當・史密斯，就認為金融不重要，更重要的是製造業 (manufacture)。馬克思則認為金融在資本主義初期並不重要，而是**積累 (accumulation)**。但到晚期變成很重要，甚至取代了資本積累。相對之下，韋伯認為金融可以**使投資者從社會獲得財物的分配過程**。也因金融家投資在股票市場上，使投資者對於社會有更大的依賴，以得到財物之分配，故社會的整體性反而被凸顯。他應該是最重視金融的西方早期學者，就如同他重視**複式簿計**對於西方資本主義發展的重要性一樣。與他同時的其他學者，如 Werner Sombart 及 Joseph Schumpeter 等，都著重在企業家的創新上，而不在金融本身。

　　至於金融經濟學所展現的知識性質，一開始因在經濟學中一直是旁枝末流，只有商學院才會教，且當時知識也不夠系統與科學性。到了 1950、1960 年代，才開始有學者以數學公式來呈現金融市場股價的升降。而到 1990 年代，金融經濟學不只是商學院的熱門知識，更有五位學者因此獲得諾貝爾經濟學獎。這發展過程，我們會發現金融理論是以引擎 (engine) 之隱喻來分析這世界，而不是以相機的隱喻來忠實再現 **(MacKenzie 2006, Preda 2009)**。故**金融理論被他們視為一種展演經濟學 (performativity of economics)**。換言之，**愈多人相信並使用這一套知識來了解股市，它就愈有效**。但它終究不是現象本身，故經過一段時間後，一定產生許多的例外，因而產生另一套新知識理論來對抗，稱之為

counter-performativity（反展演性）。

三、金融經濟：製造欠債者

有了上述的認識後，對於當代金融資本主義經濟的狀況，我們可以透過 Maurizio Lazzarato 的代表性作品 *The Making of the Indebted Man: An Essay on the Neoliberal Condition* (2012) 一書的觀點進一步來深入了解。筆者之所以選擇他的作品來再現金融經濟，主要是他的思考最具創意及深度，雖然並非所有研究金融經濟學者都同意他的論點。譬如，通常我們說新自由主義經濟時，往往強調經濟邏輯或市場邏輯如何影響到社會文化的其他層面。但作者一開始就指出要了解新自由主義經濟，其實是**債的經濟**，有兩個基本觀念有助於我們理解此意：

1. 社會組合的構成機制不在於交換，而在於債權。債權人／欠債者的不平等關係，超越實際歷史與理論上的生產與工資勞務。
2. 欠債代表著一種無法與欠債主體及其道德的生產之經濟關係分離。

所以，金融資本主義的金融概念是由債的觀念衍生而來，使債成為了解當代社會生活的基礎：

1. 對於新自由主義經濟而言，所謂的金融，就是指債權人／

欠債者的關係，它整合貨幣、銀行、財政金融體系，目的是要顯示債權人／欠債者關係是政治的中心。因資本的擁有者／資本的非擁有者關係已擴展到所有其他關係。而且，它是一種依財產而來的權力關係。當代的金融危機，主要是來自兩者關係的不平衡。事實上，在當代，債並不是阻礙（經濟）成長，而是經濟主體與發展經濟的引擎。因債是債權人／欠債者權力關係的創造與發展，是新自由主義政治的策略重心，故債是了解及對抗新自由主義的中心。是以，作者認為應稱之為債的經濟 (debt economy)，以取代金融資本主義 (finance capitalism)。

2. 當然，**新自由主義是透過多重的權力關係 (multiple power relations) 來治理**，債權人／欠債者只是其中一種。譬如，資本家／勞工、社會福利計畫／使用者、產業／消費者等都是。但**債權人／欠債者的關係卻是最重要的**，因它是一種最普遍性的。另一方面，它在當代又包含上述三種權力關係在內，而使勞工、使用者、消費者有如欠債者。尼采是第一位認為**信用 (credit) 而不是交易，是社會組織的原型 (archetype)**。這有兩層意義：**第一，經濟與社會是立基在社會不平等的權力關係，而不是假定平等的商業交換上**。而債代表著一種命令，是超越經濟與社會的破壞／創造力量。**第二，債是一種經濟關係，卻隱含塑造 (mould) 及控制主體性**。所以，債

的經濟不可能不包含生產及主體性的控制。

3. 由此,作者進一步提出德勒茲／伽塔利的貢獻。因他們解釋馬克思主義是從債權人／欠債者關係出發,並結合**生產概念的獨特聲音 (univocity of the concept of production)**,認為主體性、生命形式 **(forms of life)**、存在的形式 **(forms of existence)** ,並不是上層結構的一部分,而是經濟下層結構的一部分,主體性的生產是生產最主要、最重要的形式。這當然包括第五章提到的欲望在內。

4. 由此,作者強調這些是了解債權人／欠債者關係在新自由主義經濟中,如何形塑其他關係的理論焦點與本質。而主體性便是其中的主要課題。

四、主體性經濟

Maurizio Lazzarato 指出新自由主義經濟是一種**主體性 (subjective)** 經濟,因這類型經濟是追求 (solicit) 及生產「主體化過程」**(process of subjectivation)**,所以這模式的中心不再是生產者與交易者 ,而是企業家 。 因當代資本主義經濟的主體性模式 **(subjective paradigm)** 是在債及欠債者／債權人關係上 ,而不是過去大家所熟悉的資本家／勞工之關係上。經濟行為是與生產主體的倫理政治行為並行。**債畜養 (breeds)**、**招致 (subdues)**、**製造 (manufactures)**、適應、以及**塑造 (shapes)** 主體性。這是由經濟的經濟觀念進展到非經濟的經濟觀念,而債或信用的觀念正好可

以有效呈現非經濟的經濟觀念。

尼采《關於道德系譜學》第二論文便討論：債不僅是一個經濟機制，也是政府的國家安全技術，以減少被治理者行為的不確定性。因欠債者有義務預知、計算、及建立當下與未來行為的等同。這使資本主義得以彌補現在與未來的鴻溝。是以，把新自由主義經濟看成債的經濟 **(debt economy)**，在特殊意義上，是時間與主體化 **(subjectivation)** 經濟。是一種轉向未來的經濟，因金融就是允諾未來的財富與當下實際財富不相對等。而債不僅占有一般大眾或工資賺取者的勞動時間，也是預先占有非線型時間，包括個人的未來及整個社會整體的未來，而使人生活在一種沒有了時間、沒有可能、也沒有看得見縫隙的奇怪感覺。換言之，債使時間無效，束縛及實行破壞／創造 **(destruction/creation)** 力量，以及決定與選擇的力量。

欠債者／債權人關係使經濟與倫理不可分離，也使經濟的生產與主體的生產、勞力、倫理成為不可分離的 **(indissociable)**。是以，債的經濟加強了財富本質的主體性，就如傅柯所說的自我的企業家或人力資本 (human capital)，**使人轉變為一個欠債或債權的經濟主體**，背後更有著欠債還錢的倫理道德規範。是以，**錢的物質不是勞力時間，而是存在的時間**。由此，Lazzarato 結合尼采、馬克思及傅柯，建構出人類社會如何因由有限的債到無限的債，導致原始社會的終結，相伴的是一神教的出現、以及債不再得以償付，並認為貨幣的計算、評估、評價的起源，是來自宗教與政治而涉及權力的問題。所以，貨幣作為支付的手段，是一種

沒有權力的符號。但作為資本的貨幣，有如潛在打破未依附 **(break-detachment)** 來建立順從 **(subjection)** 新形式。故資本家的特殊力量來自再連結權力關係及主體化過程 **(process of subjectivation)**，而不只是購買力的積累。

五、權力與主體連結的結果

債的經濟所導致經濟及主體性的生產，在金融危機中更加凸顯出來。因新自由主義不再視經濟人為交易及市場的主體，而是作為自我的企業家。這也見於他們對於工人不再看成只是生產的因素，而是技術資本 **(skill-capital)**，有生活形態的技術機器 **(skill-machine with a life style)** 或一種生活方式 **(a way of life)**。但另一方面，在債的經濟裡，連結三種權力：主權的 **(sovereign)**、規訓的 **(disciplinary)**、生命政治的 **(biopolitical)**，創造出主權的 **(sovereign)**、社會的 **(social)**、私有的 **(private)** 債，使得新自由主義化過程面對金融危機時，往往更加凸顯了**債權人／欠債者的關係**。因在金融危機時，政府在從事失業救濟過程，設法要了解失業者的原因及未來找到工作的機會與可能性，**使每個人的資料愈來愈個人化、特殊化**，並一再引導 **(conduct)**、指導 **(direct)**、領導 **(lead)**、導覽 **(guide)**、以及塑造 **(monitor)** 等，使每個失業者成了**欠債者**，只能按政府的輔導之指示來工作，以得到暫時的輔助。這過程，一方面檢視福利受益者的生活、計畫、效度，以牽動個人內心深處及引導其行為，進而塑造出「社會順從」**(social subjection)**。因透過個人良心、記憶、再現等，塑造出社會順從，

並創造出欠債者。另一方面，透過國家、各種機構的調查、填表之「機械式屈從」 **(machinic subjugation)**，產生分子組成的 **(molecular)**、個人內在的 **(infrapersonal)**、以及前個人的 **(pre-individual)** 主體，使個人成了「分裂的人」**(dividual)**，群眾變成了樣本、資料，乃至銀行或市場的數據。因這過程並不經過反身性 **(reflexive)** 的意識、再現及自我。如人使用 ATM 過程。它根本是拆解自我、主體與個人。社會順從 **(subjection)** 是活動個人 **(individual)**，而機械式屈從 **(machinic subjugation)** 是動用分裂的人 **(dividual)** 當作人的操作、能動性及要素。這對主體性的雙重塑造，正展現德勒茲與伽塔利在了解資本主義上的貢獻。前者是從規範 **(norms)**、規則 **(rules)**、法律來看自我關係，但忽略後者由機械的技術過程、指令 **(instructions)** 等來了解分裂的人 **(the dividual)**。

　　由上，我們證實作者一開始所說的新自由主義經濟生產債的經濟及主體性，但結論是新自由主義經濟最後造成反生產 **(antiproduction)** 及反民主 **(antidemocracy)**。這是因為債的經濟之生產，往往帶來許多負面的結果，如對環境造成各種汙染、氣候變遷，及核災帶來的恐懼等。因而有許多試圖取代的作法同時進行，使得工業資本主義集中在製造業上的生產方式，不再是主要的經濟所得，而是資本利得超越了生產所得。故是個反生產的時代。同樣，新自由主義化過程所伴隨的權力集中，造成獨裁政權、金錢政權以及貴族政權，取代既有的民主政治，因而有反民主的趨勢。故作者最後說，**債的經濟之特色，不僅是反生產的，**

也是反民主的。

六、結　論

　　經由前面的討論，作者得到幾個主要的結論：

1. 強調債是超越邊界及國籍，是在全球經濟的層次上活動。金融只知道債權人／欠債者，因而強迫我們的視野離開勞動與就業。而資本就有如普世的債權人 (Universal creditor)。 債超越就業 vs. 失業、工作 vs. 無工作、生產 vs. 輔助、不確定 vs. 非不確定等的社會分類及對立。而欠債者的圖像橫跨整個社會，甚至進到自然與文化的領域。因新自由主義就是要把債用到世界各地上，就如同人是人力資本 (human capital) 一樣。

2. 以往資本主義用民主這個概念來跨越階級鬥爭，而且是建立在政治、經濟與社會的分離上，使其能相互制衡。但今天，債統一了三者，而使政府治理成了主要模式。而且，政治與經濟的異質性是在同一權威下治理，使其不再是自由主義的政權。甚至債的制度發明了新形式的主體化及生活的新可能，使得金融危機更沒有建立管制機制的可能。

3. 要改變現狀，只有使階級鬥爭復活。但這就要先去除債背後的道德或罪惡感。因此，尼采的想法很有啟發性，「無神論可以解放人從整個欠債的感覺到人之初」。 而這種想法必須重新界定人，欠債人才有可能引發對債權人的鬥爭。因如此，也才有可能消滅債背後造成我們貧窮及災難的權力，使獨裁政權、金權政權、及貴族政權無所為。甚至進一步取消金融風暴倖存的銀

行、乃至管制金融災難。一旦這種管制成為可能，也是新自由主義終結的一天。

七、討 論

Lazzarato《製造欠債者》相對於其他有關新自由主義的研究，該書有幾個重要而獨特的貢獻：

1. 正式提出債權人／欠債者來取代資本家／勞動者的階級分類。

2. **強調債的經濟從事經濟及人主體性的生產 ，並以社會順從 (social subjection) 及機械式的屈從 (machinic subjugation) 來呈現主體化過程的兩種不同方式。**不過，這兩種由金融有關制度所塑造的經濟主體，卻是非自願性的、乃至於無意識或潛意識的。這裡已涉及何謂主體的大問題。因過去討論的主體，都是以西方資本主義興起及啟蒙運動以來，在強調理性及個人主義化趨勢下，個人所意識到及意願下有所選擇與決定的心理過程，筆者稱其為現代性主體，是與當代金融制度所生產包含非自願性、無意識或潛意識的主體，相當截然不同的概念。

3. **更強調新自由主義化過程，許多基本觀念因更細緻的區分而得以展現當代債的經濟之特性。**如將資本分成商業資本、工業資本及金融資本，以凸顯資本在新自由主義化的金融化及反生產的特性。同樣，將人分為個體 (individual) 及分裂的人 (dividual)，不僅呈現金融制度的運作得以生產主體化過程及欠債者的塑造，更產生主體化過程的兩種不同建構方式。而**將貨幣分成交易媒介者 (mediator) 及具有權力的作用，使當代經濟與政治的**

不可分，凸顯政治治理在當代資本主義條件下的重要性。

4. Lazzarato 一書中最大的限制是作者幾乎完全是從理論的角度
   來討論當代債的經濟，卻因缺少實際的民族誌資料，使得許多
   討論不夠精細。譬如，有關主體性的生產，若由鄭瑋寧〈資本
   的幽靈、分裂的主體：魯凱人的日常金融實踐與經濟生活〉
   (2017) 的民族誌研究個案，我們就會發現當代主體性金融經濟
   所建構的主體，**其實是多重主體或多重自我**。以文中的盜林者
   Shota 為例，他自己選擇了這個行業，每次「跑山」成功找到
   牛樟木及牛樟菇並出售牛樟菇後，他展現出除了能活著回來「倖
   存者」的自我或主體外，更會吆喝同伴或其他「跑山的」到聲
   色場所狂歡而有著「逐歡者」的自我或主體。此外，他更會將
   一次賺來的大把鈔票安排在孩子名下等作為，展現理性的經濟
   主體，甚至在不工作時，還是會在晚上帶著獵狗上山，享受「與
   天地合一超越自我的自由心靈之主體」等。這些正說明金融經
   濟過程所塑造的不僅是主體，而且還是**多重主體**，有如**多重自
   我**一樣。這有別於 Sachiko 和四名茗葉女工自願組成的無計息
   標會活動塑造出一個跨族群、跨聚落、跨親屬關係的經濟主體。
   其次，在當今金融制度的有效運作下，人經常會非自願地在社
   會順服下被塑造出欠債者的主體。譬如，農會貸款程序很自然
   地將被親戚賴帳的 Chiro 建構為欠債者；此外，標會的外標過
   程將參與者塑造為追求利益以及享受搶標過程的緊張感與樂趣
   的感官欲望之主體。同時，每個人又輪流成為其他人渴求興奮
   愉悅之欲望客體；而學貸則將學生塑造為「欠債者」主體等。

這些都是透過社會順服的方式將人建構為「欠債者」這種非自願性的主體。第三，**現代金融制度的有效運作，包括機器的自動運作，往往以無自我意識的順服，塑造出「分裂的人」或主體**。譬如，參與儲蓄互助社的 Mariko 與 Yuji，必須將涉入金融糾紛的親戚，分裂為兩種主體面貌：一是為他人著想的親屬關係主體，另一則是追求自我利益的主體，才能維持儲蓄互助社的運作而不至於被告，如此一來，卻造成自我主體的分裂。另如，金融化後的儲蓄互助社，小額借貸者往往比大額借貸者在支付利息金額上吃虧，造成小額借貸者的不滿，尤其後者借貸的錢還少於自己存入的數目。這不僅涉及社員同時具備股東及欠債者兩種身分的矛盾與分裂，更涉及當地魯凱人傳統人觀強調一個人透過工作及養家活口的能力，作為自我認同或存在的基礎與欠債者身分的矛盾與分裂。這些均凸顯了前個人 (pre-individual) 主體分裂的問題。再如，經營原住民料理與混搭臺式熱炒的卡拉 OK 餐廳的 Lumiya，因為從事服務性的情緒勞動，每日完工後往往到其他人開設的類似餐廳來放縱自己以為彌補，而這往往造成「壓抑的自我」與「放縱的自我」的分裂。這就如同 Hiroko 透過民間放款機構將個人的**多重債務主體**，結合他人的資產證明與空頭公司的薪資證明，組裝成單一債務的經濟主體，造成債務主體的分裂。這些都屬於個人之下 (infrapersonal) 的分裂。至於普遍化的金融卡使用所帶來無自我意識的機器式臣屬而造成的主體分裂，在年長者身上特別明顯，相較之下，一般居民均已習慣而忽略這種方式所塑造之分子組

成的主體，因它基本上是無自我意識的。**更重要地，該論文係立基於實際的民族誌研究，所以它往往包含了 Lazzarato 的理論性討論所無法發現的現象，例如分裂主體間的連結，像是分裂主體間的對立衝突、或交替出現、或相互結合的情形：**如上述儲蓄互助社股東與欠債者，或親屬關係主體與追求自我利益的主體間的衝突；或如情緒勞動者「壓抑的主體」與「放縱的主體」間的交替出現；或如多重債務者透過民間放款機構所組裝成的單一債務者，則展現兩者合而為一的分裂經濟主體。**是以，該研究個案確實進一步釐清金融經濟的主體化過程，不只是在建構多重經濟主體而已，更涉及了金融制度運作上所塑造的非自願性主體及非自我意識到的分裂主體，均說明實際的個案民族誌資料可以幫助我們進一步的分析。**

5. Lazzarato 雖討論了金融制度的運作如何塑造非自願性及非自我意識到的分裂主體，但他**對於金融制度本身的討論卻較缺少應有的著墨。**譬如，他雖提出馬克思已提過的金融資本與工業資本及商業資本的區辨，但並沒有進一步去討論資本如何在當代重新被概念化，如將資本作為物、過程、符號、乃至作為關係等，就會賦予資本不同的性質，而得將當代的金融資本進一步分為經濟性資本、文化或象徵資本、道德資本等[4]。至於像國際會計準則 (IFSR) 的採用，不僅使市場價值取代了成本價值，並使企業的股東利益傾向取代了企業創始人的主導等等，

---

4. 進一步的相關討論可參閱黃應貴、鄭瑋寧 (2017)。

都對當代經濟有著深遠的影響，但此書均附諸闕如而讓人覺得有些遺憾。

6.新自由主義化在當代世界，固然是舉足輕重，但在今日臺灣的主流社會，卻沒有得到應有的重視。其情形有如 **Polanyi** 在他的《**鉅變**》一書所描述 **19** 世紀上半葉的英國，並不知道工業資本主義已經造成英國根本的改變。這背後涉及了兩個重要的課題：

第一，認識論上的問題，在有關市場或經濟、國家、社會、政治等的討論，研究者往往無意間仍依循現代性知識的觀點而造成限制。

第二，本體論的轉向及新知識的建構問題。

由於這兩個問題的討論，在第五章中已進一步說明，在此不再重複。不過，為了讓讀者進一步了解這新趨勢能夠帶給我們關於金融經濟現象與問題有新而不同的理解，以下以趙恩潔晚近的〈蛻變的豬與死屍：印尼清真驗證科學化與本體論轉向再反思〉(2020) 一文來展現。該文主要是以 Annemarie Mol 的多重身體論及 Latour ANT 理論中的「組裝」觀念，來分析印尼 1988 年的豬油事件、2000 年的味之素汙染物轉化論的爭議、以及晚近的紐澳進口牛隻屠宰前的電擊暈眩是否符合清真規定的科學實驗與論證，指出以往有關物或儀式不潔物的研究，往往是由靜態的文化分類來凸顯其文化邏輯而鮮少著重在**物的物質性**本身。若面對正遭逢巨變時期的物，就可凸顯物的**多重本體**。尤其當代的**食品科技使得食物來源、成分與加工過程變得神祕化**，於是伊斯蘭宗教界不得不引入各種科學檢驗技術（如分子結構的片段 DNA 檢驗）

來證明該食品是否清真，清真檢驗也成為流通世界的食品必要的證明，此倒反映出豬並不是一個固定不變的物件，而是由種種技術與分工，被隱藏起來的看不見之物，或是可經由操作與修正而可以被放大以現形的物。是以有**科學形式存在的豬**，也有**絕不含豬但豬還在的味精**。而受電擊昏眩進屠宰場的「即將死去同時也即將復甦」的牛，則可呈現動物知覺的**多重本質**，也說明**不同的技術如何造就知覺的多重本體**。但同樣科學技術的引進，宗教釋令卻有完全不同的結果。科學技術與宗教信仰之所以有不同的組裝以影響權力關係，往往與當時的政經環境有關。由上，作者的結論是儀式汙染物的變遷不僅具有認識論上的意義，更有本體論上的意涵。這也讓我們反思行動者網絡理論之本體論，指出**本體論轉向的政治，有需要重新將混雜的權力關係與歷史建構過程拉回**，以適切地回應「本體只是文化換個稱法、本體論誇大差異並忽視現實鬥爭」等嚴肅的指控。換言之，在本體論的轉向下，物的物質性不再是固定不變的，這自然影響清真商品不再只是商品而已而有其多重性，更何況建立在虛擬的衍生性商品。

第七章

社　會[1]

　　第六章討論經濟時 ， 筆者已提到 Polanyi 強調資本主義社會或現代社會，政治、經濟及社會三者之間的平衡，**更企圖以社會的力量來制衡經濟與國家的力量**。這當然涉及他強調經濟是鑲嵌 (embedded) 於社會制度中的論點 ， 是建立在其既有的社會觀念上。譬如，互惠的經濟活動是建立在一部組織的原始社會上，再分配的經濟活動是建立在有階序的傳統社會上，而市場交易的經濟活動是建立在現代資本主義社會上。那麼社會是什麼？我們在第二章已提及，社會學的發展，從 Comte 到涂爾幹，不僅論證社會是一種「社會事實」而成為獨一無二的研究領域，以建立社會學成為一門獨立的學科，更以隱喻的方式，發展出社會是一種有機體 (organism) 的概念，而視所有的社會制度都是為了提供滿足社會存在的基本需求，就如同有機體的器官是為了滿足生物體存在的基本需求是一樣的。更因有機體是由簡而繁，有機體社會也

---

1. 本章主要依據黃應貴 (2012c, 2021b, 2021k) 與黃應貴 、 陳文德 (2016) 及 Frisby & Sayer (1986) 的成果而來。

是由簡而繁，因而包含不同程度的分工，及隱含不同類型的社會之間的演化關係。事實上，這類依社會分工程度不同而建構出不同的社會類型，在社會學發展的過程，確實也提供人們對於人類社會較清楚有效的了解與解釋模式。

譬如，在 Giddens 等人的文本中 (Giddens et al. 2005a, 2005b) 所提到的五種最普遍類型的人類社會，便是典型的例子。最早的打獵採集社會 (hunting and gathering societies)，除了人數很少往往不過半百而以打獵捕魚及採集為生外，它多半為平權社會，僅有很少數是非平權社會，因這類社會的社會地位是依個人能力而來，婚姻的連繫非常脆弱，親屬組織並不發達，人的組成往往是依成員間的感情而來。所以，它的構成較不穩定，每年成員可能會變動，甚至像北極的愛斯基摩人 (Mauss & Beuchat 1975)，夏天跟冬天兩季的組織形態就截然不同，夏天是以家為單位，四處打獵捕魚，冬天則聚居一處，整個社會的人一起住在有如長屋的冰屋中。雖然如此，他們的活動範圍還是有一定的自然限制，但並沒有所有權觀念，最多只有使用權。

到了游牧社會 (pastoral societies)，人數往往可由幾百人到幾千人不等，而以馴養動物為生。不過，游牧地區範圍雖有一定的限制，卻仍只有使用權而沒有所有權觀念。成員間有著明顯的不平等關係，由酋長 (chiefs) 或戰士之王 (warrior kings) 的領導者來統治，並時常以掠奪農業社會或其他游牧民族為重要的活動，以彌補既有生產方式之不足。這類社會的親屬組織較為發達，尤其是那些兼營刀耕火耨或山田燒墾農業生產者。像東非南蘇丹境內

的 Nuer 及 Dinka 人，便是典型有名的例子。

　　與游牧社會同時發展的農業社會 (agrarian societies)，往往是建立在小的鄉村社區上，沒有市鎮或城市，生活完全依賴農業生產所得，並以打獵採集為輔。這裡所說的農業，包含兩種不同的生產方式：一種是刀耕火耨或山田燒墾的游耕，另一種是定耕農業，但都是一種生計經濟，是為了自給自足而生產。定耕農業通常已有土地所有權；相對之下，游耕農業只有使用權而已。但都已涉及土地在生產上的重要性，故使得擁有土地所有權或使用權的親屬組織之重要性被加強，也使得因擁有土地多寡而產生的不平等關係，更凸顯其階層差異。

　　第四種社會是所謂的傳統社會或文明 (traditional societies and civilizations)，往往可包含幾百萬人，也有一些以貿易及製造業為中心的城市存在，而有著較進步並從事大量生產的農業，更是這種社會的經濟基礎，因它提供了這類社會統治機構，特別是以國王或皇帝為首的政府官員之生活所需。換言之，在這樣的社會中，農民往往只是大社會中的一部分，甚至為被剝削的對象。至於他們之所以被剝削而不會反抗，宗教扮演了重要的角色。在這類社會中，宗教扮演了意識形態的功能 (Wolf 1966)。當然，為了促進農業的進步與生產量，這類社會也可能從事灌溉系統的建設。故也有像 K. A. Wittfogel (1957) 這類學者會認為這類社會的形成，反而是因水利灌溉系統的需求而來，因它需有較強大的政府，才可能從事這類工程的建設，這種政府通常也較為獨裁專制。這種現象在東方尤其常見，馬克思論者稱之為亞細亞生產模式

(Asian Mode of Production)。不過，這類社會大都因現代化的衝擊而改變或消失。

至於現代的工業化社會，包含人口更大於前者，而且 90% 的人口都集中在都市裡。因此，社會生活上碰到的人，大部分都是陌生人，像是一種非人際的或匿名的社會生活。但卻又深受大型組織的影響，不管是企業或國家的組織。這也跟工業社會基本上是與工業生產方式及現代民族國家結合有關。尤其交通、溝通、教育、法律、市場、醫療衛生、乃至娛樂等等基礎，均由現代民族國家所提供，而使社會成員得以整合為一體。另一方面，透過市場，每個獨立的個人都可以得到日常生活所需，並不需要透過面對面互動才能滿足，但也使得所有的生產與勞務，都成了商品。

這種有機體社會的概念與分類，在過去社會學的發展過程有其貢獻。譬如，同樣是土地，因社會類型的不同，而有不同的意義。像在打獵採集以及游牧社會當中，土地往往只是自然資源而不是生產因素，故既沒有所有權的觀念，也不會直接影響到社會文化的其他層面。但在農業社會或傳統社會，土地是主要的生產工具，不但有所有權，也影響到擁有所有權之親屬組織的發展，更是形成社會階級的來源。到了工業社會，土地只是商品的一種，更不是階級形成的基礎。反之，在打獵採集以及游牧社會中，少有不平等關係的階級存在，因領導者往往是依個人能力而來，而不是繼承的。但到了農業社會或傳統社會，因土地擁有的多寡導致階級的產生，因而出現群體間的不平等關係。到了工業社會，階級已是其社會構成的重要基礎，但卻立基在資本家對於勞力之

交換價值的壟斷剝削上。

　　這樣的有機體社會觀，最大的特色就是社會有明確的界線範圍，就如同有機體都有一明確的客體一樣。也因此，我們容易發現這樣的社會群體的人如何組成或構成，像是地緣、血緣、自願性團體等，便成了主要的組成依據。這種界線的觀念，當然帶來許多限制與問題。譬如，在工業資本主義社會中，往往並不如馬克思理論所預期那樣產生無產階級革命，那是因為資本家往往不是直接剝削本國的勞工，而是其他國家的勞工為主。這就是 I. Wallerstein 世界體系理論中會在中心／邊陲 (center/periphery) 的結構中，加上半邊陲 (semi-periphery) 社會的妙用。像美國幾乎都是剝削外來移民或其他拉丁美洲國家的人。所以在韋伯 (Max Weber) 的理論下，便不採取以社會為研究的主要單位，而是從制度出發。當然，這也與韋伯從一開始就意識到我們現在所熟悉的制度，其實是資本主義興起過程中的產物，與過去有著根本上的不同。特別是理性科層組織的存在，幾乎是現代性的代名詞。不過，真正讓學者認真思考新的社會觀之可能，還是在 1980 年代以後，主要是面對新自由主義化全球性發展的挑戰而來。

　　在新自由主義化的全球性發展過程，一方面由於網際網路的科技革命及交通與溝通工具的快速發展，使得人、物、資金、資訊的流通加速，超越國家的控制，導致既有的社會組織沒落，並使個體與自我得以解放並發揮到極點的條件下，既有的有機體社會觀幾乎完全無法用於新時代。不只是當代社會群體或社會分類的界線早已被模糊掉了，更重要的是伊里亞斯的文明化理論所強

調人的本能或心理內驅力 (drives) 得以有效發揮的結果，使得人的非理性部分被凸顯，甚至成了人群結合上的重要依據，特別是情感、情緒、乃至於潛意識等，造成個人的主體性及能動性成為形成社會群體時必須面對的課題。當代社會雖不至於像柴契爾夫人所說的 "There is no such thing as society, only individual men and women, and their families." 但已經可以宣告有機體式的社會概念已經過時 。 以個人互動所產生的人群結合之 「社群性」(sociality) 乃取而代之。這正是英國人類學界為了解決新自由主義化所帶來的這類問題而舉辦關鍵概念爭辯 (key debate) 的第一個主題。由此可見他們學界之所以強大而對英國社會乃至於對國際學界產生影響力的理由。

社群性 (sociality) 的概念最早來自大洋洲的研究。如 Marilyn Strathern (1988) 所指出的，大洋洲的土著，特別是新幾內亞，他們的人群基本是沒有邊界而不斷流動的平等社會，每年成員都不一樣，是很有彈性但不穩定。這樣的社會難以用過去已知的血緣、地緣、乃至於自願性團體等結構原則來解釋。因他們的人觀強調關係先於人的存在，而且是透過人與人的交換互動過程來建立關係。譬如，舅甥的關係不是小孩出生就確定的，而是舅舅在各種場合不斷給甥禮物及甥的回禮過程中，才逐漸建立起來的。所以，交換便成了這整個文化區最突出的文化現象 。 馬林諾斯基 (Malinowski 1961) 的《西太平洋的航海者》裡的 Kula ring 之交換體系，便是證明交換在這地區的重要性。另一個有名的例子是筆者在談政治與權力時提到的亞馬遜流域的印第安人社會。同樣是

人群邊界模糊、人員不斷流動、又缺少世系群、地緣團體、權威結構、乃至於政治社會結構等，也是依賴人與人之間的互動來建立關係。但這社會並不是依賴交換，而是依賴情感上的心理機制，特別是愛、照顧、陪伴、慷慨等正面的情緒及憤怒、恨意等反社會情緒，來形成或維持群體或造成群體的分裂與崩解。這樣的社會通常都是平權社會，經由人與人之間緊密的互動而來。

　　但這樣的新社會概念，雖比既有的有機體社會觀更能從個人的角度去看社會，確實有助於我們了解當代的社會，但只能用於小型社會，還不足以有效再現當代社會的複雜性與經濟的實質影響力。因此，另一個可能的發展便是以有關社會的想像來取代社會這個舊概念，成了一個新趨勢。事實上，在討論現代民族國家時，我們討論到 Benedict Anderson 的《想像的共同體》一書時，就已涉及了社會的想像問題，因在現代的民族國家，絕大部分的人都不認識他的國家其他大部分的人，但還是把這些陌生人視為是同一群體的人，實來自他對於這個國家的社會想像。這當然是國家利用資本主義印刷工業建構國家意識形態的結果，而**當代的民族國家、族群、社會群體也都學會透過大眾媒體、教育體系以及行政規劃來灌輸國家或群體的意識形態外，更發展出三個強而有力的制度來繁衍國家或群體的機制：人口普查、地圖、博物館**等。事實上，依據 Charles Taylor (2004) 的看法，社會意象或社會想像，在西方的近現代的發展過程早就發生過作用。這裡所說的**社會意象或想像，是我們對於社會真實思考而產生比既有習慣性思考更廣泛、更深沉的想像或圖像，是人們對於社會存在方式的**

想像，包括如何將自己及其他人結合起來，如何符合期望，以及構成期望背後更深層的規範與想像。它也是一般人對於他們周遭社會環境的想像，往往存在於意象、故事、傳奇等，為一群人所共享，它隱含共同的理解而造成共同的實踐。譬如，「圓桌武士」是英國社會中世紀留下來的傳奇，但在英國建立現代民族國家的過程，傳奇中所強調的每個人都是平等而無高下之別，以及透過協商談判取代武力解決問題的方式，成了英國建立現代民族國家及民主制度的共同社會想像。而一種社會想像或理論，開始可能只是一個人的發明，但透過推廣而被實踐、滲透乃至於改變其既有的社會意象，使這社會意象成為新的主宰性視野。反之，社會意象也可緩慢的發展或分化，造成實踐的逐漸改變，構成新的社會意象。如法國大革命及美國獨立，都是先有洛克、盧梭、孟德斯鳩等主權在民的想像，後來才有現代民主政治的產生。反之，俄國 20 世紀的革命，因無主權在民的社會想像，推翻沙皇後，革命者只訴求有權力的統治者對被統治者比較不懷惡意與侵犯性，反而沒有意圖要接收或替代。所以，俄羅斯一直到今天，都還是非常專制獨裁的國家，就是他們一直缺少主權在民的社會想像。換言之，社會意象或想像，雖然一開始只是一種不真實的幻想而已，但它有可能被實踐而成真的。

有了這些理解，筆者進一步用東埔社布農人的例子，讓大家對於當代社會能有進一步的理解。我們看到這世紀以來，尤其在1999 年 921 災後重建後，**地方社會生活的各個層面不僅已超越過去以聚落為主要範圍的限制，各個新範圍之間也沒有一致性，使**

得聚落不再像過去那樣是社會生活的基本單位與核心，而是不斷地被弱化、乃致崩解。譬如，以生產工作為例，不像過去大部分當地布農人都是在東埔社範圍從事農耕生活，許多人現在是每天通勤到信義、水里、乃至於埔里等地工作，更不用說到都市打拼者。而每日生活所需物品，在災後重建快速道路通車後，大多是一個星期開車到臺中市大賣場購買一個禮拜所需物品，而不像過去主要是在東埔社店鋪或販賣車購買，只有節日時才會到水里購買。教會的日常宗教活動雖然仍以地方教會為主，但交通及溝通系統的發達，使得中部布農教會的超聚落活動日漸頻繁而有取代地方教會之趨勢。更因當地布農人愈來愈多同時參與不同教派甚至不同宗教的活動，不僅造成地方教會活動因參與者日減而有沒落趨勢，更使得當地人的宗教活動愈來愈超越原聚落的範圍，**地方教會則因逐漸失去原為地方社會集體表徵與再現的地位而弱化**。在政治上，地方領袖在災後重建過程，為了爭取外來資源而與外力連結（特別是立法委員），導致內部因派系利益的競爭而衝突不斷，地方政治成了外力在地方上的能動性或代言人，使得地方失去其主體性。如此不僅凸顯政治活動早已超越聚落的範圍，中央與地方的分界更是模糊不清。類似地，原親屬的權利義務關係不僅超越原先聚落範圍的限制而擴大到整個陳有蘭溪流域，甚至包括移住南投及臺中的親屬，使得原先結婚殺豬分豬肉只要2、3頭，現增加到 18 頭豬以上。

另一方面，**社會生活的各個層面或領域，其活動的新範圍，往往因新資本的投入而產生不斷地再結構的現象**。譬如，上述

921 災後重建完成快速道路後，東埔社布農人大都驅車前往臺中市大賣場購買一個星期所需日常用品。當時十個大賣場中，有九個是外資，只有一個是合資。這導致原為濁水溪上游及陳有蘭溪流域與外界溝通的貿易及交通中心的水里，商業機能一落千丈，商店紛紛倒閉。如此造成臺中市到水里間商業貿易上的真空，不過也因此吸引資本額較小的本國資本興農集團在水里設立「興農超商」，而得以吸引上述地區一部分人回到水里購買日用品。但也因為如此，使得原在臺中市的大賣場家樂福發現臺中市與山上之間整片大臺中腹地的商機，乃在南投市設立分店。如此一來，大部分東埔社布農人又再轉到南投市購買日用品而不需到臺中市或只停留在水里。**由此可清楚看到新資本投入後，造成交易及消費的經濟活動範圍不斷再結構的現象。**

同樣的情形也可見於其他各種不同社會生活的層面上。譬如，濁水溪上游及陳有蘭溪流域地區的居民，過去生病時多半到水里看病，嚴重者則到埔里基督教醫院看病。但 921 災後重建後，便捷的交通使這地區的人都湧往臺中市榮總及中國醫藥大學附屬醫院看病。如此一來，水里原有的私人診所紛紛關門，大都遷往更偏僻的和社及信義等山區經營，造成臺中市及山上間的真空況態。在此狀況下，比私人診所資本更大的埔里基督教醫院以及彰化基督教醫院見有機可乘，乃分別在水里及南投市設立分院。這使得上述地區的居民轉而到水里和南投市看病，而不一定要到臺中市或埔里。尤其南投市有了家樂福大賣場以後，前往南投市看病的人愈來愈多，主要是可以同時解決看病及購買日用品之事。順便

一提的是原在竹山的私人醫院秀水醫院，因中資的介入而使它很快的就變成這地區的大型醫院，也吸引一些東埔布農人因某些優惠而去該醫院看病。

這種因新資本的投入而導致某類生活活動範圍或領域的再結構現象，還可清楚見於其他社會生活層面上，譬如：交通、觀光、教育、宗教、親屬、政治（如高金素梅及廖國棟分別從中國大陸及國民黨政府得到重建基金而創造出他們在原住民聚落的後援會）等。但地方社會之所以會因新資本的不斷進入導致社會生活的各個層面不斷地再結構，是因為整個大臺中地區的金融市場是開放性的，這不同於雲林麥寮地區的金融市場是由臺塑所壟斷，後者的地方社會生活就不容易因新資本的進入造成不斷再結構的現象。**事實上，在當代的地方社會，是否有金融市場以及該市場的開放與否，均涉及該地區的新自由主義化程度。**

由上，我們可以發現當今的東埔社，若由**制度**或**行為與規範**層面來看，它早就已經不是一個地方社會而已幾近崩解了。然而從當地布農人個人的地方認同來看，幾乎所有人都還認同這地方，逐形成一個群體。舉例來說，從日常生活的角度來看，他們確實很少有機會聚集一起活動以呈現集體的凝聚力，但一旦發生天災，如 921 地震或 88 水災，這地區的人便會自然凝聚一起。記得 88 水災時，筆者也在山上，東埔社對外交通及溝通系統完全斷絕，當地人自然團結一致面對困難，每餐輪流由家中環境較佳者提供餐點來照顧其他聚落成員，共體時艱、共度難關。事實上，在 921 地震時，對外交通斷絕長達一個月，他們也是以同樣方式，

由家中儲備較多食物者自動提供聚落其他成員食物，共度難關。到最後，每家儲備的糧食都吃光了，大家一起去找食物、一起共享。也只有在這困難之時，才展現出該地方社會的凝聚力，證明它的存在。

其次，東埔社布農人至今有一個習慣，就是每一個人會因過去成長的經驗，找到這村子中，有某處是個人最懷念的地方，如果遭遇心理挫折時，喜歡去走走，便能夠有如再生一樣的感覺，重新站起來，繼續走下去。他們稱這地方為 *lulus-anna lumah*，傳統上的意思是一個人的精靈最能夠與天地萬物的精靈溝通的地方。但更值得注意的是，每個人最懷念的地方一定與其他人都不同，即使是同一家長大的兄弟，選擇的地方都是獨一無二的，但所有人的 *lulus-anna lumah* 卻構成了這地方之整體，這也是為什麼筆者稱它為符號學的社區 (semiotic community)。表面上，每個人都是獨一無二的，但其實每個人都共同構成了這個地方社會之整體，就如同結構語言學所強調的，每個字的音或每個字的意思都不一樣，而且是獨一無二的，但所有的字與音構成了整個語言文字系統的整體。換言之，這社會的整體是存在於個人沒有意識到的潛意識深層結構上，就如同語言的文法結構一樣。故這地方社會，還是存在的，只是存在於他們的內心深處，而不是在於看得見的制度或行為規範上。從這裡，我們就可以了解到，為何在當代，社會的想像及集體潛意識逐漸取代了既有的社會概念。難怪，社會學家 Alain Touraine (2009) 會說，社會已死，取而代之成為社會學研究的主題是主體社會學。

　　另一方面，上述個人主觀、乃至於非意識的層面，讓我們看到既有地方社會的存在外，外在客觀的政經環境下，大部分的社會生活活動都已超過原聚落的範圍，而且每個領域的範圍也都不一致，因而有多重地方認同的發展趨勢。這點，更因金融資本的不斷流入而造成區域不斷的再結構而被加強。但這種因區域再結構所造成的多重地方認同對當地布農人而言，並非都一樣重要，其重要性往往依其文化的再創造而來。譬如，前述親屬團體的權利義務關係（特別是結婚或孩兒成長禮裡的殺豬分豬肉所確定的親屬範圍），因交通及溝通工具的發展使其由原聚落範圍擴大到整個陳有蘭溪流域、乃至於包括南投市、臺中市的親屬在內。然而原本的親屬關係所具有的相互協助以度過難關的義務，在基督長老教成為聚落的集體表徵後，就已經被教會所取代，幾乎只剩下禁婚及儀式上的作用。但新自由主義下，地方教會就如既有聚落一樣已經沒落，而臺灣社會目前的社會福利與保險制度又不完整，社會貧富極端懸殊化所帶來的社會問題，更趨於成為個人本身應負的責任，使當地布農人逐漸意識到親屬有可能是他們面對困難時的最後依賴。因此，他們乃發展出接受結婚或小孩成長禮的分豬肉後，接受者得另出錢購買豬隻並殺豬、分豬肉給所有氏族嫁出去的女性。而嫁出去的女性收到豬肉後，又出錢購買豬隻回請娘家父系氏族成員。如此來回數次，以加強親屬的權利義務關係，方便未來有困難時，親屬仍有可能成為最後的依賴。但後續的分豬肉只限於出錢者，並非所有親屬都可以分。這也意味著經濟邏輯已經滲透到親屬的邏輯。更重要的是這加強親屬關係的分豬肉

儀式，不僅是新的創造，更賦予過去所沒有的新意義：**親屬成為個人面對困難時的最後依賴**。這就是區域再結構下的文化再創造，使他們得以賦予父系氏族的新意義，其與主觀的社會想像或意象是一樣重要的。然而，這類內心深處的地方認同及區域再結構與文化再創造，都是根基在共有的歷史經驗與主觀深沉的文化觀念上。所以筆者稱之為「集體潛意識」(collective unconscious)[2]。

不過，社會真的消失而被社會性或社會想像及集體潛意識所取代了嗎？因這些概念還是建立在共同的歷史經驗與文化概念上，難以涵蓋流動的外來陌生者。故它是否有可能只是不再是我們熟悉的面貌而以另一種樣態出現？這裡，筆者想以張正衡 (2021) 在《日常生活中的社會運動》裡的文章〈寓居中的地方主體：日本地域營造運動的過去與未來〉來進一步說明未來社會建構上的另一種可能性。一開始，作者先說明日本戰後的發展，因美國占領與治理下推動民主制度與推廣自由的思想，一方面使得青年大學生因學習歐美，而在 1960 年代末同步與歐美積極發動學生運動來改革社會因資本主義化所造成的階級、性別、種族等的不平等。但這運動在對抗《美日安保條約》及反對成田機場的興建所採取的土地徵收後，由於學生內部的分歧及其間激烈的內鬥造成嚴重的傷害流血事件，使得日本主流社會對於激進的抗爭路線感到恐懼與排斥。加上戰後日本的復原與發展，主要是依賴國家由上而

---

2. 這概念原為榮格所建構，用來指涉人類演化過程共有的經驗所造成的潛意識。但筆者稍微修改其用法，用來指涉一群人有共同歷史時代經驗所塑造出的潛意識。

下的規劃與執行，使日本在很短的時間內重建日本的經濟，成功成為「發展型國家」的典型。尤其第一、第二次全國總合開發計畫執行的成功，更使得日本社會的平民百姓不喜歡以抗爭的手段來對抗國家或政府。但兩次總合開發計畫執行的結果，雖成功重建日本的重工業並大量開發工業專業區，卻造成嚴重的環境汙染等公害為代價，引起人民的不滿。加上原參與學運的青年為了尋求一個不同的路線而興起一股「返鄉風潮」，目的是回歸地方社會，向實際在地方生活的人學習，看看他們到底要什麼、平常怎樣過活。所以，七十年代提出的第三次全國總合開發計畫便有很強的地方自治呼聲之「地方的時代」，而有所謂的**地域營造運動**，並以戰後發展出的商業街為中心。但這種由國家指導輔助的**造町運動或一村一品運動**，是臺灣社區總體營造模仿的對象，有很強的國族及官僚色彩，因此只有少數成功的案例，多數因國家停止輔助便腰斬。不過地域營造運動路線也大致底定，以追求地方發展、改善地方生活為比較明顯的目標。隨後又經過日本經濟泡沫化及失落的二十年，日本政府出現財政上的困難，加上新自由主義化的影響，在 2004 年提出的第四次全國總合開發計畫便提出「**地域再生法**」，採取自由放任精神，讓地域營造運動完全放手給地方主導，政府只站在協助的角色。但這完全放任市場機制運作的結果，只是造成各地域原本經濟結構上的不平等現象更加劇烈凸顯而註定失敗。因此到了 2015 年第五次全國總合開發計畫便提出「**地方創生**」法案，以解決日本目前的三大問題：人口減少、東京集中、地域經濟。

在這新法案下最成功的典型代表便是在日本東北岩手縣紫波町的 OGAL Project。這計畫早於地方創生法案與計畫頒布前已開始運作，同樣都是要擺脫先前的鑲嵌型自由主義與發展型國家的路線，將地域振興交給地方自治體與非營利組織自行處理，使地方社會自立自強。所以 OGAL Project 一開始是要以盈虧自負的企業方式及態度來經營，而且要**建立符合當代居民的消費模式與需求的城鎮中心，彰顯出主流的生活價值與欲望主體的基本樣態。**故這個計畫強調當代人的主體性是多重建構的 (multiple constituted)，構成了一個主體性的矩陣，而且主體化過程是一個開放且持續進行的過程。更重要的是，這被視為「後新自由主義社會」之建構的實踐，強調住民的欲望與生活方式的滿足，更透過平臺的觀念，將人（政治人物、公務員、商人、建築師、設計師、居民）、物（鐵道系統、車站、町產材、生質能源系統、節能住宅、體育館、旅館、辦公廳舍、圖書館、幼兒園、草坪、步道、車道、廊道等）、文化概念（美國的「公－私夥伴關係」(public-private-partner) 與金融管理技術，英美的新都市主義規劃風格、北歐的緊密城市與永續生態系統等）及資本，再與既有的環境、法規、歷史、在地社群進行磨合成形後，藉由公司化法人「OGAL 紫波」來監管營運的一個組裝體。這個經濟上能獨立自主的組裝體，是結合在地人與外來者、地方社會的公共利益與私人資本團體之利益，創造出一套新的經濟運作模式，有別於過去日本典型的商業街、當代大型購物中心及美式消費地景，卻又保留前兩者，而與新的社會組成方式相稱，使這新的平臺經濟能夠

重新鑲嵌在新的社會脈絡與市場體系中。這是結合不同時代的各
種要素成為一個新的組裝體，以面對未來發展的可能性，發展出
新的地方社會，以及新的平臺經濟。這不僅隱含未來新的（地方）
社會之可能面貌，其多尺度不同力量的組裝，正好可以凸顯出其
複雜性、彈性與開放性，更提供我們思考後新自由主義化的社會
何去何從的問題。但這背後更蘊含著新思想與新知識的前提與需
求，這趨勢與第五章現代民族國家所提到 **James Ferguson** 討論的
南非新發展非常類似。

第八章
文　化

　　文化這個學術研究概念主要是由美國人類學所提出。美國人類學的創始者鮑雅士(Franz Boas)，本身是德國人，深受德國唯心論哲學的影響，一開始就將文化看成充滿觀念、價值、象徵等浪漫主義唯心論觀點的概念，而文化所展現的樣態，更是有其歷史性及多樣性。強調每個文化都是經歷其獨特的歷史發展過程而來，每個文化都不一樣，故強調的文化，是**小寫複數的 cultures**。而**這類文化對人有其行為上的決定性，而影響人的日常生活行為，並由人的行為本身來具體呈現文化的存在**。但另一方面，**人行為上的各個層面，又是整合成為一體，使得文化是整合而相對的**。鮑雅士以文化相對論的觀點來對抗當時流行的社會演化論觀點，使得人類學在當時美國社會瀰漫著種族歧視之時，能提出不同於當時社會較常見的社會演化論觀點，而有助於美國社會問題的了解與解決，促使這新興的人類學，更易被美國社會所接受。

　　不過，鮑雅士不像涂爾幹，他並未系統地建立他的文化理論，甚至他的文化相對論，須等到 **Ruth Benedict (1934)** 在她的名著《文化模式》中才得到系統的論證。因在這本著作中，她試圖用

集體的人格理論作為該文化的整合模式。譬如，分布於北美新墨西哥到亞利桑納的 **Zuni** 印第安人，他們有著**非常規律、自制、樂群等人格特性**，Benedict 稱之為**太陽神型的 (Apollonian)** 文化。而像北美西北海岸的 **Kwakuitl** 印第安人，則是凸顯**粗暴、狂野、個人主義等人格特質**，**誇富宴 (potlatch)** 便是這文化的典型象徵，她稱之為**酒神型 (Dionysian)** 文化。至於新幾內亞的 **Dobu** 人，則因幻想別人要害他，常有暴力的行為，其人格特質非常接近酒神型，**但她稱之為誇大妄想型 (Paranoid)**，以便凸顯出這兩者雖相近，但還是不同。如此，Benedict 得以建構出文化相對論的理論基礎。

　　雖然鮑雅士的學生們，試圖利用佛洛依德的心理分析發展出文化與人格的理論，以彌補鮑雅士文化理論之不足，但還是不曾解決文化如何成為一個獨一無二的研究課題，並有其獨特的方法，使人類學成為不同於其他學科而是一門獨立的學術分科。因此在 1950 年代，美國社會學家 **Talcott Parsons 不斷挑戰人類學者如何證明文化是一個社會事實**，此後的美國人類學家，特別是 Talcott Parsons 的學生，便不斷試圖找到解答 (Kuper 1999)。其中，葛爾茲 (Clifford Geertz) 及 David Schneider 是最重要的兩位。**葛爾茲發展出詮釋人類學**，將文化視為意義之網，成為人類學家的獨特研究領域。這可具體見於他有關峇厘島有名的 "Person, Time, and Conduct in Bali" 之研究上 (Geertz 1973a)。

　　葛爾茲指出，峇厘島人是一種去個人化 **(depersonalized)**、凸顯**匿名化 (anonymization)** 傾向的人群。這可以從當地人的人觀，

或一個人有個人的名字、依出生序而來的名字、親屬稱謂、依身分而來的名稱及公共的名稱等，一起使用而得知，其較難有效呈現一個獨特個人的存在，但最典型的例子便是**親從子名制 (tekenonyms)**，也就是一個人的名字是以新初生小孩的父親稱之。故每次有新生小孩時，父親的名字就改一次。若有孫子出生時，這個人的名字就變成這初生小孩的祖父。臺灣蘭嶼島上的達悟人也有類似的親從子名制。**這種特色也見於這文化的去時間化 (detemporalizing) 的時間觀念上。**因峇厘島人有十套曆法，各有一至十個日子的稱呼，故每一天有十個不同系統的稱呼。這些日子稱呼系統可不斷循環使用，其中，第 5、6、7 三個系統最重要。這三者構成 210 天一個循環。**這些名稱通常指涉該日子應做的事，但卻沒有 alternative（選擇性的）的關係，故時間沒有累積也沒有消耗等的意義在內，使得生活沒有高低潮。**反映該社會的人是**活在當下，並紓解人與人間的親密關係。**這也使得我們看到當地人只有**形式上的行為，並無實質意義。**所謂的朋友其實是 **quasi friend**，所謂的陌生人也只是 **quasi stranger**。所以，在這樣的社會，**我們看不到人的主體性與創意。這樣的特性也充分表現在他們的藝術、宗教及禮貌上。雖然他們有精巧的藝術展演、複雜的宗教儀禮及彬彬有禮的行為，並應用到日常生活中，但往往只變成一種形式，並沒有因此帶來社會生活的多變性。換言之，形式化的宗教行為深入至日常行為上，並沒有帶給當地人更多的生命力。**

　　葛爾茲提出的詮釋人類學，基本上是以其對稠密的文化之了

解來詮釋當地的社會文化現象，是以文化本身作為參照，來解釋文化來回應 **Parsons** 的批評。不過，真正有效回應 Parsons 的挑戰而證明文化是人類學獨一無二的研究領域，反而是 David Schneider (1968) 的傑作。他在 *American Kinship* 一書中，試圖透過美國人的親屬觀念而不是實際的親屬行為來證明美國人有清楚的親屬觀念：

> Schneider 所討論的美國親屬觀念，以及觀念背後的文化邏輯，是與行為分屬於不同層次；例外其實都是發生在行為的層面。這個論證符合 Parsons 所要求的，證明文化有其獨立自主性，跟行為等其他層面沒有關係，而且必須有一套特別的方法與理論來解釋。事實上，這本書所用的結構論概念和分析方式，往往只有專業的人類學家才能理解。因此，他不僅要證明人類學的文化概念是自成一格、獨一無二的研究對象，更讓人類學成了一種專業的學術研究。他自己更成為客觀的主觀論之典型代表——研究對象是主觀上的觀念，但分析方法與理論卻是客觀的。

　　Schneider 的成功，其實是來自李維史陀的結構論革命。他依據 Ferdinand de Saussure (1959) 的結構語言學 *Course in General Linguistics* 一書的觀點，指出每一個字詞或聲音，都一定不同於其他字詞或聲音，否則無法分辨出每一個字詞的意義。但另一方面，人與人之所以能溝通，除了表面上的字詞外，更重要的是語

法或文法結構，它是潛意識存在的深層結構，往往不為當事人所意識到。依此，他認為社會科學家應該要研究的對象，不應該停留在過去所在意的行為表面，而是行為背後的潛意識深層結構。由此，他以人的思考或分類概念為研究對象及分析單位，因而創造出他的結構論 (Leach 1974)。尤其在他的四大冊神話學分析美洲印第安人上千條神話，得到一個結論：二元對立的原則是所有人類普遍都有的思考原則，雖然它不是唯一的原則。然而，它的結論並不是過去經驗論科學觀所強調的歸納法歸納所得，而是依據他的推論方式所得。他的推論方式如下：

A:B::C:D::E:F

因此，我們可以發現他的理論並不是建立在經驗論的「換喻的」(metonymic) 或「統合構造的」(syntagmatic) 方式，即指其推論是藉由現象層面的資料歸納來建立抽象原則；相反地，他的論證方式是透過許多不同層面的隱喻、對比方式而成的「隱喻的」(metaphoric) 或「屈折體系的」(paradigmatic) 模式。當他試圖由婚姻規則回答社會秩序之所以可能，主要是由婚姻規定、社會分類、社會類別、交換、思考原則等幾個不同層次間共有的隱喻、對比關係來論證的，而不是由這幾個層次歸納證明其間的因果關係。這樣的探討方式因不符經驗論科學觀的論證方式，一開始並不容易被學界所接受，也很難用於解釋、探討人類學家所習慣研究的地方社會。但卻可以讓人類學家跳出經驗論的窠臼而有所突

破。以他有名的關於**印度卡斯特制度**與**澳洲土著圖騰信仰**的分析為例（黃應貴 2021i: 329–330）。這兩者分布在兩個看起來完全沒有關係的文化區，可是兩者之間存在著明顯的對比性。比如，在**婚姻制度**上，兩者即為**內婚制**與**外婚制**的對比——在卡斯特制度下，人們只能在同一階級內尋找婚姻對象，但圖騰制剛好相反，必須嫁娶屬於不同圖騰的人。進一步來說，**卡斯特制度將屬於同一種屬的人分成不同階級、類別**，有如不同種類的動植物，完全是一種**文化建構 (cultural mode of diversity)**，並且嚴禁與屬於不同類別的人群通婚，一如不同種屬的動植物不可能交配繁衍一樣。此種文化模式的分辨，卻產生了**自然分類的效力**，如不同卡斯特間的通婚被視為嚴重的禁忌，一如不同種屬之間的通婚無法產生後代（或產生無生殖力的後代）一般。反之，**圖騰制度依代表其祖先的動植物，將人分成許多不同的類別**（如老鷹與烏龜），**是依自然模式對人類施加分類 (natural mode of diversity)**，但是這樣的分類是**文化性的**，不同圖騰的人可以通婚，因而**產生文化分類的效力**。如此形成了下列的對比關係：

卡斯特：圖騰：：內婚：外婚：：文化模式的分辨：自然模式的分辨：：自然模式（效果）：：文化模式（效果）

李維史陀將距離遙遠、乍看無關的兩個文化評比討論。這兩個文化彼此之間，完全缺少換喻秩序 (metonymic order) 而被放在一起討論，卻能夠相互類比，構成他稱之為「屈折體系」(paradigmatic) 的

模式或結構。這種論證方式，不同於經驗科學依換喻秩序來歸納出抽象原則，而構成「統合構造的」(syntagmatic) 模式或結構。**透過屈折體系的特殊論證，李維史陀不僅得以證明原始人與現代人都具有統合構造及屈折體系的思考模式，更讓人類學研究能跳出經驗論科學觀限於統合構造模式的限制， 帶給人類學研究的一大革命性進展。**

　　當然，他的結構論並不完全來自結構語言學，另一個主要源頭來自主智論 (intellectualism) 的傳統。包括弗雷澤 (James Frazer)、李維布律爾 (Lucien Levy-Bruhl) 以及伊凡普理查 (E. E. Evens-Pritchard) 等，對於思考原則的探討成果。譬如，李維布律爾觀察西方傳教士接觸到南美洲印第安人時（黃應貴 2021i: 322–323），發現印第安人會自稱他們的祖先是鸚鵡，西方人依此認為這些土著思考幼稚且錯誤，才會犯了違反思考三律（同一律、拒中律）中矛盾律的現象，因為人不可能是人又是鸚鵡。但李維布律爾提出「*互滲律*」(law of participation)，說明印第安人因在實際的生活上與圖騰動物有親密的互動且相互影響，因此將人隱喻為鸚鵡。這種思考方式普遍存在於原始民族中。而這種強調思考方式的探討，就成了主智論的主要興趣與探討主題，**李維史陀便依此將思考方式用來取代過去人類學乃至於社會科學習慣上以行為或制度作為主要研究的對象，因而產生知識在本體論上的革命，才有以看不見的潛意識之深層結構作為研究對象的新發展。**而這發展的結果，使得結構論成為社會人文學科的知識傳統之一部分。雖然，現在很少人會完全用結構論的方式與觀點來研究分析，但

結構論的身影，在後來許多研究者身上，依然清晰可見。譬如薩林斯 (Marshall Sahlins) 的文化結構論，就深受李維史陀結構論的影響。而結構論的引用，確實也協助解決了一些實際的問題。譬如，在許多文化上，我們會發現有些動物是非常吉祥的或非常邪惡的，往往和這種動物在這文化中不可分類有關。譬如，中國的龍或麒麟、非洲 Lele 族的穿山甲、排灣族的百步蛇等，均是因其在思考上無法分類而成為強而有力者。也因為李維史陀的研究主要是在思考方式上，**因此相對於馬克思理論著重在下層的經濟結構，他的理論實際上是要探討上層的深層結構。**

這當然已隱含了馬克思理論或政治經濟學在文化概念探討上的限制。一般而言，如沃爾夫 (Wolf 1982) 在他的名著 *Europe and the People without History* 一書中所說的，人類學在世界各地所發現的文化特殊性，往往被他視為是更大的政治經濟結構力量運作下的產物。譬如書中最有名的例子，原住在北美大平原的印第安人，早期是定居的農業民族，但因獸皮逐漸成為世界資本主義經濟市場上的重要商品之後，大批獵人及商人進入北美地區打獵及收購獸皮，而這些人的食物，主要來自大平原地區的野牛，因此這地區的印第安人乃改變原有的農業生活而改採騎馬捕捉野牛的游牧生活為生。由此，沃爾夫認為**根本就沒有本質性的社會文化存在**。雖然如此，這並不表示馬克思理論或政治經濟學對於文化概念的探討上，沒有積極的貢獻。事實上，像文化馬克思論或文化結構論，都意識到資本主義經濟之結構性力量之所以可以產生作用，還是必須透過人們如何理解資本主義經濟本身，才能產生

不同的作用。甚至產生操弄資本主義經濟之結構性力量的情形發生，以此凸顯人的主體性與能動性。

譬如，薩林斯認為：**世界性資本主義經濟會產生作用，是透過地方文化基模的調解而來**（黃應貴 2021f: 265）。以中國為例，乾隆年間，英特使來華要求通商貿易，但他們的要求被當時以天朝自居的清廷視為朝貢的請求，英國代表們所帶來的工業文明日常用品，被認為是稀奇的貢物而陳列在圓明園。當時清廷認為中國是文明最高的民族，不需要其他民族的生產品，英國人是為了仰慕中國的文明教化，遠來朝貢了中國所沒有的奇異物品。這對資本主義誤解的世界觀最終導致了鴉片戰爭，迫使中國面對新時代。

不過，最能凸顯結構性力量與個人主體性與能動性者的相互關係，莫過於布爾迪厄 (Pierre Bourdieu) 的實踐論。在慣習的理論中，他已經不再使用文化，而是以慣習 (habitus) 來取代。對他來說，他是用心理學的基模（scheme 或 schema）概念，說明文化的薰陶過程是不知不覺地使個人行為有一定的模式，而且是在日常生活裡面最為明顯。因此，不同的文化往往塑造出不同的「慣習」，使其成員的行為有其特有的趨勢和方式，彷彿天生自然，以致當事人無法意識到。這些日常生活裡所習得的一套慣習，成了他所說的「**結構化的結構**」**(structured structures)**。這套無意識的慣習，在特定的結構條件與實踐過程中又繁衍乃至改變了原有的基模，而形成了新的行為傾向，他稱之為「**結構中的結構**」**(structuring structures)**。他結合了李維史陀的結構論與現象學知識傳統所發展出來的實踐觀念，幾乎是用「慣習」取代了原來人

類學家慣用的文化概念。而且，**這慣習作為「一般發生基模」(general generative schemes) 所構成的體系，它既是持久的、也是可轉換的，更同時是客觀與主觀的、以及「互為主體的」(intersubjective)**。此外，他強調在這個過程中，每個人在日常生活中由於扮演不同角色而擁有不同選擇機會，因而也產生很多操縱策略，使得人並非只是結構下的產物，而有其能動性，甚至改變了基模、行為傾向、乃至結構本身。因此，每個人在社會文化結構裡有因其不同的位置與角色而有不同的操控，對於其文化與結構可以有不同的解釋。如：法國的工人階級表現的是中產階級的品味，甚至自我認同也傾向中產階級 (Bourdieu 1984)。這使他的理論不僅有海德格 (Martin Heidegger) 到梅洛龐帝 (Maurice Merleau-Ponty) 現象學的關懷，在古典馬克思理論中如「階級」這樣的結構性概念，經他的妙手回春而得到活化，也更凸顯了人的主動性與能動性之意義。

布爾迪厄在學術上的影響力，顯然遠超過人類學界所關懷的實踐理論。他對所有的人文及社會科學均有廣泛的影響力，就如同 1960 年代的李維史陀一樣。這當然不只是因為他試圖以實踐論解決當時社會科學理論所面對的許多內在的二元對立，如物質論／觀念論、客觀論／主觀論、結構／能動性、社會／個人、社會／文化分類或語言等等，而是結合了馬克思理論與現象學的傳統（特別是海德格與梅洛龐帝）研究權力，重新詮釋馬克思理論，使其理論得以有效地被用來研究分析當代西方社會。其中，文化資本 (cultural capital) 及社會資本 (social capital) 等不同於金融資

本的概念便是有名而影響深遠的例子 (Bourdieu 1977, 2005)，更使用「場域」(field) 的概念來反省、分析社會生活本身。在人類學的研究上，布爾迪厄更以伯伯人的民族誌證明「工作」與時間、空間等共同構成人類社會生活節奏的基本分類 (Bourdieu 1990a: 200–270)，說明「工作」的分類概念，是與康德所提的人、空間、時間、物、數字、因果等分類概念一樣的基本與重要。因而引起日後有關「工作」（而非限於資本主義社會的勞力）的系列研究，也使得馬克思理論有了新的可能，以此說明布爾迪厄骨子裡其實是馬克思理論，卻用結構論及現象學來包裝成實踐論，跳出正統馬克思理論的限制，其理論得有助於我們了解當代。

　　在布爾迪厄之後，不僅文化理論，整個社會科學理論在這個世紀前不再見到有大理論的出現。這當然也與他理論流行的同時，解構論逐漸當道有關。筆者雖說過解構論太過龐雜而難有清楚的理論架構來討論，因而有許多參差不一的作品，這在臺灣的文化研究中特別明顯。因此，筆者（黃應貴 2021l: 676–679）就用林開世的解構為例，讓大家對於解構論能有較正確的認識。

　　林開世 (2014) 的論文〈對臺灣人類學界族群建構研究的檢討：一個建構論的觀點〉，是以他所說的「脈絡性的建構論」立場來討論。他先說明建構論的分析方法，是想對我們視為當然的事物作某種程度的解析，特別是透過歷史過程的框架，讓人了解事物如何透過概念與語言的出現，逐漸地被納入成為社會現實的一部分，因此沒有所謂的自然的、本質的、不經過中介的真實。故他所說的「脈絡性的建構論」之工作不是去挑戰所有客觀性的假

設，而是去探索那些具有社會重要性的實體假設。當然，他所說的重要性是有其歷史性與脈絡化，不是先驗與絕對的。至於他選擇族群議題，是因為在人類學的脈絡中，它蘊藏在所有的研究領域之中。一旦在族群研究中引入建構論的觀點，就有幾個重要的立場：1.族群性不能化約為靜態的文化內容或權力關係，也不是生物性或心智能力所決定。它本身就是一種自我定義的過程，是某群人自己宣稱或被外人認定為某個動態過程。重要的是在歷史過程中，族群性如何被塑造成為重要與可信的分類範疇。2.族群性是一個持續進行中的計畫，族群研究必然要與歷史研究結合，不僅涉及其動態的脈絡化，更與近代國家形成與資本主義擴張之間，有著重要的關聯。3.族群研究不應該從作為一種已經存在的集體行動者出發，而是需要被解釋的現象。當成真實存在的東西，會混淆社會行動者所使用的分類觀念，以及研究者所使用的分析語彙。換言之，族群是他們研究的出發點，不是先被認定的研究對象。由此，作者進一步分析臺灣的四大族群（特別是原住民、客家及平埔），得到的結論是族群性不是一種實體，而是一種觀點，一種看待社會世界的方式。若把分類的範疇當成是具體的群體，是把概念當成是實體。這樣混淆的不只是概念與實體，在方法論上，更是未能把分析的範疇與實際的範疇作清楚地區分。而當代的族群性商品化及生物化，都使得族群性邁向一個更加不穩定的未來。這只有回到日常生活的層次，去了解人們如何形成看待這個世界的方法。也就是實際看待一般人如何具體地理解世界與經驗世界，並且不再是單薄地處理社會邊界的問題，而是更寬

廣地處理人觀，以及形成自我認同的相關物質與空間面向的問題。
由此，我們可以發現這個概念不斷地與其他面向的力量，像親屬、
階級、地緣等糾纏在一起，而無法清楚地給予一個理論上的自主
地位，進而把它當成一種需要被解釋，而不是用來解釋別的現象
的概念。故族群性不是實體，是在特殊的政經結構下的產物，一
種具體化或物化，一種看待社會關係的觀點。而回到日常生活，
也就是要避免直接研究族群，它必須被脈絡化解析出來。

　　林開世的解構論立場，更直接以實際的研究實例證之，這可
見於他的〈從頭人家系到斯卡羅族：重新出土的族群？〉(2016)。
我們現在所說的斯卡羅，是指在日治前後，居住在恆春半島南部
排灣族部落之間，自認為有別於他人的四個領導頭人家系的自稱。
但在清朝的文獻中，如清朝開山撫番 (1874) 之前視東部為化外之
地的《番俗六考》(1722)、《重修鳳山縣志》(1764)、乃至於更晚
建制後的《恆春縣志》(1894)，都沒有斯卡羅的稱呼，只知有琅
𤩝十八社及四大頭人。到 19 世紀下半葉，恆春半島外海為國際航
運必經之路，因發生海難，外國船員上岸遭到當地原住民殺害或
俘虜而引起的牡丹社事件，使這一群具有全球意識以及演化論框
架的西方博物學家及官員，如 1864 年史溫侯 (Robert Swinhoe)，
1867 年、1869 年李仙得、1875 年艾比斯 (Paul Ibis)、1880 年代泰
勒 (George Tayor) 等對臺灣原住民開始進行研究探索並寫成調查
報告，卻都沒有提到斯卡羅，不過卻有提到這些傀儡番中四大頭
人家系生活已與四周的漢人及原住民都種食稻米而沒有什麼差
別，惟與其他人不同的是在耳垂上穿戴圓形塞的耳環，並舉行小

米祭。這些西方人運用一套以自然歷史為典範的分類框架,將各地的人當成物種來加以觀察,建立起可識別的社會單位,並將這些知識清楚地在地理空間上與人種分類系統中定位。直到日治時期,為了治理上的需要,日本接受西學的民族學者在殖民政府的大力支持下,從事原住民分類系統的建立,才開始出現斯卡羅的分類。特別是在移川師生所寫的《臺灣高砂族系統所屬的研究》,以系譜及語言學的基本辭彙分析方法,建構出一個清楚的九族分類系統。在這書中,有一章節討論了斯卡羅,並稱之為「排灣化的卑南族」。而這書會特別留意斯卡羅,是要證明其調查方法的優越性。雖然,這些民族學者與前述西方博物學者及官員都共享一套種族知識的典範。之後,非學院派的日本學者安倍明義寫了一篇情文並茂的長文專門介紹斯卡羅。這篇論文直接影響了楊南郡的〈斯卡羅遺事〉並獲得 1992 年「十五屆時報報導文學獎」,使斯卡羅一夕成為一個引人注目的族群,並在地方文化復振及社區總體營造的氛圍下,成為當代文史工作者的新主題。也在安倍及楊南郡等人的敘事中,斯卡羅取得了族群的主體性與歷史。雖然頭人家系的後代,都已經忘記或者根本沒有聽說過這個名稱,是作者引用過去的文獻來重新挖掘出這個連結。事實上,經由晚近較嚴謹的歷史及人類學調查研究,我們發現四大頭人家系能不斷吸收外來的文化並繼續維持頭人身分的方法,可能主要是透過一套簡單婚姻法則來操作:頭人家的男性結婚的對象,一直是那些具有番身分的其他部落女性,婚後住進頭人家,而頭人家女性的結婚對象則可以是外來者,特別是那些具有生產能力與資源的外

來者。另外，頭人家也會用收養漢人為養子的方式，把外來者納入頭人家。結果使婚入的頭人家女性或者入贅的男性，成為頭人家與番聚落的中介者；婚出外來者的女性，成為頭人家與外來者的中介者，而頭人家族成為番人聚落與外來人聚落之間的中介。在當代當地人的記憶中，斯卡羅所指涉的那群過去的人，是以中介者的能動者姿態，來主導一個複雜的交換體系。他們的成員無法固定、界線不明，卻有能力和彈性地包容不同範疇的人，就如同當地至今還在使用的「番」一樣。只是當今的番多了一層輕視的意義在內。因此，作者的結論是「斯卡羅」這個範疇指涉的顯然不是一個有界線的社會群體，根本就沒有現代意義下的「斯卡羅族」存在。

不過，林開世雖然解構了現代性知識下的族群概念與理論，但並沒有再建構。因此，就必須注意跟布爾迪厄當時提到與日常生活有關的基本分類概念之研究。我們知道，西方哲學從亞里斯多德以來，就認為一切的知識概念，都是由一些更基本的了解之類別或範疇 (the categories of understanding) 所構成，如人觀、空間、時間、物、數字、因果等。這種論點，到康德時得以建構出完整的知識系統而成為現代性知識的基礎。此套理論在涂爾幹及牟斯身上，進一步發揮成社會分類與社會範疇的討論。而當日常生活取代了制度與行為的研究，漸成為了解當代的重要取徑時，這分類概念的研究乃逐漸興起，成為掌握日常生活的重要切入點。更因這類基本文化分類的研究，既可以解構資本主義興起以來所塑造的社會分類與範疇，又可以再建構新的分類與範疇，因而得

以避免後現代理論只有解構而無再建構的限制。後文我們會進一步討論這類文化分類概念，故在此就不個別進一步說明，僅以筆者《「文明」之路》的研究簡單說明（黃應貴 2021l: 680–683），讓大家先有一些概略的理解。

筆者的《「文明」之路》三卷 (2012)，正式宣告臺灣在 1999 年 921 災後重建後，就已進入了新自由主義化的新時代。這個有關東埔社布農人一百多年來發展的研究，表面上是呈現一個原住民地方社會三個歷史階段的發展：日治中期 (1924) 以前的前資本主義之「傳統時代」，強調人生而不平等的傳統人觀及征服他者與自然的時代精神，使布農人成為日治以前臺灣原住民中拓展力最強的民族，也是日治時期與日本殖民政府爆發最多抗爭事件、及最後才被馴服的民族。但到了日治中期，日本殖民政府建立以駐在所為中心統合警政、交易、教育、醫療等功能的有效地方行政系統後，得以有效推動其「文明化」殖民政策，加上戰後國民政府施展的現代化政策，使東埔社進入現代化時期，接受了資本主義文化中的「宗教」、「政治」、「經濟」等新的社會範疇，也使得他們的傳統觀念人生而不平等的人觀雖仍有其主宰性，但隨基督教化、國家化及資本主義化而帶入其他相關的人觀，如基督教人觀、公民的觀念、以及追求最大利潤的經濟人看法等，被應用於不同的生活領域中。在這過程，「只要努力便能成功」乃成了這個時代的時代精神 。 等到 1999 年 921 災後重建提供了新自由主義化的下層結構之物質基礎後，加上陳水扁總統任期內推動金融改革的「金融六法」及政府改造的「四化政策」之實踐，使新自由

主義化得以全面地展開，當人從既有的社會組織中解放出來，不
得不面對多重自我的本我，加上布農人的傳統人觀已不再有主導
性，使得當代人擁有趨於多重性、流動性、乃至於破碎性的人觀，
導致「我是誰？」成了當代愈來愈嚴峻的問題，雖然，這問題與
上個世紀因生產機械化導致人成為機器的一部分所產生 「我是
誰？」的問題截然不同，但追尋自我認同也成了這個時代的動力
及精神所在。故整個來說，這百年來的歷史發展也使當地布農人
得以「從特殊的歷史與社會文化脈絡中解放出來而成為有選擇及
創造未來能力的人」之「文明化」過程。而這個個案研究，不僅
呈現布農人的發展過程，某個程度內也反映了整個臺灣社會的歷
史發展過程，甚至反映了人類某個歷史階段的發展過程。能這樣
做，背後實涉及作者的史識，及受到由全人類社會文化整體圖像
形成的世界觀影響。同時，這個案也呈現知識性質的改變，由傳
統時期廣泛為精靈信仰所滲透的知識，到現代化時期現代科學性
知識的接受，到當代重新打破前一時期的知識分類，但卻造成混
淆與重建的發展，更凸顯出要了解這新時代必須要拋棄現代性知
識的限制與包袱，才有可能創造出能掌握當代新現象與解決新問
題的新知識。

　　筆者雖用基本分類觀念的理論觀點來解構與再建構，但並沒
有真正達到再建構新知識的目的，因《「文明」之路》背後的思維
還是現代性知識的思維，必須等到本體論的轉向，才使再建構有
可能完成。這可見於《主體、心靈、與自我的重構》的導論（黃
應貴 2020a）。不過，筆者的導論會在宗教一章進一步談及，此處

筆者（黃應貴 2021l: 694–697）要以黃郁茜 (2021) 的實際研究〈論路徑、行走，與創造路徑：從雅浦與蘭嶼的村落路徑談起〉來說明本體論轉向的意義及問題。

在黃郁茜這篇論文研究中，比較了雅浦及蘭嶼達悟人的村落路徑，一開始就指出雅浦人的 *kanaawong* 是指以石頭或者珊瑚礁鋪成的路，這在前殖民時期就已有此現象，路兩邊陳列石幣，路徑寬敞、平坦、整潔不見雜草，看不到家屋，唯一可見的房屋是集會所。故是公共空間，每個家戶都有義務維持村路的清潔，需要定期拔草。這路相對是不變的，由親屬、先人與有關連的人經年累月築作而成，故走在路上，要遵從相應的規矩：不同身分地位性別年齡的雅浦人，必須走在不同的路徑上。而 *kanaawong* 是相對尊貴的，走在上面的規矩也最多。年輕女性與低階村民必須走不同的路。走在這路上，必須排成一列，男前女後。行走的人們必須走得很慢、留神，專注行走的方向與目的，避免交談也避免分心。走在路上意味著順從過去以及敬重土地，更是「以路為師」，因人在路上的移動是逐漸的將社會價值刻化進身體之中，這除了察覺當下、小心謹慎、表現出對於土地的敬重外，更是將階序印刻在人們心中。在雅浦，一切事物，包括空間、作物、土地、衣著、出身等級，都是階序化的。對他們而言，沒有兩件東西或者兩個人處於同一水平，彼此之間一定有相對高下關係。他們將這階序結構原則歸結至 *tabugul* (pure)/*taay* (impure) 之別。是以，地位較高的家戶與芋田，較接近村落的中心，使低階的芋田用的水來自高階而不會使高階的芋田被汙染。故雅浦人所表現的文化

保守性或傳統主義，使他們對於接受新事物猶豫，必須謹慎思考後再採取行動，強調存在的相互性與道德性，也就是內化社群的目標作為自己的欲望。故行走在村落路徑上，本身就是一種內化村落價值的展現。這點更因多義的 *thaaq* 而加強。*thaaq* 指線、連結、關係。在政治上就是指「一條長長的溝通路線」，任何合法的要求或者信息，一定要經過溝通的管道才算數。*thaaq* 具現了雅浦人對於關係與權力的概念，村落從來就不是一個完整自足的社會實體，而是被關係網絡所滲透和建構。

相對的，蘭嶼達悟人的路徑 *rarahan* 是狹窄、彎彎曲曲、夾擠在不同家戶之間。村人在這 *rarahan* 上走路，經常改變路徑。對蘭嶼人而言，這並不意味著規範，反而代表創發。事實上，蘭嶼村落內沒有固定的公共空間。即使有也是浮動不固定的。每一次走路，蘭嶼人都會找到一種新的方式抵達目的地，使得每一個決定都有如一種向各種新可能開放的機會，故作者特別用動詞 pathing（創造路徑）來指涉一個經驗主體創造自己路徑的即興行動。事實上，蘭嶼人的即興而作不僅被容許甚至被鼓勵，向著持續變化的未來開放。但這種創新並不是任意而無邊際的，創新的幅度與速度受到當地靈魂信仰的限制。不僅人死後靈魂所在會影響創新者迴避，家屋本身就被認為是有靈魂而不斷成長，迫使創新者必須繞道。

由上述，我們發現雅浦人與蘭嶼人走在路上所呈現的時間指向有別：雅浦人是一種當下朝向過去的時間觀念，行走於先人所勞動築就的路上，服從既定的形式規矩，也貢獻勞力並埋葬沉積

於道路土地之中。這時間指向更表現在他們的襲名制上，反映向
過去看的時間觀與生命觀。對他們而言，是「路在走我」。但蘭嶼
人的看法是強調即興而作的創造路徑，路是人走出來的。這時間
走向是往下看而非往上看，這種時間觀與生命觀也表現在他們的
親從子名制上。不過，雖然雅浦人重視尊重以及服從，蘭嶼人讚
賞即興，但其實兩個文化均高度重視人類勞動。雅浦人重視沉積
於土地之中的人類勞動，蘭嶼人重視持續進行中的人類勞動，也
就是如何透過勞動使一個人的生命歷程圓滿，這就涉及了他們不
同的生命形式。對雅浦人而言，生命的存在是透過勞動將原本無
階序、不淨、無序、未開發的土地轉變為有階序且有生產力的土
地，由 *yalean* 傳統習俗所治理，而 *yalean* 傳統習俗就界定了一個
人在複雜階序關係中的行為角色與義務。*yalean* 傳統習俗也意味
著集體性與時間性；*yalean* 傳統習俗被認為是在人出生之前許多
世代已經存在的，因此不需質疑也相對固定的行事、思維與存在
方式。但對蘭嶼人而言，辛勤工作本身不只是一項美德，而是個
人可以成其為人的要素。一個理想的生命旅程由一連串的行動所
構成：結婚、生養子嗣、更名（親從子名制）、建立夫妻的三門
房、造小船、生養子孫、更名、擴建主屋為四門屋、成為儀式的
禮主。這些活動構成了終其一生的生命歷程，也是一種蘭嶼人的
傳統生命形式。

　　然而，對英格德而言，不論生命形式如何不同，所有的生命
都是在線條上（端點）之間 (in-between)：終點並不是在行動之前
給定的，而是在行動當中浮現，並且只有在認識到新的開始的時

候，終點才出現。因此，開頭既生產出終點，也被終點所生產。
每個終點都是沿途當中的片刻，而不是所謂的終點站。因此，英
格德以 correspondences of the middle voice（對應中介）來取代互
為主體的概念，以網狀線絡線條構成節點取代先於線而存在的預
設點，成為連結點與點的網絡。換言之，他認為「生命作為一種
線條（即移動）構成的現象」。他以 agencing 來定位人，也就是
doing undergoing（從事經歷）。英格德進一步指出，與其說是點
的移動構成軌跡，不如說點本身就由多種散發的軌跡構成。人及
其他生物構成了地景，而人與其他生物也是由地景所構成。如此
一來，我們得承認研究對象是 being-in-moving（存在於移動之
中），研究本身也是一種 knowing-in-being（知即存在）──對於
所謂真理的不斷探問，而此種探問並沒有終點，所有的終點都伴
隨著新的起點。而研究者在認識、探索對象之時，研究對象也改
變了研究者自身，如同路在走我。承認路在走我，意同於接受時
間性──研究者與研究對象共處於時間與變化之中。研究對象在
變化生成；研究者可以從他們的移動軌跡當中看出。而研究者自
身也被研究對象所轉變。或者說，研究者存在於與研究對象的關
係之中。由此，作者回到人類學的知識，強調它並非所謂切線式
的 (tangential)，預設了己身與他者的不同，並把他者置於邊緣，
而毋寧是回應式的 (correspondent)，我們與研究對象同行，入乎
其內也出乎其外。它是一種 with 的知識（和研究對象一起）而非
of 的知識（研究對象外於自身）。這種比較不是封閉的，而是不
斷向前開展。是與之同行而不是他者化，是回應式的而不是預設

了個別個體的互動式。它一方面為我們打開更多的窗戶，開拓了我們的視野與所認識的世界。另一方面，當我們願意思考這樣的比較時，意味著我們自己也是開放的。這種開放性本身也帶來了脆弱性，但脆弱性就是力量、韌性與智慧所在──對於周遭能更敏感，更精確且具判斷力的回應。

由這個個案研究，大家就可以了解為何筆者會認為本體論的轉向三種不同的探討方式當中，英格德還是最有理論意義及企圖。他試著從自然與人活動所共有的（生命）線條之觀念切入，以超越既有自然與文化，或人與自然的二元對立。**他所探索的主體並不是有機體與外在環境的關係，而是交織在一起的生活關係。**藉由研究線條的生命，他企圖找出一種方式，**將我們作為整體人類的經驗，重新鑲嵌於有機生活的連續體中。**因此，筆者認為他不僅已成為 21 世紀以來的人類學大師，而且是繼傅柯、伊里亞思、德勒茲、伽塔利及皮爾斯等之後，成為 21 世紀的學者，而且是唯一還活著的學者。他的知識廣泛，除了人類學之外，他還是考古學、藝術、建築方面的專家，更不用說他在哲學與歷史研究上的造詣，具有傳統歐洲學者的博學與素養。

第九章

宗　教[1]

　　到目前為止，大部分學者都會認同宗教在了解社會文化現象上是不可少的一部分，雖然，每位學者給它的定位都不同。譬如，涂爾幹就認為宗教根本就是社會的本身，在他的社會理論中，宗教是該社會的集體表徵。韋伯在《基督新教倫理與資本主義精神》一書中，更認為基督新教的天職觀念提供了資本主義發展的內在動力，使人盡忠職守（包括賺錢在內）是上帝賦予個人的職責，而使資本主義得以不斷地發展。但也有很負面地給予宗教評價的，如馬克思就認為「宗教是窮人的鴉片」。所以，我們在談社會那一章提到傳統社會或文明社會時，E. Wolf (1966) 已指出這類社會的經濟基礎是奠基在農民的生產所得能提供自己及統治者日常生活所需，故他們是被大社會剝削的一群，但卻沒有反抗，宗教實扮演了國家意識形態的重要角色，使一般農民把剝削當成理所當然的事。

---

1. 本章主要依據黃應貴 (2020a, 2021h, 2021i) 及黃應貴主編 (2015, 2020) 的成果而來。

　　事實上，關於宗教的研究已有一段很長遠的歷史。我們都知道，西歐的許多知名大學，大都源自修道院，那原是研究神學的地方。但啟蒙運動以後，宗教逐漸被歸類為理性知識以外的另類知識，甚至是非理性的私領域，而不被認為是學術研究的對象。這是因為宗教經驗往往是超越理性的經驗論科學觀可以驗證的，是屬於超自然的現象，並與信仰緊密相關。故宗教以往都是被放置在神學的領域而不被認為是學術研究的一個獨立領域。像民國初年，宗教就被視為是迷信及社會進步的障礙。但因它實在是太重要，許多其他學科還是發展出獨特的分支來處理相關的問題，如宗教社會學、宗教人類學等。是以，宗教領域研究的學者，還是努力使它成為正式的學科。但這要等到 1950～1960 年代，因 Mircea Eliade 提出宗教的不可化約性後，才逐漸成為正式的研究學科（蔡彥仁 2012）。故相對於其他社會人文學科，它的學科建立過程，是一條更加漫長的道路。像臺灣第一所宗教學研究所，成立於 1988 年輔仁大學，但一直到今天，它是否可以成為學術研究的對象及學科，還是一直有所爭議。在此之前的宗教研究，往往充滿著化約主義及局外人的觀點而備受被研究者的批評。

　　雖然如此，宗教學獨立成為一個學科之後，其成果並沒有如預期的具有突破性發展。最主要的問題是宗教學的研究，到目前為止，往往太過於著重教義的發展與詮釋上，反而無法呈現宗教在了解整個社會文化現象及個人整全性自我追求上的意義或角色，其在宗教現象的研究上，還遠不如其他社會科學的研究成果之影響力來得大。尤其是透過宗教與非宗教之間的關係來了解宗

教的研究成果，如上述的涂爾幹或韋伯乃至於馬克思，在社會人文科學當中，至今仍是主流。另一個主要的成就是把宗教看成是一種宇宙觀、是一種看世界的方式，與人的思考方式有關，如李維史陀是典型的代表。就前者而言，涂爾幹的老師古朗士 (Numa D. Fustel de Coulanges) (1979) 的《古代城邦》一書奠定了有關宗教與非宗教關係來了解宗教的研究基礎 （黃應貴 2021h: 292–295）。

《古代城邦》的主題是從希臘城邦之前到羅馬帝國形成的數百年發展過程中，討論社會是由何種規則所統治。因此，這本書主要談及二個歷史發展階段。第一個階段是希臘早期，以「家」作為最大的社會單位，家火的祭儀是整個家或「社會」的再現。甚至極端一點說，「家」就是「社會」。每個家都擁有自己的祭壇，祭壇上的家火必須長燃不熄；一旦熄滅，就象徵著這家的滅亡。**因此，家火是家的關鍵性象徵。**再者，**家的成員必須透過家火所代表的家之宗教來決定。**經歷與家火有關的儀式，才能夠成為家的一分子。因此，即使出生於這個家庭的新生兒，若不舉行相關儀式，也不被認定為家的成員。同樣地，婚入者也必須經由儀式，才能夠成為家的一員。該儀式的效力，甚至可將不具血緣、姻緣關係的人轉化為家內的一員。**除了家火之外，家的宗教性質，還可由家長地位看出。**家長大部分是男性年長者，其地位的來源不純然來自血緣或者年齡，而更來自他在家中的祭祀活動所扮演的角色——**他負責家內的祭祀活動，是類似祭司的宗教儀式執行者。**

在以家為主要社會單位的希臘早期社會裡，**法律或行為規範、**

宗教、政治統治 **(government)**，三者合而為一，而且是透過跟家有關的宗教信仰來表現。因此，在希臘早期的社會中，**家是唯一的社會形式，只有角色 (roles) 而沒有個人 (individual)**。因此，自然也沒有現代社會由「社會」、「家庭」之對立所發展出來的公領域與私領域之別。

經歷一段很長的時間之後，希臘的主要社會單位從「家」發展到「城邦」(city)。城邦以**家作為最小的社會單位**，家之上有宗族，宗族之上有**氏族 (gens) 或者無血緣關係的部落 (tribe)。氏族或部落即構成了城邦**。城邦是當時希臘最主要的社會單位，是一個獨立的社會。城邦社會本身已經出現了**分工與階層化**，有貴族、平民，以及負責對抗掌權者、保護平民的護民官。社會分工的基礎是財產的分化——無產者便淪為奴隸，不具公民身分。但是，這種**政治統治方式**（也就是 government），或者是**法律的行為規範，仍然來自於宗教的定義**。宗教不但聯合了城邦之內的小政治單位，如氏族與家，更可說是社會的再現。

希臘的每個城邦都有一座**公廟**，供奉著該城邦的**保護神**。若神祇不在神廟之中，意味著該城邦即將滅亡。不過，此時的城邦，並不像原來以家為單位的希臘社會。由於社會分工更複雜，需要類似儀式的活動，以凝聚其下更小單位的所有成員。**而在祭祀城邦保護神之後的集體聚餐 (public meal)，便擔負了凝聚城邦成員的任務**。聚餐是祭祀儀式的一部分，具有儀式的神聖性，所有公民都必須參與，因而在聚餐之中進入神聖的共融 (holy communion) 境界。**公共性的集體聚餐取代了原有的家火，成為整**

個城邦社會最主要的關鍵性象徵。

　　從上面的陳述中，我們可以看到：在城邦時代，社會的政治統治跟法律規範已經開始與宗教分離而獨立浮現。雖然，政治與法律仍然源於宗教，並且受宗教所規範。這樣的發展趨勢，也與個體 (individual) 的浮現有關。也就是說，在以家為主要社會單位的希臘早期時代，並沒有獨立自主的個體（個人）存在，只有社會的關係及個人扮演的角色。到了城邦的時代，個人的獨立性與自主性出現，相關的保護財產的法律、以及保護平民權利的護民官制度也隨之出現。此時，公共領域跟私有領域才逐漸區分開來。

　　城邦制度發展到後來，經過四次革命，特別是思想上的，及至羅馬帝國時期轉變更大。和希臘時期不同，羅馬帝國形成之時，其疆域涵蓋了各種不同種族與語言的人群，更擴張到非直接統治的殖民地。人跟人之間的溝通已經超過了面對面的直接接觸。隨著社會分工愈來愈複雜，帝國的宗教、法律、政治統治或政體，都已各自獨立，成為構成社會的三個主要制度。以宗教為例，在羅馬帝國時期，一句廣為流傳的名言就是「凱撒的歸於凱撒，上帝的歸於上帝」。說明當時宗教跟政治已經獨立分開了。不過，羅馬帝國的統治所面臨的最大困難，是如何使帝國疆域之內所有不同種族與語言的人，都具有平等的地位？因此，它必須具有普遍主義 (universalism) 的思想——所有的人在帝國的統治與法律之下，具有相同的權利與義務。只有在這個條件之下，帝國才能夠整合民族、族群、語言均存在著巨大差異的人群。基督宗教正好提供羅馬帝國絕佳的普遍主義之宗教基礎——在神的面前，所有

教徒，不論種族、語言、財產、年齡，都是兄弟姊妹。**因此，基督宗教正是完成羅馬帝國新社會秩序的一個重要基石。一直到基督宗教成為羅馬帝國的國教以後，希臘羅馬社會才建立了與城邦社會不同的嶄新社會秩序——帝國。是以，基督宗教乃提供了建構新社會秩序的最後一塊磚頭。**

　　古朗士這本書，不僅從具體的歷史事例出發，建立了宗教與非宗教關係的討論框架，更奠定了社會人文學科研究宗教的基礎——**他界定「宗教」包含了信仰觀念（或教義）、儀式行為、象徵以及組織等要素，構成了到目前為止，國際學界在研究宗教時所遵循主要架構，但這樣的架構，基本上是來自西方制度性宗教的經驗。**當然，他特別注重宗教與社會的關係，因此有別於宗教學純粹由教義、經典、儀式來分析宗教的取向。這本書直接影響了涂爾幹。它不僅提供了涂爾幹社會理論的基礎，更影響到日後結構功能論視宗教為社會的再現，以及馬克思論視宗教為意識形態的分析取向。不過，即使涂爾幹在《宗教生活的基本形式》一書中，透過社會事實的概念，強調宗教信仰是不可能化約為個人信仰、宗教信仰的複雜度與社會分工的複雜度是平行的而說明宗教現象必須由社會本身來解釋、以及宗教的變遷是社會變遷的結果等，來證明宗教其實就是社會的再現，因而增加了宗教研究上的理論基礎與強度，但整個視野並沒有超過古朗士的框架及格局。甚至後來依他的理論進一步發展的結構功能論或特納 (Victor Turner) 的儀式象徵理論，在當時雖都有其時代上一定的影響力及普及性，但愈是研究精細、愈離古朗士的框架與格局愈遠。像特

納的儀式象徵論雖讓我們得以進一步分析儀式中多重的象徵結構機制，卻往往與外在的政治經濟脈絡脫節。這情形在馬克思理論上更明顯，而韋伯的理論發展也不例外，因他們的理論幾乎只能解釋資本主義社會，而難有跨越時代及社會性質的限制。甚至像承繼韋伯理論的葛爾茲雖發展出詮釋人類學，他當時對宗教提出一個有名的定義：

> 宗教就是一套象徵系統，以確立人類強而有力、廣泛地、恆久的情緒與動機。其透過一般存在秩序的觀念建立途徑，並給這些觀念披上實在性的外衣，使得這些情緒與動機極具獨特的真實性。

一時洛陽紙貴，宗教學者也拼命引用，但在宗教研究的成果或突破上，一樣無法與外在的政治經濟結構連結而難以超越韋伯，在宗教與非宗教的關係上，更沒有古朗士的框架與格局。

　　相對於上述強調宗教與非宗教關係的研究理論傾向，另一個在社會人文學界有關宗教研究有較不同的貢獻者則是**主知論的研究傳統**。這在第八章有關文化的議題上已經提到。他們往往**以人類的思考方式作為他們主要研究的對象，故**傾向把宗教視為**宇宙觀或認識世界的方式**。在這知識傳統中，從弗雷澤、李維布律爾、以及伊凡普理查到李維史陀等，都是代表性人物。這其中，伊凡普理查 (Evans-Pritchard 1937) 有關阿桑地 (Azande) 的巫術研究，是典型的代表（黃應貴 2021i: 323–326）：

　　位於蘇丹南部與薩伊交界處，為尼羅河與剛果河分界區的阿桑地社會， 在文化上有一個重要的特色——以**巫術 (witchcraft)
為其關鍵性象徵 (key symbol) 及「文化慣性」(cultural idiom)**。
透過關鍵性象徵，我們可以理解該文化的獨特思考方式。

　　在阿桑地社會中，巫術極為常見、極為普遍。當地人會把所有的不幸與不測，均視為由巫術（指 witchcraft 或 sorcery）所造成。因此，當地人一旦遇上不可抗拒之事，經常求助於巫醫，設法找出施加巫術的人。若找到了這個加害者，他們會訴諸當地政治領導人，要求加害者認罪、取消巫術及補償；或者，他們會另外尋求巫師及解毒劑來消除巫術。萬一受害者死亡，親戚必須找出施巫術的兇手，為親人報仇。

　　事實上，在這個社會裡面，有一套關於**巫術的系統知識**。譬如說，當地人將所有的不幸，特別是生病或意外死亡，或長期經濟生產失敗等，都視為遭受巫術詛咒的結果。其次，**巫術不僅是天生的，並且是依照繼嗣原則來傳承**。但並非所有氏族成員均具有同樣的巫術能力。**巫術與人觀有關**，會隨著年齡的增長而增強。因此，即使是巫師的兒女，幼時也不被認為是有能力施巫。**巫術也與空間觀念有關**，距離可以削弱巫術的效力；因此，阿桑地人咸認為施行巫術者，一定來自周遭。再者，他們認為：巫術的運作完全是**心理過程**與**潛意識**的作用。有時，施巫者自己也沒有意識到自己正在作祟害人。而且在當地人觀念中，富有、具有社會地位、政治領導者，均不可能作祟害人。因為政治領導人擔負了裁決施巫者是否有罪、該受何種懲罰的仲裁角色，自身不可能被

指控施巫。

　　當地人會如此在意巫術，涉及到他們對人性的看法——巫術害人，往往來自**嫉妒、貪心、羨慕、毀謗等人性弱點。**此外，**這種巫術擔負起日常實用知識所無法解決的偶然性問題；兩者不相衝突。**他在第三章以房柱壓死人的例子來說明：巫術知識主要是解答為什麼是這個人在這個時候被壓死，而不是其他人，或不是在其他時候。這與白蟻咬壞房柱造成房子倒塌的一般常識並不衝突。

　　整體而言，**有關巫術的一套觀念，包括內在矛盾，均來自於文化本身。**它有自成體系的一套觀念，但體系本身也有矛盾。譬如，他們清楚知道在特定的情況下，某些從屍體中找到的證據其實是造假，主要是為了說服旁觀者，而且這套造假的作法是訓練巫醫過程中的一環。其次，有關巫術的知識，**結合了很多相關的習慣、觀念乃至於儀式實踐，甚至牽涉到當地的民俗醫學知識。**

　　阿桑地巫術的觀念與效力，來自於他們的文化，同時也受限於文化。沒有這些觀念的話，我們無法了解阿桑地人的巫術或神祕力量。因此，當地人觀念如果改變的話，巫術的效力馬上產生問題。一方面，我們可以說：新巫術的引入，必須建立在新觀念的基礎上。另一方面，我們也可以看到：西方基督宗教進入之後，巫術的效力便開始動搖。

　　這個研究還涉及了思考方式的重要討論。巫術背後固然和信仰有關，而且**它還是跟科學觀念的因果關係有所不同；**它本身有其獨特的因果觀念：**第一，巫術的因果關係，往往在事件的連續性序列之外——事件並不一定導因於先前發生的事情。第二，巫**

術的因果關係往往是由結果來推定原因，而不是由原因推出結果。第三，它是主觀的、先知性、預測性的預言式。第四，巫術的實踐是依賴其在時間上，將未來和現在合而為一——現在施行的巫術，是在未來產生影響。最後，巫術運作的過程或儀式實踐過程，非常依賴弗雷澤所說的「類似」(analogy) 原則，來解釋巫術的因果關係。由於這些思考上的特性，與一般因果觀念不同，伊凡普理查只得稱之為「神祕的」(mystical) 觀念。這種觀念不僅凸顯出其獨特的思考方式，也凸顯了該文化的特色。

伊凡普理查這個實際的研究之所以重要，主要是證明原始人與西方人一樣的理性，只是論證的前提不同。這在有關當地人被房子倒塌壓死的事情之討論中已加以說明。其次，這些巫術的前提來自當地文化本身，是獨一無二的，而非普世性的。這兩個主要的貢獻當中，前者被李維史陀結合結構語言學而發展出他的結構論，進而造成社會人文學科的一次超越經驗論科學觀的革命。後者被哲學家 Peter Winch 結合維根斯坦晚期的語言哲學，把文化相對論發揮到極點，因而導致 1960～1980 年代間有關理性與文化相對論在科學的哲學上之爭辯。這個爭辯，其實是延續之前存在主義對於啟蒙運動以來的理性主義之反動。不過，這些發展雖對某些宗教課題的研究有所精進，如李維史陀的結構論對於神話研究的影響，或文化相對論對於宗教信仰之前提的思辨等，大體來說，對於宗教本質或宗教與非宗教間的關係之了解上，並沒有太大的突破。即使主知論對於當代宗教研究有一較直接影響的是由主知論發展出來的認知研究，因結合腦神經科學的發展，使得宗

教研究得與認知科學結合，探知複雜的腦細胞組織中，其實有專門涉及思考過程較複雜的宗教部分。凡是這部分腦細胞較發達的人，對於宗教現象與問題都較敏感。這與既有的宗教知識是相符的，如漢人民間信仰中，八字較重者看不見鬼神，反之亦是。而乩童往往有家族遺傳等，都與認知科學的發現相符。但這樣的研究成果，只是用自然科學語言與方法證明已知的知識而已，並沒有因此讓我們對於宗教的本質或宗教與非宗教間的關係有任何新的理解。

　　由上面的陳述，我們大體可以知道，宗教的研究在上個世紀初以來至今都難以突破。之所以這樣，最重要的因素其實是從啟蒙運動以來，理性主義抬頭之後，主流社會就逐漸不再認為宗教是社會重要因素，而成為個人私領域的事。尤其在工業化下的現代化過程，理性主義達到最高點，使得世俗化已成了一般人的共識，認為人們面對任何困難，愈來愈會用科學知識與理性來面對，使用宗教的手段則被視為是迷信 (Asad 2003, Cannell 2010)。這種世俗化的趨勢，更導致愈來愈少人進行宗教研究，也愈難吸引第一流人才去研究宗教，這領域就更難有所突破。但另一方面，自從二次大戰結束以來，去教堂的人數確實銳減，但新興宗教卻層出不窮，像基督宗教的靈恩運動就是當時的普遍現象，其最大特色就是強調每個人都可以直接與神溝通，不需透過教會或神職人員。這種有明顯個人化傾向的新興宗教，正好挑戰了過去既有的世俗化觀念及依制度性宗教來理解宗教的限制。

　　不過，對於過去既有宗教現象及研究的最大挑戰，實來自新

自由主義化所帶來的**新宗教形式本身**（黃應貴 2015: 9–11）。我們知道新自由主義之所以能發展出當代的新面貌，網際網路的科技發明是它不可或缺的前提或條件。因只有在網際網路存在的條件下，資本主義企業才得以將生產過程分散至世界各地中最有利於實現利潤的地方，而不必像過去那樣集中於一地。然而，網際網路的普及化，卻對人類社會帶來極大影響。因過去人類社會中個人的自我認同，是在人與人之間密切的、面對面互動與回應過程中，發現或找到了自我。這是 C. H. Cooley (1964) 及 George Mead (1967) 所說的「鏡我」(looking-glass self) 理論。雖然，自我認同的建立或是榮格 (Jung 1966, 1971) 所強調的個性化 (individuation)，**係指涉發展整全性的人格，以便與他人有所區別的心理分殊化過程**。然而，在現代性之中的個人，**仍必須憑藉民族國家、階級、核心家庭、族群團體等社會文化的制約或塑造才得以發展**，這一點即使在存在主義達到高峰的 1960 年代亦然。但網際網路的發明及手機的流行，使人不再面對面互動，這等於無形中消除了我們建立自我認同的機會。因此，這個新時代出現之初，即埋下了一個嚴肅的課題：**我是誰？**

除了網際網路之外，交通與溝通工具的快速發展也是新自由主義得以發展的相關前提或條件。這些使得人、物、資金、資訊能快速流通，超越現代民族國家的限制，**促成既有傳統社會組織沒落，人得從既有的社會組織或社會規範中解放出來，讓個體與自我發揮到極點，更使人得面對人原生的自我**。然而，從當代腦神經科學的研究成果已知，一個人的生理構造至少是由六個以上

的獨立神經系統所構成，每個系統自行運作雖共同構成一個單一體，卻不構成一個統一性的整體。缺少了社會文化的塑造與制約，人天生具有形成多重人格或自我認同的破碎的條件。這自然加重了「**我是誰？**」問題的嚴重性。

另一方面，更因新自由主義化的全球性發展的結果，**使商品化及消費主義得以主宰當代人的日常生活，更使得人與商品或物的互動，成為當代人尋找自我認同主要且普遍的方式**。這裡所說的物，還包括空間。**但這種建構自我的方式，往往造成破碎的、多重的人觀與自我**。更嚴重的是，多重的人觀與自我，時常彼此矛盾衝突，充滿痛苦。此一發展的結果經常是以暴力方式將內在的痛苦發洩出來，加諸外在世界，讓家與社會承受更多痛苦。因此，**這時代的暴力將是人類歷史所未曾經歷的，而隨機殺人事件即是這類暴力的典型代表**。

是以，新時代的發展使人不得不面對人性中的不同層面，包括人性中的黑暗面。「**我是誰？**」幾乎成為新時代的關鍵性問題，就如同存在主義在上世紀兩次世界大戰後成為當時的時代精神一樣 (Barrett 1969)。但二者的成因不同，必須另尋解決之道：因這時代的存有問題，很難再透過個人內在的超越來解決，而是必須經由與人直接面對面互動中找到自己，這是 Jackson (2005, 2009) 所謂的「**關係性存有**」(relational being)，是「**互為主體性的**」(intersubjective)。也在這樣的新時代條件下，我們若能跳出過去既有的制度性宗教觀念的窠臼與包袱，就可發現，當代有一股新形式的「宗教」正在浮現。以大江健三郎著名的小說《**燃燒的綠**

樹》(2001) 來說明。在這本被喻為預言日本新興宗教之出現的小說中，我們看到「燃燒的綠樹」教派中**既沒有神、欠缺神職人員編纂而成的教義福音書、更沒有正式化的儀式，而是一個強調個人修練的人群集結，這群人構成的組織一旦擴張就必然分裂**。其次，由於該宗教群體與儀式活動**充滿了傳統習俗、佛教、禪宗和基督教等不同宗教的要素**，被主流社會譏諷為「**諸教混雜**」。新教派內種種特異的宗教現象與實踐，明顯有別過去既有的宗教觀念。事實上，這些特色不僅出現在日本當代不斷出現的各類新興宗教活動上，也出現在世界其他各地的新形式宗教活動上。

譬如，東埔社布農人（黃應貴 2012c）之中，就出現居民同時參與真耶穌教、中央教派或漢人民間信仰的活動。參與者從不同的教派滿足個人不同的心理需求，如真耶穌教的禮拜發抖的方式，讓人易於感應到**神與人同在的經驗**，並能與祂直接溝通；中央教派的軍事化管理與紀律，修補了參與者對當代缺乏秩序的厭惡；而漢人的進香或建醮等活動，則能提供觀光旅遊的經驗和樂趣，並拓廣視野。

不過，對既有制度化宗教最具有挑戰性的 （黃應貴 2015: 15），是東埔社的年輕布農人在安息日不上教會參加禮拜，而是在家中與三五好友聚會小酌，同聚朋友之間相互傾吐一星期以來的挫折，相互安慰而能得到救贖，第二天重新開始。這些人認為，信仰是他們與上帝之間的事，與教會無關，同時**將朋友聚會視為禮拜**。另一個情況是，當人們心理感到挫折時，總喜歡前往自己最懷念的地方走一走，可以得到救贖，有如重生。事實上，我們

在許多文學作品中可以看到類似例子。例如，村上春樹在《挪威的森林》(2003) 一書中，男主角就讀大學時再度遇見高中學長的女友，才發現她在這學長自殺後，一直無法走出陰影。於是，他總在假日時，陪著學長的女友在東京街頭漫無目的的走著，「**並沒有任何要到什麼地方去的目的，只要走就好了。簡直像在治療靈魂的宗教儀式一樣，我們專心地走著**」。同樣地，吉本芭娜娜在《廚房》(1999) 一書中，女主角在唯一親人過世後，因孤單寂寞而幾乎走上自殺之途，最後是透過在廚房為好友烹煮食物，在重建人際關係之際而得到救贖。在小說中，**廚房煮東西簡直成了女主角個人特有的救贖儀式。**

最有趣的例子是（黃應貴 2015: 16），日本年輕的社會學家濱野智史在 2012 年出版了 《前田敦子はキリストを超えた ：〈宗教〉 としての AKB48》（《前田敦子超越了基督 ： 作為宗教的 AKB48》），引起日本社會與學界激烈討論，毀譽參半。濱野智史將當紅日本女子偶像團體 AKB48，當成日本宅男的基督再生。除了舉辦固定的粉絲握手會，AKB48 的粉絲為了支持自己喜歡的成員，可以在每年的排名總選舉中得到高聲望，就必須購買該團體的產品來獲得選舉券。這項活動持續在粉絲與被支持的偶像間，形成持續的互動，更讓粉絲有了繼續活下去的意願。在這組關係中，純情少女組合變成了遠處教堂屋頂上的十字架，粉絲則是默默跟隨基督而行的信徒。在濱野看來，對於粉絲多半為無法自立的宅男而言，這是個上帝已死、奇蹟不再、不再接受神一樣的超越者存在的時代，若他們無法找出生命的意義，將難以繼續生存

於此世。而 AKB48 給了他們夢想，即便那只是幻想。在這個看似沒有盡頭的日常生活中，AKB48 確實帶給了他們剎那間的存在，就如同過去宗教給人的寄託與救贖——儘管這個偶像團體的商業運作模式是在體現新自由主義的邏輯。而這邏輯最近有進一步的發揮：將每一位 AKB48 成員化身為股票，由股票的漲跌來呈現各個成員的人氣。

換言之，在新自由主義的政經條件下，既有社會組織沒落而導致人的孤獨寂寞，卻又使個體與自我發揮到極點。在這些情況下，人的自我認同已無法再依賴人與人的互動所產生的鏡中自我而得以建立，反而是在消費主義的趨勢下，人與物（包括空間）的互動成了建構自我的主要方式，雖然由此所建立的人觀往往是破碎的、多重的。就此而言，「**我是誰？**」這個存有問題依然無解。對於 AKB48 的粉絲而言，少女偶像團體提供了與他人進行人際互動的機會，以及繼續生存下去的意願。對他們而言，**心中的少女偶像與耶穌基督並無二致，愛慕偶像就是他們的宗教**（黃應貴 2015: 16–17）。

事實上，這章內容其實是與年輕讀者息息相關。筆者舉兩個例子，大家就會進一步明白。筆者 25 年來一直在臺大人類學系教書，10 年前筆者就發現現在的研究生，不僅碩士論文往往寫了四、五年都還沒有畢業，更嚴重的是其中一堆人有憂鬱症。無法完成的主要原因為不知未來要作什麼？這是筆者過去當學生時不曾有的現象。再者，筆者來清華後，就發現臺大、清華、交大最活躍的學生社團是宗教性社團，特別是紫衣人與妙天有關的社團。

雖然大半的同學可能都不是上述兩類的人，但你是否也在進行一種新形式的自我宗教，來解決「我是誰？」的問題呢！就如交大妙法無邊雷射蓮花宗教主一樣！

　　那麼在當代宗教的未來在何處？我們又如何看待宗教？筆者認為中村文則 2016 年出版的《教團 X》一書，值得我們參考。小說提及的新興宗教，**教主自稱是業餘思想家，這宗教團體沒有正式的名稱，也沒有申請為宗教法人，更未公開招收信徒。他們沒有崇拜的神明，集會目的只是在思考「神是否存在？」**所以調查單位稱之為教團 X。教主用現代科學知識，如動物腦細胞的演變、宇宙的誕生、物質最小單位與不滅定律等，來重新解釋所有世界性宗教經典與人的生死等，簡直就是在回顧我們過去學過的基本科學知識，用來解釋當代的現象。但另一方面，他的部分幹部因無法由這樣的思考過程完全解決其宗教問題，乃分出另創一新教，主要為滿足每個人內心深處性的不滿足問題，而允許成員與任何其他成員有性行為。這兩個教團事實上如作者在最後的後記所說，**是在整體探討世界與人類，以及每個人心理的至深深處。從浩瀚之海的宇宙世界到個人內心深處的兩個極端，正反映當代人煩惱的來源。因過去，我們的思維其實都是由現代民族國家、族群、社會文化等邊界下塑造而成。一旦這些邊界鬆綁後，就立刻要面對浩瀚的宇宙及個人內心深處的兩個極端。前者逼我們要在那麼大的世界中找到自己的位置，以便安身立命。後者讓我們誠實的面對潛意識的自己。兩者都很難解。怎麼辦？因無解，所以需要宗教，只是，這早已不是過去的宗教了。**

　　然而，問題並沒有就這樣解決，我們還是沒有面對有宗教神祕經驗的信仰者之挑戰。回到《日常生活中的當代宗教》的導論（黃應貴 2015）中提出重建關係性存有 (relational being) 來作為面對新時代「我是誰」問題的解決方式，忽略了另一個可能性，就是透過人與超自然或宗教的關係來解決。筆者在這本書會忽略這方面的可能性，主要原因是筆者自己仍在理性主義的經驗論科學觀思維中，直到《主體、心靈、與自我的重構》（黃應貴主編 2020）一書才克服，所以讀者可以將這本書視為《日常生活中的當代宗教》的續集。首先，我們由呂玫鍰 (2020) 的論文〈天命難違？從靈乩到童乩的跨界經驗與自我探索〉來進一步了解（黃應貴 2021l: 235–290）。

　　呂玫鍰論文提到的慧命師姊，不僅有陽明交大醫學所的碩士學位與高薪工作，更有著長期醫學訓練及身心修練所培養的多重又清楚的思維。當她被神選定為乩童時，當然有所遲疑，尤其一般乩童是男性，她一定會面對更多的挑戰。但她接受後說「我們每個人的第八識（阿賴耶識）像倉庫一樣，含藏各種業識種子（現在與過去的經驗、判斷、妄想、分別、執著等），第七識（末那識，也叫做我愛執識）會去擷取這些種子，產生我們當下的身、口、意。所以『無我執、無我、放空』也就是盡量減少自己的第七識意識去擷取自己的種子，那麼就比較能接受王爺的訊息。『辦事』的當中所說的話，就像『不假思索』的感覺，很瞬間的從口中說出，但是我的現況是『辦事的當下是清楚明白的』，所以我推論：辦事的當下，我的一至七意識是存在的，只是減少作用而讓

高靈的訊息進入，透過我的前六識表達。『我執』、『我』，這些都
（是）阿賴耶識的種子起現行。」（呂玫鍰 2020: 268）實際上已
涉及佛教區辨不同層次的意識之問題。即使佛教宗派眾多，大多
數宗派都會同意前五識（**眼耳鼻舌身**）是感官識，第六識以上屬
於意識。感官識要經過意識（也就是第六識）的過程，形成思維
感覺認知乃至自我認同的一切思維活動。佛教教義強調人人都具
有佛性，人人均可以成佛而達到最高境界，但這過程必須經過修
練，就如慧命師姊所強調及實踐的。而河合隼雄 (2013) 有關日本
明惠法師夢的記錄之分析研究，指出「**自我始終保有朝向更高次
元去統合演變的可能性。因此，我們觀察自己的夢，將夢與我們
的自我對照，以了解夢諭示性部分的意義，進而改變自己的生活
方式與態度；這樣做將使我們的存在朝向更高層次的統合成長與
轉變**」（河合隼雄 2013: 31）。而明惠法師一生的禪修過程，讓他
不斷往更高的境界昇華，由華嚴思想所說的**事法界、理法界**，進
入**理事無礙法界**，乃至於**事事無礙法界**，不僅說明人意識的次元，
並說明「**人類的意識具有某種階層式的結構**」(ibid.: 33)，更直接
影響日本人的日常倫理。而明惠不僅記夢，也自我解夢，從中發
現內在心靈的追尋與生存意義，與榮格所說的自性化與自我實現，
儘管基本思維、預設及最後境界非常不同，但在追求更高層次的
整全性自我上有相近之處。這需要強大的理性力量外，更必須超
越理性，勇敢地面對非理性的世界。換言之，在佛教的影響下，
華人民間信仰在當代也已充滿著面對不可知世界與自我的探索，
以達到更高、更深、更廣的理解與超越。

　　筆者能夠進入這種理解是與筆者的生命經驗有關 （黃應貴 2020a: 53–55）。筆者在導論已提到 2018 年 7 月底，在臺大醫院接受心臟二尖瓣整形及冠狀動脈結紮手術過程，因併發嚴重的心律不整而須電擊急救，第二次電擊時，讓筆者進入另一個時空的經歷。對於受過現代性知識洗禮的人，很容易以筆者在做夢來解釋，但對筆者而言，那是再真實不過的經驗，就如日常所處的真實世界一般。

　　經過一個月在醫院的治療，出院回家休養。由於電擊的緣故，雖然電腦斷層判定沒有傷害到腦子，但很多事都不復記憶。回到家後，開始重新學習如何生活（包括走路等肢體動作），並重新回憶起從小到大的成長經歷、省思當時的反應與作為。這時的回憶與省思，等於是重新定位或解釋過去的生命經驗，使自己漸漸有了不同於過去的視野與格局。故對筆者而言，這不只是**重生**，而是如河合隼雄 (2004) 所說的**昇華**。至少，現在的筆者，已經不會像手術前一樣，視宗教的神祕經驗為不能理解也不可處理的課題，而是從已知知識來面對未知領域，將其合併看待，以尋求一個**更高、更廣、更深的視野與格局**來理解。此種逐漸累積的過程，讓自己不斷地達到更高的自性化境地，也不斷地重新認識自己。這篇導論（黃應貴 2020a），便是往這個方向邁進的一個努力。而結論便是「**人與超自然的互動，由於直接挑戰了既有的現代性知識，而不易被認識，也不易深入了解。這條路徑，不再承認現實的意識是人存在的唯一意識世界，更不將世界具體固定化於限定的空間，反而強調人可依其個人生命經驗的領悟或修行，達到更高、**

更廣、更深的視野與格局，使當代狹隘的主體化問題轉換為達到更高整全性自我追求的境界，包含認識世界的方式與面對未知知識的昇華」(ibid.: 57)。因此，對於當代宗教研究的未來，筆者認為並非要證明宗教經驗的真假，而是要**超越現代性知識中理性或科學相對於宗教經驗或非理性對立的基本假設。這種本體論的挑戰，比起其他本體論的轉向更易跳脫現代性知識背後思維的限制，**也可以讓生命達到更高整全性自我的境界，更可讓我們對英格德的生命線理論有不同的理解與解釋。至少，筆者認為現在的我是筆者過去生命經驗中各種力量，包括能動性 (agencing)、社會文化的各種結構性力量的塑造與個人的創新、以及各種自然力量經年累月疊累的影響而成，它不再是英格德理論中像 **in-between** 的點一樣，只強調「不先有人存在的預設」，而是點有大小及線有結點而呈現生命存在的不同形式，雖然它一樣是非固定而開放的。

第十章
歷　史[1]

　　社會科學的課程通常都會談及屬於人文學科的歷史，因為幾乎所有社會科學研究的對象，都是在歷史脈絡或歷史條件下進行的，故沒有一門社會科學的研究或知識可以超脫歷史的脈絡。換言之，所有的社會科學都必須面對歷史這個主題。那麼，什麼是歷史呢？

　　依 Keith Jenkins (1991) 的說法，要了解歷史，就必須與過去 the past 對比來看。歷史無法涵蓋過去所有的事務，但由於歷史學家是事後看過去發生的事，有著當時所沒有的知識、視野或史識，因此常在歷史發現有著「超出過去」的論述。不過無論中外，都有長遠發展的歷史與歷史研究，當然也都有過到底什麼是歷史的爭議。像是歷史是否只是帝王將相的歷史？還是包括平民百姓的歷史？歷史是客觀的還是主觀的等爭議。但把歷史看成現代專業的系統知識本身來探討，即使在西方，也是上個世紀 1960 年代的事。譬如，當時就有 linguistic turn（語言學轉向）的看法提出，

---

1. 本章主要依據黃應貴 (2006a, 2006b, 2006c, 2021j) 的成果而來。

便是涉及所有的歷史傳統文獻資料，都是透過文字來表述，故不可能直接有效再現真實本身，也使歷史不再像過去那樣強調歷史就是客觀地了解過去。這類的問題，到了 1980 年代後現代理論影響下，再現與書寫問題變得更複雜，而使歷史至少出現四種不同的觀點或立場 (Jenkins & Munslow 2004)。

第一種是所謂的重建主義 (reconstructionism)，主要的立場是認為歷史就是要有效再現過去，而過去是真實存在的。我們可以透過經驗論的科學方法來找到歷史之真實，而歷史材料本身，就是客觀存在的歷史遺留。故強調歷史是客觀的解釋，歷史研究是在追求真理。這也是傳統歷史學所堅持的。

第二種是所謂建構主義 (constructionism)，雖與前者同樣承認過去是真實存在的，但不同的是對於歷史遺留下來的文本，可以有不同的解釋。因此，沒有單一或最後的真理與解釋的方法。故喜歡引入社會科學的觀點來解釋史料，甚至認為歷史的解釋往往充滿著國家意識形態。

第三種是所謂的解構主義 (deconstructionism)，在後現代理論影響下，並不認為有所謂的原初的或先天給定的意義 (original or given meaning) 存在。因不論是材料或歷史研究，都是透過語言文字，它並不是過去的真實本身，故客觀是很難達到的。他們要問的問題不是客觀是否可能？而是如何處理歷史事實？對這派歷史學者而言，歷史是無法重現的。

第四種是目的論者 (endisms)，他們通常講的歷史，往往是長期發展的歷史，而這種歷史有一定的目的。譬如，19 世紀的演化

論歷史，主要是談人類的歷史發展過程，背後包含人類文明是不斷的進步之基本假定，而把當代視為人類文明發展的最高點。反之，Oswald Spengler (1991) 的 *The Decline of the West* 是要證明人類的文明就如同生物一樣有其週期。面對兩次世界大戰的悲慘局面，Spengler 認為這證明西方文明正進入沒落的階段。這類的研究，往往只是要證明作者的理念，一般不會被視為是嚴謹的歷史研究。但這類歷史影響力往往很大。以 Spengler 的 *The Decline of the West* 為例，它被視為西方在資本主義興起、啟蒙運動以來的樂觀主義的終結，取而代之的是悲觀主義。就如同西方文學史上，康拉德 (2006) 的《黑暗之心》代表西方對於陌生地的冒險不再是充滿著希望的樂觀主義，而是滿懷著恐懼與害怕的悲觀主義一樣。

但這些對於歷史不同立場的分類，大體都沒有跳出既有「歷史」概念之外，是屬於歷史學界內部的爭辯。真正的挑戰實來自人類學中歷史人類學的發展與突破 。特別是薩林斯 (M. Sahlins 1981) 對於庫克船長 (Captain Cook) 的歷史資料重新研究後所提出的以「**文化界定歷史**」的看法所引起的風暴，也使歷史人類學成為人類學新興分支當中最活躍的領域。

有關 18 世紀晚期，英國航海家庫克船長造訪夏威夷，卻在當地遇害的史料，已有許多歷史學家看過、使用過，但沒有一本書像薩林斯這本 80 餘頁的《歷史的隱喻與神祕的真實》一樣，造成廣泛的影響。該史料的主要內容是（黃應貴 2021j: 378–380）：

1778 年 12 月到 1779 年 1 月，正值夏威夷人的瑪哈希

基節慶 (Mahahiki festival)。在當地人的信仰中，這是屬於生育之神羅諾 (Lono) 的節日，祂的來臨會帶來自然的繁衍或再生。在這段特定的時期中，僧侶的地位會超越國王，國王甚至會刻意迴避，以免與僧侶造成權力上的緊張競逐關係。恰巧在這時，庫克船長來到夏威夷的三文區島 (Sandwich Island)。

庫克船長的登陸，恰如當地神話所預言的羅諾神之降臨。如同象徵著生育與豐饒的羅諾，他帶來了各種物品，因此，當地人很自然地將他視為神。依照傳統，只有貴族和僧侶可以接近羅諾神。但船艦上隨行的歐洲水手和當地女性發生性行為，並且回報以船上的西方物品，這使當地人更鼓勵女性奉獻自己以取得物品。以上過程，不僅破壞了原本由國王或貴族所獨占外來物品的擁有權，更進一步破壞了原有**人群分類**（如貴族與平民、外來者與當地人）**間的階序關係**。

Mahahiki 節慶結束時，正好也是庫克船長預定要離開的時候。原本他可能平安無事地離開，繼續他的航程，就像是羅諾神短暫來到島嶼之後必將離開一般，該島也恢復了平日的秩序。但意外的是，庫克船長的船隻在離開之後，橫遭暴風雨襲擊，船桅嚴重受損，被迫折返三文區島，以避風雨與修復船隻。但在當地人的歲時週期中，羅諾神駕臨的時間已經過去，政治秩序不再掌握在僧侶和神祇手裡，掌管世俗權力的國王要重新控制大局。庫克船長在這個時

刻折返，國王大驚，以為他要篡奪國王的權位。在劍拔弩張的緊張氛圍中，船員與當地人之間的一場偶發性肢體衝突，導致庫克船長被殺，屍體被支解，並被當地人視為具有靈力的神聖物品加以供奉。經由儀式性的駕臨，以及戲劇性地遇害，庫克船長在當地傳說中也晉升為神。

　　另一方面，這個社會原本存在著不同的階級。貴族與平民之間，有靈力 (*mana*)（一種只有貴族擁有的神祕力量）或者禁忌 (*tabu*)（指平民不能直接接觸貴族，否則會因其靈力而發生不幸）之別。但平民透過和白人發生性行為，得到外來物品，不僅打破了國王或貴族的特權，同時改變了不同階級類別 (categories) 之間的禁忌。也使得類似資本主義經濟貿易的交易方式被重新評價，這種類別間關係的改變，也轉變了當地人的社會結構。

　　面對這個事件，薩林斯用四個主要的概念，來分析及呈現整個歷史過程 (ibid.: 380–381)：**結構 (structure)**、**事件 (event)**、**實踐 (practice)**、以及「**非常時期的結構**」**(structure of the conjuncture)**。這裡所說的「結構」，主要是指類別之間的關係。比如，神聖之物／商品、貴族／平民、男人／女人、外來者／當地人等等分類，其間都有特定的階序關係。但這些不同分類之間的特定關係，只有在特定的「時間」才發生作用。因此，「事件」的發生條件，又涉及當地人對於時間的分類。至於「事件」本身，必須由文化分類所界定，而不是如社會科學或歷史學家所認定的：

只要有特定的時、空、人、事的獨一無二的「發生」(happening)，就可以算是歷史事件 。 對薩林斯而言 ， **歷史事件之所以為事件 (event)，是因其在實踐過程中導致原來分類系統的轉變——一方面，它再生產了原來的文化分類；另一方面，也同時轉換了原來的分類或文化秩序——具備這種轉換過程，才算是事件。因此，「事件」是文化所界定的。**同樣地，「**實踐**」(practice) 此概念也是。並非所有「人的活動」都是「實踐」，「**實踐**」必然涉及文化的**價值 (value)**。是以，個人的活動固然涉及個人的利益，而且利益可與外在因素結合而轉變，但薩林斯所討論的個人及其利益卻是受到文化的影響，使得個體被納入結構之中，而非結構之外的平行因素。如此，**透過「非常時期的結構」概念，得以將結構與實踐之間相互界定、運作、同時重新評價的過程，建立在個人具有文化選擇的實際活動上 ， 成為自成一格 (sui generis) 的系統 ， 使得結構的實踐及實踐的結構之間不斷辯證地相互運動，以產生新的轉換、乃至新的文化秩序和新的分類體系。**

上述四個主要理論概念，使得薩林斯不僅在解釋上述歷史事件時 (ibid.: 381)，**得以同時解決結構／行動者、持續／變遷、外在因素／內在因素、客觀主義／主觀主義、物質論／觀念論、全球化／地方化等等二元對立的概念，**更明確地指出他是以文化的視野來看歷史，強調**文化如何制約 (condition) 歷史，**凸顯**文化如何在歷史中繁衍 (reproduce) 自己**。換言之，他確立了「**文化界定歷史**」的立場，奠定歷史人類學的發展基礎。

在薩林斯文化界定歷史的觀點下，史翠珊 (Marilyn Strathern)

(1990) 進一步挑戰歷史概念。史翠珊提出：在西方文化的觀念中，事件包含了四個被假定的基本性質 (ibid.: 383–384)：

1.**獨一無二** (uniqueness)：事件具有獨特的人、時、地、物。

2.**權力** (power)：事件牽涉到權力關係。

3.**脈絡** (context)：任何事件都有其脈絡。

4.**時間** (time)：事件之間有其連續的關係，是建立在線性的時間觀上。

但對美拉尼西亞 (Melanesia) 當地人而言，這四個基本性質，都因當地文化的不同而有不同的意義與選擇，以致於最後構成的「歷史」是一種「意象」(image)，而不是「事件」。以**東埔社布農人為例**，因缺少線形時間，傳統時間觀只能指示事情的先後，而不能精確指涉時刻，使得他們所說的事件往往是**意象式的**。如信仰基督宗教、生活改善、交通改善等，**都沒有明確的時間、人、地、物、脈絡**，更因人的經驗不同而有不同的內涵。事實上，布農人的文化觀念上，所謂的歷史，不僅是意象式的，**更必須是他們自己所做的，並有利於社會群體，才算是他們的歷史**。所以，日本人戰敗離開臺灣，對東埔社布農人而言，並不是他們觀念裡的歷史，因並不是他們自己所做的，更不知這事對他們社會群體是有利還是有害？

　　有了這種從文化來界定歷史的看法，使我們對於過去歷史的了解便會截然不同。以柯文 (Paul Cohen) (1997) 的《歷史三調：

作為事件、經歷和神話的義和團》一書為例（黃應貴 2006b: 44–
46）。作者以義和團為例，說明它至少有三種不同性質與基礎的
「歷史」。首先是歷史學家把義和團當作歷史事件而建構出的「歷
史」。雖然，柯文也強調不同史學家對同一歷史事件的建構並不完
全一樣，甚至說史學家「所遵循的取向，所提出的基本問題，主
要仍是史家的社會文化環境所決定」。但它與後兩者歷史有基本上
的不同。**第二種歷史是指不同參與者的主觀親身經驗，是多義多
聲、甚至相互矛盾的**。當時參與者本身並不知道這事件的最後結
果，其經驗往往是破碎的，更是許多預期不到的作用相互運作的
結果。像當時的義和團成員、西方被迫害者、滿清官員就有著完
全不同、甚至矛盾的經驗與看法。**但傳統史家往往把這些都當作
材料來看，而不是歷史**。第三種則是作為神話性質的歷史，可能
隨其歷史脈絡的不同，而凸顯某些性質，以合理化當時政治的正
確。柯文指出在近代中國義和團形象有一個神話化的發展過程；
在新文化運動時期，義和團的形象是代表反科學理性的迷信、蒙
昧、保守、反文明，到 1920 年代成為反帝國主義的形象，文化大
革命（1966～1976 年）時期則成了「革命造反」形象等，讓我們
看到神話的幽靈一再復活，歷史成了意識形態。柯文認為這三種
「歷史」，作為經驗及神話的「歷史」，在一般人的生活中，比史
學家建構的「歷史」，更有廣泛影響力。換言之，當地人所意識到
的歷史或再現的歷史，直接涉及他們對於當時客觀環境的主觀認
識與反應。

　　事實上，《歷史三調》不僅指出「事件、經歷和神話是人們了

解歷史的意義、探詢最終認識歷史真相的不同途徑」,「它們也是
人們根據不同的原則塑造歷史的不同途徑」。譬如,對於參與義和
團者而言,一方面當時華北發生乾旱和洋人、洋物存在的客觀因
素使得他們深感焦慮;另一方面,傳統中國宗教與民間文化強調
降神附體與戲劇表演間的複雜關係所呈現兩者區別不清的特色,
是人們發洩情緒、尋求慰藉的管道,這種主客觀因素的連結,成
為義和團在 1900 年快速蔓延的重要原因之一。這裡已更深一層指
涉到歷史意識與歷史再現如何被建構的問題,也就是歷史人類學
所討論歷史性 (historicity) 如何由文化建構的問題。這裡所說的歷
史性是指歷史意識與歷史再現。這點,可由臺灣原住民中的阿美
族大港口事件進一步了解。

　　事實上,不僅歷史性的差別凸顯了文化差異,歷史的書寫方
式或文類與論述,也凸顯了文化上的差別,這可由大港口事件中
的「林東涯傳說」凸顯出來(黃應貴 2006b: 48-52)。當清朝於
1874 年在臺灣執行開山撫番政策經營東臺灣時,不可避免地要與
當地原住民接觸,結果清朝官吏在大港口地區與阿美族的烏漏、
阿棉山及納納等社發生衝突,是為大港口事件。不過,有關涉入
此事件的通事林東涯的歷史書寫,在不同時代有不同的歷史文類
與論述出現。比如,此事件最早的歷史紀錄見於《清宮月摺檔臺
灣史料(四)》[2]:

---

2. 本段所用有關林東涯的史料,主要依據李宜憲所收集整理而登載於行政
　院原住民委員會所出版《大港口事件》(2001: 39-63)。

> 大港口之阿棉、烏漏兩社，上年十一月、本年二月，兩次
> 戕害通事、攻擊營壘，實為梗化之尤，不特時時伺殺漢，
> 即小社良番，亦遭於荼毒。

這短短的幾句記錄，表明了當時清朝政府在「撫番」政策或意識
形態主導下，歷史記錄者強調**阿美族殺人並攻擊軍營**等行為。而
由清朝後續的討論，我們可以知道這記錄為後來解釋事件發生的
原因，更為後來用於辯解其「濫殺」或「剿撫教化」之理由。至
少，**他們要凸顯清兵使用武力是被迫、被動的**，這與日治時期既
是殖民官員又是學者的伊能嘉矩，在他的《臺灣蕃政志》將該事
件重新記錄下來所強調的重點非常不同[3]：

> 光緒三年，統領吳光亮欲**開闢**自水尾通至大港口之**道路**，
> 附近阿眉斯族所屬奇密社蕃不肯，殺總通事林東涯，八月，
> 終於反叛。吳光忠及林福喜督兵討伐，而蕃人猖獗，官軍
> 不利潰走。吳光亮更令孫開華、羅魁、林新吉等，舉璞石
> 閣（今玉里）駐營部隊討伐之。至九月，番人不支而降，
> 吳光亮諭以汝等果有誠意歸順，則以明春為期，各負米一
> 擔，獻至我營，以證明無他意。蕃人果約至營，吳光亮合集
> 營內，閉門銃殺之，計一百六十五人中逃走僅五人而已云。

3.同注 2，李宜憲 2001: 42。文中加粗部份為筆者所加。

在強調「理番」的日治時期，日人不僅認為原住民是文化比漢人還落後的野蠻人，日人更有義務「教化」他們，以去除其野性，達到文明化的境地。而開闢道路便成了使當地人接觸文明並使其文明化的途徑。在這意識形態下，日治時期的歷史記錄不僅有了「林東涯」的名字，更凸顯開闢道路為爭執的起因及其「關門屠殺」的敘述。事實上，「關門屠殺」在日治時期被進一步描述（李宜憲 n.d.: 19）：

> （吳光亮）佯稱為和解而開宴會，築高丈餘城圍牆為會場，當歸順的山胞在上午約十時將酒和食物送到會場時，將會場大門關閉，戮殺番人，山胞壯丁百八十餘名中，認為是**頭目**者有十八名，將其頭首懸掛臺上，以山胞送來的酒和肉舉開宴會。（文中加粗部份為筆者所加。）

這描述除了有凸顯清朝「**濫殺**」及殘暴來合法其殖民統治之嫌外，更顯示日人習以頭目之位來塑造原住民社會政治領導人的傾向。這類歷史記錄，相對於戰後當地人對於同一事件人物的記錄有非常大的差別[4]：

> 當時總通事 *tunsu tanai*（東涯）住在 *tsiporan*（今港口村所在地），此人作威作福，到瑞穗去開會，要港口阿美青年抬

4.同注 2，李宜憲 2001: 49。

轎去，到奇美附近，與阿美人不和，青年將他摔死；其隨
從之漢人即到瑞穗去報告。而阿美青年亦回社告急，時頭
目 *maiao apin* 是 *tsilanasan* 氏族的舅舅，即動員年齡組織，
以便應戰，三戰兩勝，*maiao apin* 遂成為港口人心目中的
大英雄，尤其最後一戰，在港口對岸靜浦沙灘上展開，清
兵有槍有馬，港口人雖亦有槍但以配刀為主，*maiao apin*
殺死清兵很多，但由於清兵援軍越來越多，港口人卻越來
越少了，最後 *maiao apin* 越河率領族人向北方逃亡，⋯⋯
過了一年，清兵要阿美人回 *tsiporan* 居住，並要阿美男子
到加走灣運糧，運回靜浦營內，給百餘阿美男子喝酒，阿
美人醉，清兵 *kapin* 關上大門，殺阿美人，逃出一名青年，
過河通知族人又散，⋯⋯

由於這是人類學家阮昌銳在當地依阿美人口傳所記錄下來的，雖
然已用中文而非阿美語的文類來記錄，但也足以呈現當地人主觀
的看法。它不僅包含過去從未提及**林東涯是怎樣作威作福的敘述**，
及當地阿美人是如何被迫反抗清軍，並凸顯了當地人是透過原有
的年齡組織來動員及反抗清軍。這種強調**當地人主觀的看法**所重
建的**歷史論述**，更因 1987 年解嚴以後，本土或地方文化論述逐漸
抬頭，而有了進一步發展。尤其在 1995 年，阿美族後裔**李來旺**為
紀念大港口事件一百週年所重建長達 4 頁的歷史論述中，其內容
除了沿續阮昌銳以被研究者觀點為基調外，**並增加了清兵調戲婦**
女及林東涯強娶 7 名美麗少女為妻的情節，另凸顯年齡組織中負

責作戰的第四級級長 *kafoc* 為殺林東涯的英雄，取代了日治時期
以來所建構的頭目英雄。

上述三個時期的歷史文類與論述，不僅反映出三個時期主流
文化的「撫蕃」、「理蕃」、「本土文化」等與國家政策有關的意識
形態，更顯示不同文化的歷史意識與歷史再現。如清朝官方辯解
「濫殺之嫌」時提出阿美人持械聚眾為叛亂的看法，或日人形塑
頭目為原住民領導人的傾向，乃至當地阿美人強調社會年齡組織
在軍事活動中所居的主導地位，在在反映了歷史意識與歷史再現
背後的文化關懷。換言之，不同的歷史文類與論述往往反映出建
構者的不同歷史意識與歷史再現所構成的不同歷史性。

當然，上述有關歷史文類及論述或歷史意識與歷史再現的問
題，僅是筆者由三個時期對同一事情的歷史記錄，提出一個尚待
進一步釐清、證明的複雜現象的不同理解方向。至少，相對於歷
史學者往往以「層累造成」方式將三個時期的歷史文類與論述，
看成是同一歷史事件，歷史人類學者會因其不同的文類與論述或
歷史意識與歷史再現所涉及的不同文化關懷，而把它看成三個不
同的「歷史」，更凸顯了多元歷史的意義。

相對於「文化界定歷史」對於歷史的挑戰，另一個主要的挑
戰來自有關歷史記憶或集體記憶的發展。這裡所說的記憶，是指
集體或社會記憶，而非指個人的記憶。學界對於社會記憶的討論，
大都從涂爾幹的學生 Maurice Halbwachs 的研究談起，Halbwachs
不僅分辨個人與集體記憶的差別，結合群體與集體記憶的關係，
更試圖證明集體記憶為涂爾幹所說的「社會事實」(social fact)。

以其 *On Collective Memory* (1992 [1950]) 一書為例,他提出幾個重要的論點(黃應貴 2006c: 72–73):

1. 他試圖以(集體)記憶來連結或超越社會與個人、精神與物質、或抽象與具體等的對立。

2. 他反對視記憶為一種個人生理或潛意識行為的理論,而強調記憶或回想 (recollect) 是依觀念架構來重建的有意義的記憶過程,就如同過去的經驗可藉由重建來回想一樣。

3. 記憶有許多種(如家族、宗教、與階級等),分別有其不同的記憶架構。像家族是排他性的,因此其記憶是限制性的。而宗教的集體記憶是追溯起源之時,或將它與社會生活其他層面分隔等等。他試圖藉此分辨出各種不同的記憶。

4. 集體記憶可透過歷史表達認同。進一步而言,相互矛盾的集體記憶的整合正標明更大社會的存在。

5. 集體記憶可由制度(如儀式)或物體(如地景)來實踐或運作。

6. 社會記憶是一社會事實。

由上,我們可發現之後關於社會或集體記憶研究的基本觀點,大都已可見於其理論中。可惜的是,他的研究最初發表時,並未引起學界的注意與迴響而沉寂了許久,一直到 1980 年代歷史人類

學興起 ， 著重於探討文化如何界定歷史的問題時 ， 發現在 Halbwachs 的觀點與理論中原就隱含透過集體記憶來建構歷史的 面向 ， 因此被學界重新重視而開始產生作用 。 特別是 **Paul Connerton (1989)** 出版的理論著作 *How Societies Remember* 一 書 ， 引起社會人文學者的廣泛注意及產生極大的影響 （黃應貴 2006c: 75–76）。 雖然這本書最主要的觀點與論點 ， 在上述 Halbwachs 的著作中都已論及，Connerton 只是將前者試圖證明社 會記憶為一社會事實的問題轉為「**社會記憶如何被傳承與維持**」 **(conveyed and sustained)** 的問題，並將不同的記憶載體加以精巧 化。但這本書背後所隱含的一個論點卻特別吸引人們的關注：人 類社會除了文字記載外，基於社會文化的不同，可依靠語言的口 傳方式、物體（如地景、實物、紀念碑等）的刻鏤、儀式與日常 生活的身體實踐等不同機制，傳承與維持社會記憶。因此，凸顯 出東西方等主流文明社會把文字記載視為社會記憶唯一或主要載 體，**是一種文化偏見**。這個基本的主要論點不僅符合當代人類學 主要研究對象的非西方社會或普羅大眾等的特色，**更可由不同的 社會記憶所建構的多元「歷史」挑戰由現代民族國家所主導的國 族史，而彰顯這類研究能為被壓迫者發聲，**因而引起社會科學學 界的極大迴響。事實上，歷史學家也加入了這新戰局，這在法國 歷史學界最明顯。

譬如，Pierre Nora 的研究便是一個典型的例子 (ibid.: 83–85)。 作為一個歷史學家，Nora 在集體記憶的研究上，最大的貢獻是**區 辨了歷史與記憶的不同而又結合了歷史與記憶**。他 (1996) 基本上

的靈感是來自民族誌，強調由記憶而來的歷史，與過去國族史不同，主要在於它要發現的是**象徵的真實**，而非**歷史的真實**。這種涉及認識論的新歷史，不只是以**象徵性的概念或真實來解釋**，更加強調結果而非原因；強調紀念時的互動而不是被記憶的行動；強調事件如何被建構，而不是事件本身；強調的是事件被一再使用或誤用，而不是發生了什麼事。因此，它所記憶的歷史所感興趣的不是記憶本身，而是記憶在當代的過去。當然，這種歷史的出現，自然有其歷史的條件。正如 Nora (2001) 自己在 David P. Jordan 為英文版重編 *Rethinking France* 寫的導論中，**說明他之所以會發展出透過記憶來研究當代法國歷史，是歷史環境造成的。**法國在 1789 年大革命之後，其歷史固然強調與過去的斷裂而發展了現代國族史，**而在 19 世紀後半，國族史與集體記憶結合，特別是透過檔案、博物館、學校、紀念儀式等，形塑出單一的國族認同，但也造成了兩次世界大戰。**一直到 1960 年代末期，戴高樂的去世代表法國時代的改變，包括阿爾及利亞戰爭結束隨之而來的去殖民 (decolonization) 及經濟成長等，**使得各少數民族試圖發聲。**因此，作為猶太人的 Nora，嘗試發展出新的探討方式，使歷史與記憶結合，重新看待法國史。對於這個新時代，他 (1998) 進一步說明**法國在 1960 年代末期的變化，最主要的便是社會記憶取代了歷史，同時發生於國家與社會的世俗化、民主化、權力分散化等趨勢**，實意味著其與過去的關係不僅改變，更凸顯國家已不再是一個整體，而包含了私人團體、政黨、工會、族群等多元構成。這也代表原來統一的國家意識已為不同社會意識所取代。因

此，區域化 (regionalization) 本身已經變成了唯一的真實。是以，記憶隱含了不同利益群體的認同。

不過，對既有歷史學的另一個重要的挑戰，卻是來自當代人從既有的社會組織及社會規範解放出來，而使人的個體與自我發揮到極點的新條件下，**如何承認每一個人的價值與地位來建構歷史，成了當前主要挑戰的問題**。所以，小森陽一、高橋哲哉合編的《超越民族與歷史》(2017) 一書，企圖超越國族史的限制，便引起日本學界及人文學界在這世紀初以來的一連串爭辯，甚至展現在日劇劇本的編撰與論述上。譬如，司馬遼太郎的著名小說《坂上之雲》被拍成日劇，用來鼓吹日本泡沫經濟以來失落的 20 年，只有透過恢復日本的開國精神才有可能改善。但更多的人卻要求歷史要能承認每一個個體的貢獻與價值。譬如，有名的日劇（時代劇）「篤姬」就在展現明治維新前的日本，其發展是透過許多人的努力所建構出來的。這其間有許多衝突矛盾（包括維新建國與保護幕府將軍制之間的矛盾衝突），但都是個人經過選擇與實踐的結果，沒有對錯的問題，只有個人選擇的問題。這樣的新觀點，也見於東埔社布農人，雖然在國家化的過程，使他們逐漸放棄原有意象式的歷史觀而接受了國族史史觀，但在新時代的條件下，他們也愈來愈強調歷史是所有人努力的結果，**「就如同濁水溪上游的陳有蘭溪及其支流沙里仙溪乃至更細的山溝，共構成濁水溪主流的大河趨勢。但愈是上游，小溪、伏流、山溝之間的交錯縱橫，往往模糊了其間的上下、先後關係，使得歷史之流的因果關係更是模糊不清。如此，小歷史不僅構成了大歷史的一小部分，也反**

映了大歷史的整體趨勢，更讓這新世紀的新史觀得以逐漸浮現」（黃應貴 2012c: 258）。但不管哪一種歷史，只要是牽涉到歷史的文化建構與塑造，就會與他們既有的時間觀、人觀、空間與物的分類系統或觀念有關，這將是第十一章起要討論的主題，也讓我們這本書進入了另一個再建構的階段，雖然我們前面的討論，其實都已經將解構及再建構的問題帶入。

但另有一個問題前面也已經一再提過，在這章則必須嚴肅地來看待它，這就是史識的問題。雖然，歷史學家幾乎不談史識，可是在這個新時代，要跳出現代性知識的限制，就必須超越資本主義興起以來的歷史視野。所以，被認為是 21 世紀的學者，幾乎都有同樣的視野。譬如，傅柯 (Foucault 1979, 2008) 所提出的看不見又無所不在的權力及新自由主義化國家是以生命政治學來治理的理論、或伊里亞思 (Elias 2000) 提出文明化就是人類創造制度來控制其內在心理驅力的過程、乃至於布勞岱爾強調市場是外在於資本主義的獨立制度 (Wallerstein 1991) 等，都深深影響研究當代新自由主義化的學者。但他們都不是活在新自由主義化的當下，反而被視為是 21 世紀的學者，其理論所具有時代的超越性，主要原因是他們都有長期歷史的史識，使得他們的視野不受限於西方資本主義興起以來的現代性知識之限制而有所創新。傅柯及伊里亞思都是從中世紀研究到 19 世紀，布勞岱爾雖是研究西方資本主義時代，但正如法國年鑑學派習慣從中古封建時代開始來了解西方近現代發展的傳統，使他有著長遠歷史發展的視野。而筆者之所以可以寫出透視時代的《「文明」之路》三卷，是由考古學、語

言學、民族學等的研究成果指出，**臺灣是一個涵納各種不同文明、考古文化、語言體系與經濟力量的多重交會點**。它既是漢藏語系與南島語系、東亞文明與南島文化體系的交會處，在 16 世紀西歐商業資本主義開展之初，也是由西（東南亞）向東（東亞）擴張過程的必經之地。考古學研究更指出，早在史前時代，臺灣已是大陸文化與海洋文化交會之處。這些造就了臺灣作為大陸文化、東亞文明、西方資本主義文化與南島文化的重要交會處，不僅有別於其他地區南島民族的歷史條件，**更注定它將經歷多族群、多文化、乃至於多元政經力量競爭與連結的歷史過程**（黃應貴 2006a）。換句話說，從臺灣島上居民活動所涉及的人、時間、空間、物等的歷史條件來看，臺灣的歷史發展，無法自外於中國史、東亞史、東南亞史、南島文化史、西歐資本主義擴張史、乃至於世界史。那麼什麼是史識，舉例來說，法國年鑑史學第三代代表人物 Emmanuel Le Roy Ladurie (1979) 的 *Montaillou* 一書。其以中世紀位居法西邊界的 Catharism 為主要的研究對象。從當時基督宗教的傳統來看，這是個異教徒的世界。若以這本書依據宗教法庭對異教徒的審判資料所建構當地人社會生活之描述來看，其實只是本深度不夠的民族誌。但這本書最吸引人的地方是，作者指出這些人所代表的文化是承繼了前基督教 (pre-Christian)、非基督教 (non-Christian)、乃至於反基督教 (anti-Christian) 的民俗文化，其展現異端信仰侵蝕了天主教的壟斷，更為日後啟蒙時期提供了重要的文化泉源，特別是當地人心智上對救贖的追求反映其工作態度。這論斷完全凸顯出作者的史識而讓筆者心儀不已。

第十一章
時間、記憶與歷史

　　第十章我們討論到什麼是歷史時，已指出除了全人類大歷史的**趨勢**外，歷史人類學所提出的「**文化界定歷史**」及集體記憶所建構的歷史、乃至於承認每一個人在歷史過程的貢獻，都對既有的歷史觀念提出挑戰而出現了所謂的**多元歷史**，使歷史得以超越**國族史的限制**，更能有效再現或貼近真實的歷史。但新的歷史觀與過去既有歷史觀最大的不同，往往在於**時間觀**的不同而造成歷史是由歷史事件或歷史意象來再現。因此只有線形時間的條件下，我們才能有**獨一無二**的歷史事件的概念。因所謂的**歷史事件**是建立在獨特的人、時、地、物上。所以，也只有在線形時間下，我們才能有精確的時間觀念而凸顯獨特的時間。但若是像布農族那樣的南島民族，傳統上並沒有線形時間，故不可能有精確的時間觀念，而只有事情的先後，就不可能有獨一無二的歷史事件的觀念，而只有時間模糊的歷史意象觀念。這裡，我們已可以看到**時間**在了解歷史的重要性。

　　然而，就時間的性質而言，從物理學的角度來說，它本身就是個非常複雜的問題，早已超過我們能理解的範圍。若依美國麻

省理工學院物理學家萊特曼 (Alan Lightman) 為了一般人了解物理學上的時間觀念，以小說的形式寫了《愛因斯坦的夢》(2005)一書，裡面描述愛因斯坦做了三十個夢，每一個夢代表一種時間觀念。故時間在物理學上至少有三十種性質以上。其中，有一種是大家最熟悉的叫「**時間如流水**」，就是一般所說的**線形時間**。第二種是在原始社會經常發現的就是**循環式時間**，如春夏秋冬的循環運作。第三種是**曲向自己的一個圓**。這和個人主觀的生命經驗有關。譬如，杜斯妥也夫斯基在西伯利亞等待被槍斃的時間，對他來說有如一生那麼長。同樣，一個人在趕時間時，就覺得時間過得特別快。但一個人無聊時，就覺得時間怎麼過得那麼慢？第四種是**離地心愈遠，時間流動得愈慢**。這筆者就不太能懂了。至於第五種**時間是立體的，因我們是存在於無限個世界當中**，這好像只有科幻片或小說中才會去談的事。無論如何，筆者在這裡即使只提到其中的五種，就已經提供了一個基本認識，也就是**時間本身的性質是複雜多義的**。因此，不同的文化有很大的機會或空間選擇某些特性來加以發揮。故在社會文化的現象上，我們就必須進一步了解時間的文化意義（黃應貴 1999）。

首先，對絕大部分的社會文化而言，**時間代表著一種社會生活的秩序**。舉兩個例子。當筆者在東埔社從事田野調查時，就發現他們在接受基督長老教信仰之後，就不得不使用陽曆，因星期日是他們信徒的安息日禮拜，是所有信徒休息不工作的日子。因此要找人，通常星期日是最好的時間。後來筆者到彰化花壇從事「農業機械化」的研究時，第一次到花壇田野，便特別選擇了星

期日去拜訪。結果才發現大部分的人都在田裡工作。他們的作息所依據的是農曆，而不是陽曆，更沒有星期日的假日。不同的曆法本身就代表著不同的生活方式與生活秩序。

其次，**時間在許多社會裡被視為是稀有資源而涉及權力的，而它被控制的情形往往涉及這社會的性質**。譬如，像臺灣原住民中的排灣族，傳統的歲時祭儀舉行的時間完全被負責儀式的巫師所掌握控制。但排灣族的巫師，原則上都來自貴族家族，舉行儀式時間上的選擇往往顧及貴族的利益。所以時間這稀有資源其實是由少數的貴族所掌握，因而凸顯**排灣族的階級社會**。但在布農族則完全不同。傳統布農族的歲時祭儀舉行時間，雖也是由公巫所決定，但公巫地位的來源，並非來自天生命定的先天地位，而是來自個人後天努力的結果。而且，**時間的選擇必須有利於社會全體**，否則這公巫就會被其他更能照顧所有人的人所取代。故時間這稀有資源的控制與掌握，在布農族原則上是開放給人家，不為少數人所壟斷，屬於平權社會。

第三，**時間的分類與命名，往往涉及該社會文化如何賦予該文化主觀的意義在內**。以東埔社布農人為例（黃應貴 2012a），除了沒有線形時間外，曆法是依月亮而來，並與當地布農人的農耕季節密切結合。故每個月的名稱便是指示該月應該做的事。如一月叫 *Boan Igbinnagan*，是播種的時間，三月叫 *Boan Inholawan*，是除草的時間，六月叫 *Boan Soda-an*，是收穫的時間，八月叫 *Boan Andaga-an*，是將曬乾的糧食搬進倉庫的時間，十一月叫 *Boan Gohoman*，是開墾土地的時間。筆者認為布農人的曆法所表

現的是一種**實踐時間**，是當地文化所賦予的主觀文化意義，隨文化的不同而不同。也因此，同樣是布農人，因實際耕作的需要，曆法上的次序往往因地制宜而有所調整。在中央山脈東邊的布農人，因日照較早，生長期較中央山脈西邊受日照較少的布農人，通常會提前一個月。故才會有日治末期，位於玉里上方的大分，與東埔布農人說好一起起義，以抗議日人強徵布農人去太平洋打仗。結果，等到東埔社布農人要起義時，大分的布農人早在一個月前就起義——但也很早就被日軍平定的大分事件。相對地，談文化時筆者提過峇厘島的例子，他們有十種曆法同時在用，其文化主觀的意義上是在**去時間化，以消彌時間的存在與重要性**，就如同當地人有好幾個名字的目的是**去個人化**，使別人無法確認你是誰一樣。是以，時間的文化意義是很主觀的。

第四，**當社會內部分化到某一個程度後，或是在社會文化的轉變時期，我們可以看到一個社會內部往往會有幾個不同的時間觀念或系統存在**。譬如，上述提到 1976 年筆者在彰化花壇從事「農業機械化」研究時，正是臺灣社會由農業社會進到工業社會的時代，陽曆與農民曆的並存與使用，反映出兩種不同生活方式與社會秩序的存在，也代表著農民與工人生活的分化。**當然，到今天，農民曆已漸失去了生活秩序的意義，反而成了文化傳統的象徵**，特別是幾個重要的節日，如過年、中秋節、端午節、中元節等均是。同樣，東埔社布農人在 1970 年代以後開始種植資本主義化的經濟作物，以取代過去的生計農業，傳統布農人與農業（特別是小米）種植有關的傳統曆法，已經沒有太大用處，而為陽曆

所取代。但傳統的主要歲時祭儀還是保存下來，成了文化傳統的象徵。不過，東埔布農人的例子中，傳統歲時祭儀的舉行時間，已經不再依賴傳統的曆法，而是將原有的時間轉換成陽曆的時間來舉行。**換言之，即使新曆法所代表的不同時間觀念，還是可以透過文化的主觀力量，賦予它新的意義。新曆法所代表的生活秩序還是可以透過文化的力量給予新意義。**

第五，**個人對於時間的主觀經驗，隨新時代的到來而日趨重要。**尤其在新自由主義下的新興產業，特別是 IT 產業，原就是以創新及時間或速度來決勝負，創新者很可能連續工作幾十個小時，創造出新的設計，而改變了人類的生活方式，就如蘋果的 iPhone 一樣。**因此，在這樣的新時代，原本時間所代表的生活秩序完全被打破，沒有時間或生活秩序變成了一種新秩序。**日劇「多企社長與小資女」便是以 IT 產業的運作為背景，每當男主角不分日夜在創造新的產品時，往往也是他在打破日常生活規律的時候。對 IT 產業而言，日常生活的規律就是一種等待打破的舊秩序。

無論如何，上述有關時間觀念所代表的社會文化意義，因時間觀念的引入，讓我們對於過去耳熟能詳的歷史現象，可以產生非常不同的理解與解釋。現舉兩個例子進一步說明。首先，以工業資本主義為例，過去我們從制度的層面所得到的理解，不外乎強調工業資本主義就是以機器來從事生產外，也強調分工分層、一貫作業的理性科層組織發揮到極點的生產方式，**更是啟蒙運動以來所強調的理性主義發揮到極點的結果**。然而，對於 E. P. Thompson (1974) 來說，所謂工業資本主義的最大特色，或英國工

業革命的成功，必須立基於**新的時間觀念及工作紀律的建立**。這是因為工廠以機器生產需依賴勞力的**同時工作 (synchronization of labour) 才能產生效力**。而這新的時間觀念是與前工業資本主義社會，依工作情境結合自然節奏而來的時間觀念有本質上的不同。是以，**在英國這樣的工業資本主義社會，除了有以機器生產的工廠制度外，更需要提供教誨工作紀律與時間觀念而由國家所支持的學校教育配合不可**。此外，像「**時間是金錢**」等有關的價值之**內化**，更是重要的發展條件與過程。否則，像剝削、無目的或休閒時間的增加，以及反工業化的相伴發展，均阻礙工業化的進行。**在英國或西歐，有關時間與紀律之價值內化的社會條件則受到清教徒的倫理所影響**。其他地區則以美以美教義、史達林主義、國族主義等不同形式的意識形態來達到其內化的目的。換言之，因生產方式的改變而導致新社群的產生。但這樣複雜而精巧的新社群，除了要有能配合機器生產而**灌輸工作紀律與新時間觀念的社會教育制度**，如工廠及義務教育的學校等之外，更要有內化「**時間是金錢**」等**價值之清教徒倫理不可**。不同的意識形態（如美以美教義、史達林主義、國族主義等）則提供不同的社群在新教倫理之外的必要形式來實踐。因此，雖同樣是工業資本主義生產方式，卻可因不同的宗教倫理或意識形態而有不同社群的實踐方式，這也是為何傅柯 (Foucault 1979) 稱工業資本主義時期為**規訓的時代**。

另一個例子是有關**核心家庭是工業資本主義的先決條件或產物之爭議**。在過去，我們討論工業資本主義發展的結果與影響，往往強調它帶來了個人主義化及現代核心家庭的出現，其論證是

依賴現象的因果關係來解釋。然而，我們回到現代核心家庭本身時，會發現如依**落合惠美子**在《21 世紀的日本家庭，何去何從》(2010: 82) 中，綜合過去日本與西方學者研究所得到的定義，共有八點主要特徵：

　　1. 家庭從公共領域裡分離出來；

　　2. 家庭成員間有強烈的感情紐帶；

　　3. 孩子中心主義；

　　4. 家庭內領域裡的男主外、女主內的性別分工；

　　5. 強化了家庭作為一個群體的性格；

　　6. 社交的衰退和個人隱私的成立；

　　7. 對非親屬的排除；

　　8. 核心家庭。

然而，這種家庭形態，在西方也是於 18 世紀下半葉才普遍成為一般平民百姓的家庭特色。這不僅是工業資本主義出現後，因使用機械導致生產力增加，使得一名男性工人的工作收入足以養家活口，所以不必像過去那樣必須夫妻兩人都同時工作才足以維生，從而使生產所得涵括了家庭繁衍的功能與意義在內。換言之，從人類歷史來看，只有在工業資本主義的歷史條件下，夫妻之一得從生產工作中解放出來，雖然在這同時，妻子在家從事補給工人及照顧工人小孩的無償工作，實也是資本家的另類剝削。因依馬克思的理論，工人的工資，也就是使用價值，本應包含工人及其

家人的繁衍所需。

　　無論如何，也只有在妻子從工作中解放出來後，她才有時間去準時準備三**餐**，以便作為工人的丈夫得以準時配合工廠的工時設計，攝取足夠食物而提供必要的工作能量。這樣的生活方式，明顯有別於以往平民百姓之家習慣事先將食物準備好讓家人有空時隨時食用，從而沒有三餐概念的生活方式。因此有關**烹飪的書**才開始成為西歐社會最暢銷的書。同樣，婦女待在家中的時間更為延長後，小孩才開始得到較好的照顧與教育，而不是跟大人一同外出工作討生活，**小孩成為家的中心**。事實上，在此之前的西歐社會不僅沒有**母愛**的概念（落合惠美子 2010: 51），小孩子有時更被當作私人財產或小大人。是以，西方強調獨立自主的個人才有條件普遍出現 (Mauss 1979)。**正是在這樣的歷史條件下，家不僅與工作的工廠彼此區隔而有了公私之分，家本身的空間也進一步形成了接待外來者與外人未經許可不得進入的私密空間之分辨與區隔**（落合惠美子 2010: 35）。

　　換言之，落合惠美子透過日常生活中具有時間秩序的三餐變化之角度，來凸顯**現代核心家庭如何成為工業資本主義的產物**。由此，她進而指出 **20 世紀是家庭的時代，也使婚姻首次成了人類一種值得信賴的制度，家庭成員可以在其中度過自己的一生**。這種建立在西方工業資本主義條件下、以核心家庭為中心或基礎的「**現代家庭**」，有意無意間被視為一個普世的觀念，卻不知那只是「**歷史長河中的某一個過程而已**」（鄭楊 2010: 231）。有了這樣的視野，我們才有辦法超越過去再來面對臺灣 21 世紀的家，以及當

代多元成家的爭議。這兩個帶進時間觀念的例子都使我們對於工業資本主義社會的了解，跳出過去制度性理解的限制而回到日常生活當中。

　　事實上，時間的帶入不僅可以讓我們對於既有的歷史現象有不同的了解與解釋，它也可以讓我們對於集體記憶或社會記憶的性質或類別得有進一步的理解。由 Maurice Bloch (1998) 在他的研究，Internal and External Memory: Different Ways of Being in History 一文中，結合 J. Coleman (1992) 在他有名的研究，*Ancient and Medieval Memories: Studies in the Reconstruction of the Past* 一書中，有關柏拉圖及亞里斯多德以來的記憶研究所得的綜合研究結果，他指出從西歐累積的知識傳統來看，記憶可有兩種不同的性質。在柏拉圖看來，所有的知識都是與生俱來的，所謂記憶只是喚起 (recall) 原來已經存在的，所有的知識基本上都是本來就已存在的真理。也因為知識是與生俱來的，也就沒有新的創造。這也跟他對於時間的看法有關。對他而言，過去最早的起源時期才是最美好的時光，之後每況愈下。與此相對，亞里斯多德則較近於中世紀以來西歐人的看法。他認為人經由學習過程成長，而有不斷的創造。他對記憶的看法是記憶不只是再收集 (recollect)而已，也是不斷的再創新。這也涉及時間是不斷地往前走、未來才是希望的所在之看法有關。Bloch 稱前者為外在性 (external memory)，是透過外物而勾起的，後者為內在性 (internal memory)，是存在於人內心中。而不同性質的記憶正可凸顯不同的文化特性。譬如，葉門阿拉伯人或其他許多伊斯蘭文化，便是

外在性記憶的代表，因所有的知識都蘊含在《古蘭經》中。而資本主義興起及啟蒙運動以來的西歐，理性主義使人類的文化不斷創造及進步。這樣強調不同的時間造成不同的記憶，因而建構出不同的歷史之論點，可讓我們對於地方史有進一步的理解。這可見於 F. Zonabend (1984) 有關法國一個村落的研究中 （黃應貴 2012j: 386–387）。

這個村落，至少存在著三種歷史。第一種是屬於國家、歷史學家記載的大歷史，討論的是如 1914 或 1940 世界大戰等重要的歷史事件。這類大歷史的影響力遍及該區，甚至全國，包括政治、經濟、選舉活動等。但它主要是發生在村落外，依賴同質而持續性的線形時間、以及文字的記載來記憶。也因此，大歷史的許多事件，並不實際進入當地人的記憶之中。第二種，是地方史或社區史，主要是依賴循環而重複的社區時間而發生在村落內的集體活動上，也就是全村性的相互交換、晚間的聚會、葬禮儀式等實踐過程為機制，透過所謂持久性記憶 (enduring memory) 所建構與再現的歷史。第三種則是家庭史或個人史，是依家庭時間或生活的時間，以個人生命循環的關鍵時刻所構成的，往往透過出生、結婚、死亡、系譜等所謂「蝟集的記憶」(teeming memory) 或集合個人記憶之機制，所建構或再現家屋內的活動。這個案更具體證明時間、記憶與歷史之間的緊密關係，使我們透過這樣的機制，可以進一步了解許多地方上的人對於大歷史的不同看法。這可見於中國大陸兩個有名的研究（黃應貴 2006c: 90–96）。

景軍 (Jing 1996) 的 *The Temple of Memories: History, Power,*

and Morality in a Chinese Village 及 Eric Mueggler (2001) 的 *The Age of Wild Ghosts: Memory, Violence, and Place in Southwest China* (2001)，兩者皆以集體或社會記憶為切入點，再現當地人對於解放以後到 1990 年代初期這段歷史的記憶所展現的多元歷史。前者的研究對象，是漢人（孔子的後代），後者是中國西南少數民族中的彝族。文化上的差異，正可凸顯其歷史性的差別及其背後的文化基礎不同。在此先從景軍的研究談起。

　　景軍一書主要以移居至甘肅省大莊村的孔子後代為研究對象所做田野工作報告。我們由這本民族誌，可以了解漢人以什麼社會記憶機制或載體，再現了哪些自中共建國以來至 1990 年代初期的歷史經驗。至少，我們在這個案中，發現大莊孔家的後人，在文革之後，是以**重建孔廟、重新寫下祭孔儀式所用的儀式手冊、吟頌用的詩歌、重建族譜、重新執行祭孔儀式等為主，記錄 40 年來的歷史經驗。包括土改時的階級劃分、大躍進時的饑荒、建水壩時的遷村、以及文革時拆除孔廟等，都在重建孔廟及相關儀式及族譜活動中被記憶與傳承下來。這些事件中，尤其是為興建水壩被迫遷村，導致他們無法好好撿收祖先遺骸並予之重葬，甚至被迫住到原墳場上而使陰陽不分，造成當地人難以忘懷的遺憾，成為當地人歷史記憶中，比起大躍進造成嚴重饑荒而餓死許多人，更為深刻的痛苦。**重建孔廟的籌備委員會，除一人為現今的領導外，其餘均是早年被整肅過的地方領袖，就如同被拆除後又重建的孔廟本身，重建孔廟也等同於他們地位的重建，並再現他們的受苦經歷。同樣，重修族譜更是重現孔子作為中國歷史上之偉人

的歷史意識，並再現歷史本身的延續性。事實上，他們對於族譜的重視與謹慎，幾乎視為神聖不可侵犯，使得景軍當時一直無法借來閱讀，最後還必須透過公安機關所藏的版本來了解。孔廟儀式的執行，更將其原有宗族**排他性**的祭祖之主導性儀式結構，與**含括性**的公眾節慶之變異性儀式結構混和，以避免過去祭祖被公審為迷信的窘境，**這不僅是過去歷史意識的再現，更是文化的創新。由此，我們發現漢人是以何種機制或載體記憶並再現與官方版本不同的歷史意識，並凸顯出其文化的關懷或價值**。難怪作者最後結論會說：「歷史意識本質上是來自記憶的社會建構」。

相對於景軍的研究，Mueggler 呈現的是雲南北部被官方歸為**彝族的少數民族直苴人**，他們對於 1949 年後到 1990 年代初期所記憶的歷史。當地人稱這段時期為「**野鬼年代**」，因為不少人餓死於大躍進所造成的饑荒（也是當地人觀念中的「惡」死），又沒有經過妥善的安葬而成為野鬼。更不幸的是，**在 1965 年社會主義教育運動反四舊時** ，把直苴人的集體祖先 *Agamisimo* 的聖物箱打破，並讓有月經的女子坐在聖物箱上，經血汙染了聖物箱，導致 *Agamisimo* 也成了野鬼。此後，歷經文化大革命，到 1978 年毛澤東死後葬禮才可以恢復舉行。直到 1990 年代初期，**當地直苴人最豐富的記憶是關於這些冤死的餓鬼及已成為野鬼的集體祖先如何復仇**，當初大躍進時的幹部及汙染 *Agamisimo* 的人，不是自殺就是發瘋、或者凍死在雪地裡，以致於 **1990 年代開放改革之後，仍然沒有人敢去使用原先屬於 *Agamisimo* 信託地的水田**。這段當地直苴人以集體記憶而存留的歷史，主要透過他們的驅魔治病儀式

來忘懷，以解除過去的痛苦與不幸。驅魔治病儀式及其他儀式中的語言，作為直苴人集體記憶的載體，是透過**消化性記憶 (digested memory)** 作為機制而產生作用，不同於漢人用文字記載來代替記憶的文字性記憶 **(scriptic memory)**。這兩種記憶的差別，可見於他們的神話中：

> 很早以前，有兩個人，一個是漢人，一個是**儸倮人**（直苴人的另一個稱呼），一起去跟一位知道如何與鬼及精靈講話的老人學習。兩人經過九天九夜，終於找到這老人而學習到所有的讚美詞，並記錄了下來。漢人用毛筆及紙寫了下來，而儸倮人因窮沒有紙，只能寫在蕎麥餅上。但儸倮人在回家路上因肚子餓而把蕎麥餅吃掉。也因此，漢人儀式執行者必須有所本來讀，而儸倮人把讚美詩放在胃裡而隨時都可以說。

這種消化性記憶，不僅涉及他們所有儀式相關的讚美詩之形式化結構，更隱含使用該述說的風格之作用：如面對外來強而有力的官員或罪犯時，所用的語言是懇求性質的供奉與慰撫。對方相對之下貪得無厭又無禮的言辭，使當地直苴人更容易記憶下來。然而，這種讚美詩性質的記憶載體，還包含了一種日常生活的身體實踐在內。各種記憶載體的整體，更是建立在他們的人觀、時間觀、空間觀、因果等文化分類系統上。這可由為何他們已消失的 *tsici* 制度是「**他們民族的心、最重要的習慣**」進一步了解。

　　所謂的 *tsici* 制度，是一種每年由直苴地區核心山谷的村落輪流選出一對年長而有子孫且富有的人，來負責整個直苴地區儀式活動，包括招待外來者、收拾沒人處理的屍體等，這些活動的費用一部分由集體祖先 *Agamisimo* 的信託地收入支出，不足部分由當年被選上 *tsici* 的人負擔。事實上，*Agamisimo* 也是他們最主要祭祀的對象，祂與當地人並不一定有血緣關係，是基於地緣而來的神，也就是凡住在直苴地區的人，都是祂的後代而受其護祐。實際上，他們也把整個直苴地區看成是 *Agamisimo*，住在祂頭的地方的人，後代讀大學的人最多；住在胃的地方的人，後代不會挨餓；住在腳的地方的人，從事遊走四方的商人等。也因為 *Agamisimo* 信仰具有空間化、地景化性質，使其得以超越直苴／漢、本地／外來的分別。另一方面，在他們的空間分類中，把核心山谷、家屋中的主臥室、主臥室中女主人臥床旁的倉庫等，均隱喻為婦女的子宮，為生產力及生殖力的所在。這些象徵意義都在日常生活的身體活動中實踐。我們也唯有深入到這一層的文化理解後，才可以進一步了解：在直苴人野鬼年代的歷史記憶中，相對於漢人，為何特別著重 1990 年代初期的節育？

　　中國在 1990 年代初期所推動的一胎化節育運動，相較於漢人，少數民族受到的待遇要寬鬆許多，當時是 40 歲以下已生育超過兩個小孩者才要結紮。但這項政策在直苴地區卻造成當地人極大的痛苦與暴力，導致許多婦女發生惡夢連連、昏睡、情緒低落、頭痛等症狀，人們求助於儀式專家進行治療。但在 *mQho* 治療儀式中，我們才發現婦女這類病狀的原因。他們認為疾病源於家畜

的靈魂 *mQ* 跑進婦女子宮，使她們無法從事生產及養育小孩的工
作。這類信仰不只涉及他們日常生活中人畜非常親密而不可分的
生活方式（當地婦女年輕時往往就住在豢養家畜的穀倉），更涉及
他們平常活動，以及對外在世界的認識，是由家的生活空間之想
像推衍出去。因此，治療儀式不僅將家甚至主臥室想像成子宮，
把霸占子宮的動物靈魂 *mQ* 驅逐出去，更把國家派來執行結紮手
術的醫生視同 *mQ* 一般稱呼。因此，節育運動在直苴當地不斷遭
遇強烈的暴力抵抗。最後，在負責執行的幹部自殺後，整個運動
宣告失敗。節育運動不僅替他們野鬼年代的歷史記憶劃下了句點，
更深刻地烙上了他們的歷史意識與文化認同上。

　　由上，我們可以發現漢人與直苴人文化上的差別。至少，同
樣是 1949 年後到 1990 年代的歷史記憶，大莊孔家後代特別在意
祖先屍骨的處理，甚至優於性命攸關的饑荒餓殍。而直苴人強調
惡（餓）死，及集體祖先 *Agamisimo* 因聖物箱被打破與汙染成為
野鬼帶來的復仇、以及對節育運動的激烈反抗，這正反映兩者不
同的歷史意識，因而選擇了不同的歷史記憶而忘掉了其他。再者，
大莊孔家後代透過近於神聖文本的銘刻文字，以及重建族譜、儀
式手冊等方式重建歷史，相對於直苴人隨時以具有聲韻的各種讚
美詩，以誦念來再現記憶的歷史，正說明兩者主要的社會記憶之
機制或載體上的不同。即使雙方都相當依賴儀式實踐為記憶機制
的一種，卻也有明顯的差異。就如同孔廟與家屋均為載體的一種，
而為空間的一種具體表現，但背後的空間分類與觀念卻明顯不同，
直苴人強調日常生活中身體的實踐，更凸顯了其空間分類與觀念

的主宰性。在此實已涉及深層的文化分類與觀念，如何選擇不同的社會記憶機制或載體來記憶與再現他們個別重視的歷史，反映其歷史意識。

上述兩個個案研究，正說明我們可以透過文字以外的各種記憶載體，選擇最有效的方式來再現當地人的歷史意識。這使歷史研究有了新突破的可能性，而陶西格 (Michael Taussig) (1987) 有關哥倫比亞、秘魯、厄瓜多爾邊境一帶的印第安人的研究，*Shamanism, Colonialism, and the Wild Man: A Study in Terror and Healing* 一書，便是典型而成功的例子。他是透過當地人延續了幾百年的巫術治療儀式 *yage* 的探討，了解當地人如何透過該 *yage* 治療儀式的機制，有效再現了他們對於西方在當地殖民過程的歷史意識（黃應貴 2021j: 388–392）。

正如該治療儀式，是由病人及巫師喝下巫師用熱帶雨林作物製成的飲料，陷入一種狂亂的迷幻情境之中，以滌清疾病或苦厄。這過程，巫師與病人的關係，就如同殖民時期西方人與當地印第安人間的關係類似，對對方都充滿著恐懼的想像：當時西方人為了開採天然樹膠，強迫當地印第安人開採，未達生產量便加以殘忍的懲罰，甚至以處罰親人來威脅。樹膠公司為了掠奪更多的勞力，以及報復起而抗暴的印第安人、削弱競爭對手的生產力，甚至屠殺對手境內可能成為其勞工的印第安人。殖民統治的白人，散布野蠻印第安人還盛行食人風俗的傳說，甚至渲染他們的恐怖反叛儀式。無根據的傳聞在雨林區蔓延，滋長了白人對印第安人的恐懼。被恐懼所驅使，殖民者設計了各種因應措施。恐怖的想

像，不僅合法化了白人將印第安人視為奴隸的正當性，**更滋長了殖民統治的暴力。殖民的暴力，累積成印第安人對白人的恐懼。**在相互建構的恐怖之中，不斷擴大增長的想像，都缺乏具體事證支持。但，**恐懼相互加強，使事實與幻想混合，並產生實際的影響力。因此，殖民統治時期想像的「恐怖世界」，成為殖民者與被殖民者雙方行動乃至生活的唯一依據。**整個安地斯山區與亞馬遜低地沼澤區的殖民過程，**可由印第安人背負著殖民白人行走的意象表達出來。**他們的關係一如盲者與跛子，各自殘缺、彼此依賴。類似地，*yage* 治病儀式是由角色相對的巫師與病人共同建構。他們之間，一如殖民者與被殖民者之間，也具有不平等的權力關係。兩個不同的靈魂 (spirit) 組成一個單一的形象，**即是當地的殖民／被殖民歷史經驗的再現。**總而言之，在長達數百年的殖民歷史中所經驗的恐懼與苦難，凸顯了當地殖民史的辯證性意象。辯證性意象，可藉由象徵殖民與被殖民者的盲者與跛子、象徵療癒與受苦的巫師與病患，不斷地向該社會的所有成員再現，並在治病儀式的實踐中被一再強化。**巫術治病儀式，不僅反映、濃縮了征服歷史的經驗，也反抗了編年史或歷史純真性 (historical authenticity)，而成為被壓迫者革命性實踐的平臺。**作者使用了複雜、誇飾、渲染的蒙太奇手法，凸顯出印第安殖民歷史的辯證性意象。

　　從上面的陳述，陶西格進一步挑戰西方知識的性質，以及知識生產的模式。西方哲學傳統，從柏拉圖到康德，都將知識視為個別思想家理性思考的結果。因此，瞬息萬變的感官經驗，與類

似謎語、隱喻，卻有力地發揮影響力的另類知識，由本書巫師與病人的關係，可以說明知識是由互動的社會過程共同創造出來的，而且，不是可以用文字表述的抽象知識，才可稱之為知識。當地的儀式實踐，更能包含難以言喻的感官印象，與體現了痛苦、恐懼、矛盾於一身的殖民歷史經驗。本書所呈現的「歷史」，也是由殖民者所創造的意象和當地印第安人所創造的意象相互激盪回應而來。這種辯證性的意象，不僅凸顯出當地文化上魔幻寫實主義的特色，更重要的是凸顯了當地人所關心、所表達的歷史經驗，並再現在 *yage* 儀式上，這也就是歷史人類學所說的歷史意識與再現。更重要的是，本書實已觸及建構歷史意識的心理基礎，以及殖民歷史的心理經驗。這使歷史研究，得以推展到非理性的心理層面，而有了新突破。對於了解當代而言，更是一大進展，並涉及新知識發展的可能性而與當代本體論轉向相呼應。

由上，我們可以發現，不論是甘肅大莊的漢人、雲南北部的直苴人、或亞馬遜地區的印第安人，雖都是透過不同的記憶載體來承載歷史意識或歷史關懷，卻都有著類似外在性記憶背後的柏拉圖時間觀，也就是過去起源是個黃金時代，之後是每況愈下的退化觀。時間，正如在歷史，在集體或社會記憶的分類上，依然有其決定性。

但隨著科技的發達、時代的改變，人對於時間、死亡、世界等，都有著不同的新理解，更何況愛因斯坦早已指出至少有 30 種不同性質的時間。故人的存在是否會如同啟蒙運動以來認為因生理上的死亡而終結？還是像許多前資本主義的文化所強調的，與

我們現在所理解的真實世界，其實還是有其平行的世界，而且會直接影響當下的真實世界，就如直苴人。還是如攻殼特攻隊動漫裡所預言，人可以活在網路中？這些未能解的問題，就等待活在新時代的年輕讀者來解答了。

第十二章
空　間[1]

　　相對於時間為一般感官無法具體有效感覺到，空間卻是相當地具體但卻又很抽象。以一間教室為例，我們可以發現空間其實是有某種時代的客觀空間結構存在。至少，在啟蒙運動以來，我們曾認為這教室裡有前後／左右／方位（東西南北）／內部深度／高低等等的空間結構的存在。依據這樣的空間結構，我們很容易就分辨出各種社會文化現象的特殊性。譬如，臺灣傳統漢人的家屋，是坐南朝北，若傳統聚落的家屋方向各異時，多半是看風水演變的結果。因新房子必須避開已有房了的屋角等風水顧慮（葉春榮 1995）。而穆斯林是朝麥加禮拜，故招待穆斯林的旅館，必須在房間內貼示麥加的方向。至於布爾迪厄 (Bourdieu 1990b) 研究過的阿爾及利亞 Berber 人的家屋，一定是向著東方太陽升起之方向，對他們而言，向陽／背陽是關鍵性的觀念，有地位高低之別。但這樣的空間結構，往往是由具體的自然地景或人造物所塑造出來的。

---

1. 本章主要依據黃應貴 (1995, 2012a, 2012b, 2012c) 的成果而來。

事實上，具體的自然地景或人造物所塑造出來的空間，更因人在上面的活動，而創造出空間不同的性質。譬如，老師與學生有著不平等的關係，因此師生一起山遊，一起去飯館吃飯，一旦老師們坐在一起，那一桌就自然與其他桌分隔開來，使這桌與其他桌有著上下之別，不管這桌是在這飯館空間中的什麼位置，其他學生一定會避免坐上這桌。這就是人在「客觀」的空間活動所創造出來的**社會關係空間**（黃應貴 1995: 4–5）。

又如，哥倫比亞亞馬遜地區的 Pira-Parana 印第安人，他們是以直線及同心圓的空間觀念之組合來理解其他周遭事物 (Hugh-Jones 1977: 201)（如圖 1 最上方的線條）。因此，他們對於生活上常用到的空間由上而下，如常看到的流域地景、沿溪流設置住的長屋、長屋內部的空間、身體之消化系統、性交的子宮等，就成了相互平行類比的關係（見圖 1）。這種的空間我們稱之為**認知空間**（黃應貴 1995: 5），是他們認識世界的依據。其實，這圖也說明本書一再提到本體論的轉向時，在亞馬遜地區的研究傳統所發展出來的新趨勢中，Eduardo Kohn (2013) 在他的 *How Forests Think: Toward an Anthropology Beyond the Human* 一書中，試圖用皮爾斯的象徵符號來超越結構語言學建立在能指 (signifer)／所指 (signified) 的象徵，以達到自然地理景觀、動植物分佈、人及人造物或統治治理的城市景觀等，共享互通的象徵符號。

而在漢人的風水觀念中，天地人是合而為一成為一個宇宙的，我們住的空間只是這宇宙中的一部分，透過在空間中活動的人，以及天的自然循環韻律，可以操弄風水以爭取個人的財富、健康

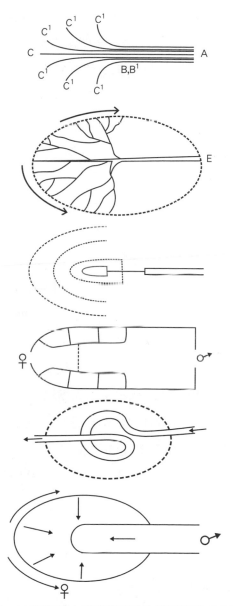

圖 1：Pira-Parana 印第安人對於環境及人體的認識（此圖已重繪）

及安危，影響到一個人的未來、甚至子孫。如 B. Bognar (1989) 所說，日本深受神道及禪宗的影響，**認為整個世界是由流動現象銜接而成故無永恆，惟一的永恆便是空**。所以日本傳統家屋內部通常呈現出沒有東西、沒有傢俱、沒有顏色、沒有實質等特性。日劇「多金社長與小資女」中男主角的家，只有一個大冰箱及一條長沙發，其他什麼都沒有。這種視空間為宇宙觀的建構，又稱此類空間為**宇宙空間**（黃應貴 1995: 5）。

至於泰國家屋空間的東北角，往往被視為最神聖的，西邊最髒，南邊最弱，故家長的起居室及祭拜祖先的地方，一定都設在家屋的東北角。也因如此，國家要舉行 *sao inthakhin* 祭拜國王的儀式時，規定要在家屋的東北角處舉行，**以便利用既有家屋空間結構上的神聖性，來加強及合法化國王的神聖地位** (Turton 1978)。這種空間便被稱為**意識形態空間**（黃應貴 1995: 5–6）。

在布農人的傳統家屋中，客廳固然是招待外人的地方，其實也是吃飯的地方，更是埋葬死去家人的墳場。隨著人在這地方上不同的活動內容，使這地方也變成不同性質的空間。同樣，在布農傳統家屋前的空間，既是家屋的前院，是舉行聚落儀式的地方，也是這家人曬小米的地方。故隨他們在這空間上的不同活動，這家屋前的空間之性質，也會隨之改變。若曬小米時，這裡就變成了曬粟場，但若是舉行全聚落性或全氏族性儀式的時候，就變成具有群體活動意義的前院。這類空間的性質往往隨人的活動而改變，我們稱之為**文化慣習空間 (ibid.: 7)**。

上述的討論還可以不斷繼續下去，但這並不是筆者的目的，

上述五類空間是要說明空間固然來自自然地景或人造物，但經人在上面的活動，帶入活動者主觀的文化觀念，可以重新塑造空間的不同性質。而那種性質的空間被凸顯，往往與歷史及社會文化脈絡有關。有了這樣的基本認識後，我們就可以進一步了解當空間觀念被帶入人類社會文化的現象後，如何幫助我們解構及再建構我們對於社會文化的理解呢？下面，筆者將以東埔社布農人的具體例子，幫助讀者來了解這一層的意義。

以傳統時期東埔社布農人為例（黃應貴 2012a: 24–31），他們的傳統人觀是強調人生而不平等，因此，有了強者必須照顧弱者的倫理道德，並形成平權的社會。一個人的能力固然一方面是來自精靈天生的繼承，但另一方面卻是來自個人後天努力的結果。而且，這後天習得的能力，還能遺傳給後代。精靈則來自父親，身體來自母親。不過，一個人有兩個力量相等的精靈，一個在右肩，是主宰人去從事利他或集體性的行為；另一個精靈是在左肩，主宰人的利己行為，乃至於傷害他人的行為。但一個人出生時，就會有自我，它協調了兩個精靈的衝突而凸顯一個人的特性。精靈暫時離開人的身體，將導致人的生病與做夢。若人死時，自我就變成精靈從頭頂離開身體。換言之，精靈永遠離開身體，就造成人的死亡。而右邊不僅代表集體及利他，也代表男性。左邊不僅代表利己及害人，也代表女性。這樣的人觀也具體表現在家屋的空間結構上（見圖 2）(ibid.: 45)。

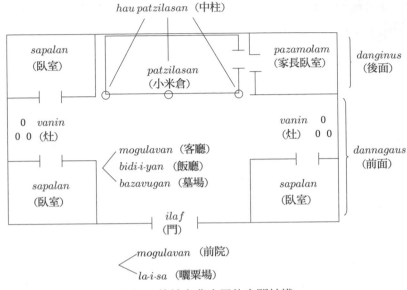

圖 2：傳統布農家屋的空間結構

在圖 2 東埔社布農人傳統的家屋空間結構中，我們發現家屋的核心就是後半部中間的小米倉。因它是否存在則決定這房子是否是家屋？還是工寮？家屋的右邊（由外向內看）是家長住的地方，也是看管小米倉的地方，更是集體的象徵。家中的兩個爐灶，左邊（由內往外看）的爐灶，是煮人吃的食物。這爐灶的火不可以熄滅，否則代表這家人的滅絕。右邊的爐灶則是煮豬或家畜的食物。當這家因人口增加而不得不重建或擴建這家屋的空間時，左邊的爐灶是不能動的，也代表女性是不動的中心。相對於男性則是遊走四方打獵。至於屋內進門處的空間，因不同用途而有不同的空間名稱。若用來招待外人時，則是客廳，用來吃飯時，則是飯廳，用來埋葬家人時，則是墓場。正如討論文化慣習空間時

所說，空間會因人在空間中的不同活動之實踐而塑造不同性質的空間。家外面的空間也是一樣。

　　布農傳統人觀強調人生而不平等的不同能力所發展出特有的強者照顧弱者之共享關係，進而導致平權社會的發展，實也充分表現在空間分類與觀念上。至少，在布農的傳統聚落中，每一個家屋均各自成為聚落的中心，來指涉其他家屋在聚落中的位置。換言之，每個人在談別家的位置或地點時，是以它在講者家屋的旁邊 (*sicila*)、或遠處 (*damaf*)、乃至最遠處 (*undamaf*) 等具有距離意義的詞彙來指涉（見圖 3）(ibid.: 44)。如此一來，聽者不僅得先知道講者家屋在聚落中的位置，更需知每一個地點詞彙均指涉兩、三家，而不是只有一家。甚至用來指涉講者自家的地點詞彙，*mishan*（指中間之意），往往也包含該家屋最近的幾家，而不是一

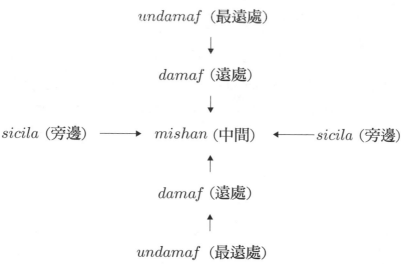

圖 3：東埔社傳統布農人指涉家在聚落地點之稱謂結構

家而已。是以，在觀念上，每一家所建構的聚落圖像，不僅都不一樣，而且每一家都是聚落的中心。因此，整個聚落沒有「客觀的」空間結構來呈現每一家在聚落中的「客觀」位置，當然也沒有我們習慣的門牌或地圖上的明確位置，或者我們現在所習慣空間結構上中心與邊陲的分辨，自然也沒有所謂的公共空間等觀念。事實上，傳統布農聚落的空間範圍，過去也不是固定的，而是每年在舉行打耳祭儀式時，先確定聚落的成員後，才可能將屬於他們所使用或擁有的土地，劃歸聚落的範圍。一旦成員改變後，聚落範圍也將隨之改變。加上每年舉行打耳祭的地點並不是固定的，而是依前一年打獵成績最佳者的家屋前院為舉行儀式地點，因而無法形成固定的公共空間。這些均凸顯了傳統布農平權社會的特性。

上述家屋空間因人活動的不同而有不同的土地分類，也見於家屋外的空間分類上。譬如，獵場 (hanubag)、宅地 (kat-asagan) 與旱田 (kaihoman) 雖同屬一塊地，卻因功能與活動不同，不僅可分成不同層次的空間，其「所有權」[2] 更分屬於不同的群體。也正因為如此，不同層次的空間因活動不同得以產生不同的社會關係。它甚至對於動物的分類及可吃不可吃產生界定作用。譬如，能自由進出家屋空間的動物，如狗、老鼠、蛇等，與人非常親密而屬不可吃的類別；在家屋外與聚落內之間的空間活動之動物，包括人豢養的豬、羊、雞、山羌、鹿、野豬等，與人的關係普

---

2. 在前資本主義的社會，並沒有現在我們熟悉的所有權觀念，比較像是「使用權」。一旦某家不使用這塊土地時，其他家的人便可以使用。只是通常會先經過前一家的同意，確定他們已經不用。

通，是屬於可吃的範圍。但在聚落外的動物，如黑熊、豹等，與
人的關係最疏遠也最危險，是屬於可吃卻有限制者。傳統布農人
這類空間對於動物分類及可食與否之界定，可見於表 1 (ibid.: 47)。

	不可食	可食		可食卻有限制
		飼養	野生	
對於動物生活空間的限制	沒有限制而可在家屋內活動	限於家屋之外的空間		限於聚落之外的空間
社會距離	與人的關係最親密	與人的關係普通		與人的關係最疏遠
動物的類別	狗、貓、老鼠、青蛙、蛇等在家中出現者	豬、羊、牛、雞、鴨等	山羊、山羌、鹿、野豬、山羊、雞、猴等	黑熊、豹等

表 1：東埔社傳統布農人的動物分類

上述傳統布農人家及聚落的空間分類與系統，在日治時期有
了改變。1924 年以後，日本殖民政府在當地建立以駐在所為中
心，統轄警察行政、教育、衛生、交易等的地方治理系統，使得
駐在所成了地方社會空間上的中心，也成為日本殖民政府的代表，
因而形成中心／邊陲的新空間結構。這樣的空間結構，更因日本
殖民政府強力推動集團移住及水稻耕作而加強。為了強迫原住在
1,200 公尺以上斜坡上的布農人遷移至 1,200 公尺以下平坦地區
居住，以從事水稻耕作，於是實行集團移住，同時達到定耕及教

化的目的。為此，除了集體從事水田開墾外，還從事水圳及農路的開闢，因而形成多種新的公共空間。更因集團移住而重新建家屋。新家屋為配合水稻耕作的需求而建，故與傳統家屋有不同的空間結構。此可見於圖 4 (ibid.: 145)：

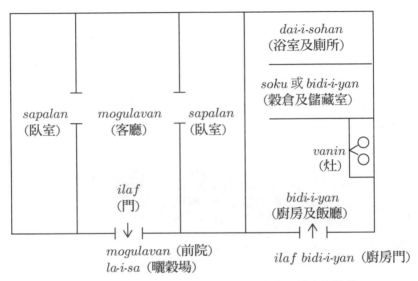

圖 4：實行集團移住及水稻耕作時所建家屋的空間結構

新家屋除了材料已不限於石板及茅草並增加木板外，最明顯的空間改變是儲存稻穀的穀倉取代了原有的小米倉，而與廚房及浴室、廁所共同構成主屋旁的側房，且有另一個與主屋的門分隔的門。而且，這個門不同於主屋的門，是開放給同村的人，而非原家屋的門所具有分隔內外的作用。這主要是因為當時從事水稻耕作時，往往是以全聚落成員共同參與的集體方式來管理水的分配與使用、以及共同協助插秧收割等勞力繁重的生產工作，使得水稻的生產含有很強的集體活動意義在內，而不只是個別家戶努力的成果。

　　水稻耕作的生計經濟，在戰後繼續被當地布農人所實踐，故家屋空間的使用方式繼續被沿用，一直到 1969 年開始，東埔社布農人開始接受資本主義市場經濟，種植經濟作物如番茄、高麗菜、豌豆、敏豆、香菇、木耳等。這種用種植經濟作物的所得所建的新家屋，與過去截然不同。這可見於圖 5、6（黃應貴 2012b: 187）：

這時的家屋，材料已改由外地購買的鐵皮及磚瓦、乃至水泥，新建的家屋就不再有倉庫之類的空間設置，因經濟作物都必須及時賣掉然後購買日常生活所需，故不再需要倉庫。更值得注意的是，建家屋時，甚至考慮到家中從事生產的人口未來分家時的方便，而預先分配好幾份等同而對稱的空間設置（如每份都有必要而同

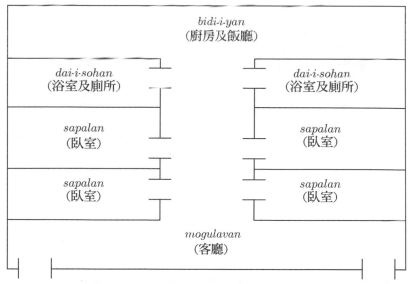

圖 5：種植經濟作物獲利所建家屋的空間結構

樣大小的廚房與飯廳、臥室、客廳、浴室及廁所、乃至大門等）。
譬如，圖 5 的家，有三兄弟。但他們蓋房子時，老三還在讀書。
因此只有老大、老二跟父親一起工作。所以當時他們種經濟作物
所賺的錢蓋這棟水泥房時，就設定未來要分成兩家；一半屬家長
與老大住一起，另一半屬老二。因此，房子的設計是左右相對，
分家時只要在中間砌一道牆便可。同樣，圖 6 是以走廊連接起來
的四間同樣空間結構的木屋。事實上，他們有五兄弟，但老五這
些年都在唸書而沒有參與生產工作。故在蓋房子時，只有參與工
作的四位兄弟才分得到房子，老五一點都沒有抱怨。**而這種強調**

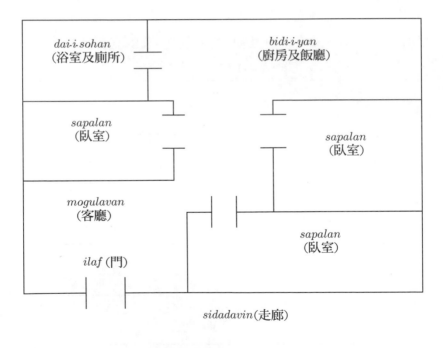

圖 6：種植經濟作物獲利所建家屋的空間結構

一個人對群體貢獻的能力來決定其權利與地位、乃至於利益分配的原則，其實是布農傳統人觀在新經濟條件下實踐的結果。

另一方面，在資本主義化過程，當地布農人面對的主要是資本、產銷及勞力等問題。最後，這都由當地基督長老教會發展出儲蓄互助社、共同購買及共同運銷、以及勞力互助隊等來解決。是以，戰後才被當地布農人接受的基督長老教會，不僅成了主導當地經濟資本主義化的中心，它本身已成為當地社會的再現或集體表徵。因此，基督長老教會的教堂與地方社會的其他空間也有了中心／邊陲的分野，而成為當地的神聖中心。

不過，到了 1985 年東埔社開始種茶以後，以此賺得的錢所建的房子，其空間結構又有明顯改變，這可見於圖 7 (ibid.: 189)：

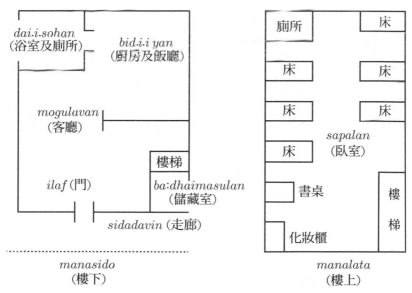

圖 7：因種茶獲利所建家屋的空間結構

這個因種茶而賺錢所蓋的房子，是將圖 6 四間連接一起的整棟家屋拆掉後，重建成五間連棟的兩層樓木造家屋，不僅顧慮了原沒有家屋但已參與工作的老五，更將一樓與二樓明顯分隔：一樓開放給外人，但二樓屬於私密性的空間而不開放給外人，因而有了公／私之分。唯整個二樓空間僅放床而沒有隔間，使得所有家人更有一體感。在當時蔚為流行的一大片家內空間之存在，除了有明顯的一體感之功能與意義外，因無內牆故可隨時加床容納突然增加的人。這對於當時採茶或揉茶乃至製茶往往需要外來專業者幫忙時，**這種家屋結構有其方便之處，但也似乎模糊了原屬家屋私密空間所具有的對外封閉性與內在的自由放任性。這點，隨資本主義化的發展而造成個人主義抬頭後**，原有家屋的空間結構又有進一步的發展，見圖 8 (ibid.: 190)：

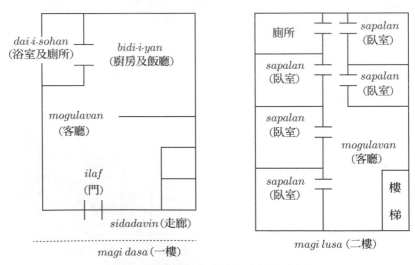

圖 8：個人主義化下家屋空間的改變

這圖是由圖 7 進一步轉變而來。這結果當然是以各人所屬的房間取代了原有的共有空間。雖然，由於布農人除了家長或父母親以外，其他小孩在未結婚前的房間，往往並不固定而緩和了其個人主義化的趨勢，但這發展本身就如同經濟作物栽種的**生長節期之異質化**一樣，實具體呈現並證明了**個人主義化發展的新趨勢**。

另一方面，在資本主義化的過程，當地土地使用亦有**財團化的新趨勢**。換言之，外來財團開始在當地收購或租用土地，以便大量從事某種農作物的生產，如高山茶、鱒魚場、專門種植高麗菜的農場等均是（這可見於圖片 9、10、11）。這些財團也各自發展出以他們自己為中心的發展藍圖，以對比於當地教會的中心，而形成**多中心的空間現象**（黃應貴 2012c）。

圖 9：高山茶廠

圖 10：鱒魚場圖

圖 11：大農場的財團化地景

不過，到了 21 世紀以後，因新自由主義化的發展，使東埔社地方社會的空間現象有了明顯的改變。第一，由於交通、溝通工具的快速發展，使得人與家的流動加速，往往超越了原東埔社地方社會的範圍，而使當地人的居住地，由原先的**聚居逐漸改變為散居，不僅散居到東埔社以外的地區，更在聚落內分散到各處**。像圖 12 的房子，是建在田當中，前後都沒有居家房子。而這房子，名義上還是工寮呢！其次，**現在許多新蓋的房子，多半是自己設計，甚至是自己建造。房子已經不是過去遮風避雨及日常生活所需而已，更重要是凸顯個人特色**，而成了個人自我認同的對象與再現。就如同葛爾茲 (Geertz 1973b) 研究峇厘島人的鬥雞一樣，每個男人養的鬥雞其實就象徵鬥雞主人，所以土人隨身帶著這隻鬥雞四處閒逛。這特點可以從建築系學生到東埔社一定會去參觀的兩間

圖 12：家屋建於農田中

房子來進一步說明。圖 13 及圖 15，是兩兄弟各別設計卻一起蓋
的房子。這兩棟房子是用當地的杉木所構成，一棟是兩層樓，一
棟是一層樓。兩層樓的房子，樓下是招待客人的地方，樓上則屬
於私領域，是家人主要活動的空間。這棟房子到處都有動物標本、
手工藝製品及主人所畫的畫，完全展現出主人的興趣與能力。這
主人不僅熟知當地布農文化的傳統，也擅長打獵與繪畫。更特別
的是這房子有這聚落獨一無二的書房（見圖 14）。反之，另一棟
平房，屋內主要為日式通鋪，乾淨且幾乎沒有什麼裝飾。兩棟房
子表現出兩兄弟完全不同的個性與人格。唯一相同的是兩棟房子
都沒有廚房，這跟當代許多家的功能外部化有關。第三個改變是
家屋前的院子，已經不再是公私交界之處，而完全屬於私領域。
這可以從這世紀以來新蓋的房子，往往會圍上圍牆證之。這可以
見於圖 16、17、18。這作法違反了傳統強調前院是公私交界處的
看法，但也說明了現代社會個人主義極端化，而使個體與自我發
揮到極點的一個趨勢與證明。

圖 13：以當地杉木建造的家屋

圖 14：木造家屋內的書房

圖 15：家屋極端個人化的景觀

圖 16：以圍牆隔離公領域而使家成為私領域空間

圖 17：以柵欄區隔公私領域

圖 18：以鐵絲網隔離出公私領域

由東埔社布農人的例子，我們可以了解空間觀念的帶入，幫助我們對於整個社會文化的歷史發展過程，有具體卻又不同於過去制度性研究的視野與了解。這種來自日常生活的理解，也往往挑戰了過去既有的觀念。譬如，我們可透過空間設計來了解社會性質 。 這可見於表 2 排灣階級社會相對於布農平權社會的分辨上。事實上，透過空間，我們還很容易就同類型的社會中分辨出其間的主要差別。此可見於圖 19、20、21。臺灣的阿美族與中國雲南瀘沽湖的摩梭人，一般都稱之為母系社會。更因阿美族有母屋間，摩梭人有祖母房，以凸顯女性在家中的特殊地位，也使得兩者社會文化更加相似。但若從空間的角度來看，兩者的差別在於母屋間是在這房子的入口處，是外來者一進門就必須打招呼的對象，但祖母房在傳統家屋中是最裡面最中間的地方，是外人最不易到達之處。後來改建成現代樓房之後，祖母房通常會建在樓房最上層最隱密的地方。換言之，阿美族的女性擁有世俗的權力，摩梭族的女性擁有的是宗教性權力，兩者還是明顯不同。

排灣	布農
貴族與平民之分	無階級之分
大武山為起源地的聖山	無起源地的聖山
有固定的儀式空間， 並為貴族壟斷	無固定的儀式空間， 每一家前院均可為舉行 公共儀式空間
聚落空間以貴族家為中心， 而有中心／邊陲之分	每一家都是聚落的中心， 故無中心／邊陲的空間結構

表 2：排灣與布農的空間比較

圖 19：阿美族的母屋間

圖 20：摩梭人祖母房外觀

圖 21：摩梭人祖母房的景觀

　　另一方面，空間觀念的帶入，可解決過去既有觀念的困境。
譬如，在親屬研究上，對於親屬的界定，一度被單系、雙系、非
單系等等的分類所困擾，而親屬來自血緣或姻緣，更造成繼嗣理
論與聯姻理論間的爭論，最後是李維史陀 (Levi-Strauss 1984) 提出
了「家社會」(house society) 的觀念，以家屋空間本身作為親屬的
單位，就完全可以超越上述的爭議。因家中成員不僅來自血緣，
也有來自姻緣，更可以包括既沒有血緣及姻緣只是**同居共食**而成
「親屬」的成員。這樣不僅可以超越既有觀念的限制，**更可以使
親屬的認定不再限於天生命定 ，變成一種清水昭俊 (Shimizu
1991) 所說的 becoming**，是一個長久的過程，而更能符合當代的
現況。第十一章我們提到現代核心家庭是否是工業資本主義的產
物時，便已經提到，現代核心家庭的性質，並不限於核心家庭，
還包括小孩中心主義、以及公／私的分辨等其他七項性質。其中
有關公／私的分辨，最容易證明的就是家屋空間中招待外人的空

間（客廳及書房）與個人私密空間（房間）的分隔之出現。在日本，這是一直到第一次世界大戰之後，才有的現象（落合惠美子2010）。

有趣的是空間的帶入，才可以解決數字如何有效再現宇宙論的問題？這可見於圖22，我們可以發現奇數加起來成為正方形，偶數加起來成為矩形，奇數與偶數加起來成為三角形。這是愛因斯坦相對論的數學基礎，雖然到今天，我們還是不知道為何會這樣。但知道要解答它，涉及了宇宙論及本體論的問題，更涉及超越現代性知識的新知識問題。

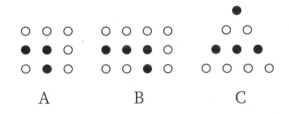

圖 22：空間與數字

不過，最有趣的是 Afred Gell (1995) 在新幾內亞有關 Umeda 人的研究，更是對於空間概念本身的挑戰。因 Umeda 人是生活在新幾內亞的森林裡面，根本沒有機會「看到」他們生活上所依據的地景之外觀。因此，他們的空間觀念是來自他們的聽覺所建立的。**這當然挑戰了我們從啟蒙運動以來立基在視覺上的空間觀念**。也只有接受了這種挑戰，我們才可以面對我們新時代的問題與挑戰。

在今日這個新自由主義化的新時代裡，就必須接受**空間本身也是一種多重本體論 (multiple ontologisms) 的概念**，我們才有能

力去處理當代的問題。所謂多重本體論，原來自 Amazonia 印第安人的宇宙觀 (Viveiros de Castro 1992)。他們認為一個人的一生，是在不同的世界生活著。人在世時，固然是活在地上，死後有段時間是活在地下，之後是活在天上。在這不同的時空中，人們是透過巫師的作夢，與不同世界的人溝通，並且不同世界的人通常可透過巫師夢見的歌曲來傳達他們的現況，許多原住民族都有這種觀點，甚至在當代也不例外。即如第九章宗教述及，筆者開刀動心臟手術發生併發症而被急救，在第二次電擊後，筆者進入另一個時空。這種經驗讓筆者意識到詹姆斯 (William James 2002) 在《宗教經驗之種種》裡所說的，我們目前所意識到的真實世界，只是人類所有意識世界中的一種。這就涉及了本體論轉向的問題。但即使在現實上，一個地景上的空間，確實可以有多個社會秩序的存在。譬如，拉丁美洲普遍存在的朝聖行為 (Sallnow 1981, 1987)，朝聖地點往往是在既有地方社會之間，因而成為更大的宗教性區域體系的中心。這宗教性的區域體系是與地方社會原有的地方體系並存而平行的。

有了這樣的理解，我們就更容易了解當代的空間現象。譬如傅柯 (Foucault 1986b) 用異質空間（或異托邦）**(heterotopias)** 來描述當代空間的普遍現象，就是原有空間分類被打破或模糊化，使得各種不同性質得以集合在同一個空間中。如舉行宗教祭儀的神聖空間，同時也是從事觀光旅遊的世俗性空間，這是一種性質混搭的現象。其次，**地方社會因新資本的不斷進入而不斷再結構的過程**，在當代已是普遍的現象（如臺灣中部大臺中地區消費及

醫療體系的再結構）（黃應貴 2016）。但未來更會普遍發生的是**想像空間在當代愈來愈有主宰性 (ibid.)**。譬如，當初馬祖人為何要進行博奕公投，就是外國投資機構在當地建構出他們要將馬祖興建成**亞洲的地中海之旅遊勝地**。這類的空間想像，在這個新時代愈來愈重要，因它帶給當地人對於未來的期望與夢想。人一旦沒有了夢想，就沒有未來。這雖是想像的空間，但它確實有可能實踐成真。不過也因為是在當代，就必須面對當代金融資本主義特性對於空間的影響。譬如，在筆者跟鄭瑋寧合編的《金融經濟、主體性、與新秩序的浮現》(2017b) 一書中，蔡侑霖 (2017) 所寫的〈晚近科學園區周遭的反農地徵收抗爭：經濟的實質意義、無常空間，與反制性運動〉，就指出新竹科學園區三期計畫的進行，在得標廠商以土地開發權利得到 87 億的融資後，拿到 23 億資金便宣布破產，**這是在新自由主義下，把土地開發權利轉為衍生性金融商品的具體例證**。其實，上述馬祖的例子，國際投資公司也是將馬祖的開發當成衍生性金融商品來經營。換言之，**土地成了金融資本的一種，而空間可以具體承載著社會性質的改變**。

事實上，東埔社的例子不正也呈現**不同政經條件下空間的不同性質**。在前資本主義時代，**空間幾乎是由人在其上的活動來確定其性質與意義，有如文化慣習空間**。但到了資本主義化的市場經濟時代，空間成了具體可見而具排他性的商品，是一種物化的空間。到了當代新自由主義的金融化，空間充滿著幻想而具體承載著流動性金融資本的力量，既虛幻又具體，有如想像的空間。**故空間的出現或界定，充滿著時代與文化的色彩，是歷史與社會**

文化脈絡下的產物。是以，空間並無普世皆是的定義，更何況，它的運作就如其他基本分類概念一樣，往往是與其他基本分類概念連結一起來運作。不只空間與物連結一起運作，像土地就是物的一種，在東埔社的例子中，空間的意義更與人觀無法分離。前資本主義時代的空間象徵結構，反映出他們的傳統人觀。在資本主義化後的空間所反映的，傳統人觀仍有其主宰性，使得分配家屋仍依據個人對於群體貢獻的傳統而來。但也加入了不同領域活動上的不同人觀，如基督宗教信仰上的人觀，使得教會成了神聖中心而與其他空間有著階序上的不平等關係。在經濟活動上追求最大利潤的經濟人觀點，反映在空間的私有化或個人主義化。到了當代，新自由主義化下，布農人已從既有的傳統人觀解放，自我與個體如同個人主義得以發揮到極點一樣，**使空間成了自我認同的主要象徵符號。而亞馬遜地區的多重本體論，更挑戰著我們既有的現代性知識的基本假定**，有可能發展出超越現代性知識與新自由主義化知識間的衝突而產生引導未來發展的新知識。這可見於亞馬遜地區研究的新趨勢 **(Kohn 2013, 2015)**。此將在第十六章進一步討論。

第十三章
物與物質性

一、前　言

　　第十二章講空間時，已經提到東埔社布農人的家屋與聚落，在不同歷史時期的轉變。事實上，家屋的改變，不僅涉及空間結構的改變，還涉及建屋材料的改變。譬如，傳統時期小米種植及日治種植水稻的自足經濟時期，**家屋的建築材料主要是木頭、石板、石頭、茅草、竹子等物質，皆可取自於當地**。但到了戰後資本主義化而接受了市場經濟後，從事經濟作物種植時獲利所得而建的房子，**建材是透過市場交易取得的磚瓦、水泥等外來商品，甚至建房子已經是專業的事，必須找外來建商來建**。等到種植高山茶時，因所得經濟利益更大，所建的房子也更大，**大都是樓房，也都是外來的專業建商所建，甚至蓋房子必須拿建築圖去審查，國家公園才肯同意蓋**。但到了這世紀新自由主義化以來的新時代，當地人建房子，已經不是為了遮風避雨或為了生活舒適，而是為了證明自己的存在，往往是自己設計，甚至是自己蓋，即使表面上是透過建築師提供設計圖讓國家公園來審查。這裡正說明透過

物的切入，我們也可以對當地的歷史發展有不同的理解（黃應貴2004）。不過，先面對一個基本問題，什麼是物？

二、什麼是物？

依照 Janet Carsten 在 *After Kinship* (2004) 一書中，對於物質的定義，引用了《牛津字典》23 個定義，歸納出四個性質。第一，**物體 (bodily matter)**，是指物的外形。第二是**本質 (essence)**。如冰與鑽石外形類似，但本質完全不同。一個是來自水，另一個是礦物質。第三，**形式與內容 (form & content)**。像第十二章講東埔社布農人的家屋形式之改變，是與它的功能或內容改變有關。第四，**轉換**，包括突變 **(mutation)** 及流動性 **(fluidity)** 的程度。如水變成水氣，又變成冰雪的轉換過程。正因為物質本身有許多性質，故對不同的人而言，往往會重視其不同的層面，而有不同的反應。這讓筆者想起 1960 年代的一部有名的喜劇片電影，「上帝也瘋狂」，它講 1960 年代的非洲，西方遊客開始湧入非洲觀光。有天一小群遊客搭小飛機飛過一個原住民的部落時，有人從機上丟下可口可樂的罐子，剛好丟在一位當地土著的前頭，他抬頭看不到任何物體，以為是上帝丟下來的東西，便拿回家祭拜。但這村子的小孩，卻在地上玩鑽石，因當地有不曾開採的鑽石礦，當地人就撿了鑽石給小孩玩，而不把它當一回事。這正說明**物在不同的社會文化脈絡及時代中，可以有不同的意義。這就必須由它的社會文化脈絡及時代來了解。**以下舉幾個例子進一步說明。

三、社會文化脈絡及時代下的物

　　以布農人為例，傳統布農人認為天地萬物都有靈，也就是只要是自然物就有其精靈，包括土地、河流、石頭等自然物，而人造物反而沒有精靈。譬如，小米是自然物，當然有其精靈，不是種植者的家人，偷吃別人家的小米，特別是下一季種植要用的聖粟，一定會吐血。但將小米釀成小米酒，就沒有精靈，誰都可以飲。同樣，做衣服的麻或動物，都是有精靈的。但製成衣服以後，就沒有精靈，誰都可以拿來使用。是以，**布農人基本上沒有所謂的傳統服飾**，而是與哪一族群接觸，就採用哪一族的服飾。故筆者記得有次原住民參觀臺大人類學系博物館時，指出標誌與說明弄錯了，標誌寫為布農族的傳統服飾，其實是排灣族的。但若了解布農人其實沒有所謂的傳統服飾，就會發現博物館裡的布農傳統服飾都是受其他族傳統服飾的影響。

　　反之，排灣、魯凱兩族都是階級社會而將人民分成貴族與平民。而且，貴族所穿的衣服、所住的房子，都與一般平民不同。**因只有貴族才能使用百步蛇的蛇紋為服飾，以及在家屋的梁柱上，雕上百步蛇花紋，並在家屋前設有平臺、乃至於頭目祖靈柱。**所以，一看就知道是貴族或頭目的家屋。**事實上，這兩族在文化上，喜歡以物質來展現或炫耀自己的能力、成就與地位等文化特性。**故即使在戰後資本主義化以後，個人主義化的發展趨勢已經無可避免，傳統貴族地位除了在歲時祭儀或大選區的政治選舉外，已經沒有過去那樣舉足輕重，但貴族的後代還是喜歡在現代水泥家

屋上,烙上貴族的印記。譬如,在玻璃窗或大門上,用馬賽克貼上百步蛇的蛇紋。反之,一般平民百姓無法使用百步蛇蛇紋,就把他家最耀眼的家用器具,如電視機、洗衣機、沙發等,擺在家門口,甚至有人把大學畢業證書或研究所碩士畢業證書,放大掛在家門外。這種以物質的外顯來標幟自己身分地位的不同,是這兩文化上的特性,只是魯凱族又加上了頭上的百合花頭飾。

當然,物本身也可能因時代的改變而打破既有的社會文化傳統。在澳洲托列斯 (Torres) 海峽的 Yir-Yoront 人,便提供一個人類學有名的例子 (Sharp 1953)。這是個原本僅有男性長老才可擁有石斧的原始社會,領導地位也建立在石斧的擁有權上,當地人如果要蓋房子、砍樹,都必須跟領導人借石斧。可是,當傳教士進入該社會之後,與傳教士關係良好的女人與小孩反而取得了鐵斧,而鐵斧遠比石斧有效多了,再也沒有人跟長老借石斧,使得長老的地位崩解,原有的社會體系、性別關係、年齡階序皆被擾亂,也使當地傳統社會與文化整個崩解。而鐵斧的進入,便是資本主義經濟全球性發展進入該地區所導致的結果。

四、物的去脈絡化與再脈絡化

事實上,當今排灣族的傳家寶——琉璃珠,其實是荷蘭在 17 世紀占領南臺灣時,與排灣族做生意而引進的,完全是外來物。既是外來物,如何成為傳家寶?這可以由 Peter Berta (2009) 所研究羅馬尼亞的 Gabors 人得到進一步的了解。Gabors 人向鄰近 Gazo 人買下他們象徵聲望的物品銀杯,來建立他們的族群認同。

雖然，他們強調這些古董多半是由 Gazo 人所做，他們也有自己評斷其好壞的標準，包括是否為名師傅所做的，但它成為 Gabors 人的寶物後，往往經過兩個過程：去脈絡化 **(decontextualization)** 及再脈絡化 **(recontextualization)**。 前者是是忘記過去的歷史 **(forgetting the past history)**；再脈絡化則包括兩個過程：一是用**他們自己的新標準來重新評斷其物性** (material characteristics)。譬如，發現銀杯上是否有刻上難以確認的動物，或是否有楓葉、花、幾何圖形等，以符合他們的美學；其次，賦予銀杯過去擁有者的名字及擁有者的地點，以建立這寶物的系譜。如此，**乃建構了該物的社會履歷 (social career) 而族群化 (ethnicize) 這物本身**。這樣的過程，在當今新自由主義化全球性發展的趨勢下，時常可見。

　　譬如，筆者住在中研院的公教住宅，前面有一個中研公園。由於我們**過去的公園**都是官方制定的**集體記憶之地**，如臺北的新公園到後來改為二二八紀念公園，直到 1990 年代，才引入西方都市裡常見的地方性較小公園為當地居民活動之處。但開始的時候，因這公園很偏僻且靠近山邊，很少人在晚上來這公園，使得這公園成了不良青少年聚會的場所，過了半夜還經常大聲吵架，鄰居們都相當受不了。隨著解嚴以後地方文化的被重視及社區總體營造的補助，當地社區理事會及當地居民決定要改變它，便設立了夜間網球場及籃球場，還有小孩夜間遊樂區，包括溜冰場等，更有許多運動團體，包括韻律操等都在此活動。因此，現在晚飯後，從幾歲小孩到八、九十歲的老人都有，它已變成這地區晚上最熱鬧的地方，也是最受歡迎的安全地方。但事實上，每個人在這裡

所享受到的幾乎都不一樣。譬如，筆者每次回臺北，吃完晚飯一定陪太太在這公園散步。對筆者太太來說，這散步不僅是為了健康，更是社交活動的一部分，因每走幾步就碰到她認識的人，當然就閒聊一番。但對筆者而言，一方面飯後散步是為了健康，一方面是為了陪太太，以表平常獨自一人躲在清華的歉意，同時散步也是筆者想問題的時間。換言之，在當代，即使同樣的商品到處可見，但不同的人卻可賦予其不同的意義。不過，這已涉及這物或筆者所提的公園地景，它本身的歷史發展，以及是在怎樣的歷史條件下，每個人得以賦予其個人的意義，也就是**物的生命史及其歷史條件**的問題。事實上，這也是有關物的研究上，最有成就的研究路徑。

五、物的生命史與歷史條件

有關物的生命史及其歷史條件研究路徑，最成功的作品可見於敏茲 **(Sidney Mintz)** 有關**糖的研究**，*Sweetness and Power: The Place of Sugar in Modern History* **(1985)**。在這個研究中（黃應貴 2021c: 81–82），敏茲不僅視加勒比海從事蔗糖生產的大莊園為早熟的資本主義工廠，更探討糖在近代世界史的地位，特別是糖在英國社會的意義轉變。**1650 年**以前，**糖被當作藥品、調味品之類的稀有物品來使用**；而在 **1650 年到 1750 年**間，**糖逐漸成為貴族的奢侈品、裝飾品**，如做成生日蛋糕或紀念糕餅等等。到了 **1850 年以後，糖成為大眾化的必要食品**，其食用量不斷增加。除了因殖民地母國與加勒比海殖民地連結 (articulated) 後降低了糖的價

格外，主要是用糖製成的各種食物，準備起來既省時，熱量又高，適合勞工階級在工廠工作時所需，也節省了外出工作婦女烹煮食物的時間，形同釋放了女性勞動力。因而，糖的需求快速增加。飲食方式與內容的改變，更凸顯了階級間的差別。為了能繼續提供廉價的糖來滿足全世界工人的需要，除了資本家說服國會制定有利的政策外，也由非洲輸入奴隸及引入其他地方的契約勞工，以廉價的勞動力投入大莊園從事熱帶栽培業，來增加交換價值。由此，我們不僅可以發現糖之所以成為一般工人日常生活重要必需品、乃至於改變當代人的飲食消費文化，實與世界性工業資本主義經濟的全球性發展與分工、生產模式與消費模式之結合、以及殖民母國與殖民地連結過程有關。這過程不僅隱含了政治性、象徵性及結構性的力量與權力，更分別由糖的物質本身與外部政治經濟結構與社會意義，探討了英國近代的社會性質之轉變：由以身分為基礎的階級性中世紀社會，轉變為社會民主的資本主義工業社會。

同樣的情形也可見於美國汽車的發展。我們知道，汽車工業是美國作為資本主義國家的火車頭產業，所以 2008 年世界金融風暴時銀行倒閉，美國政府可以不管，但通用要倒，美國政府還是伸出援手，就是這個道理。美國的汽車產業是一直到 1917 年，福特生產國民車之後，汽車才成了美國社會每一家的必備用品，不僅國民車是用機器生產，成本低、價格便宜，每個人都買得起外，它又非常堅固而不易壞。這發展使福特成功地占有美國主要的汽車市場。但兩年後 (1919)，福特的競爭對手，通用汽車，生產了

第一部流行車，每年都推出新款，以吸引顧客每年都買新車，開始了所謂以消費來推動生產，而使美國進入所謂的大眾消費期。這使所有的商品都趨於短壽。譬如，愛迪生發明的電燈，可以用一百年而不會壞，但這樣的生產方式，將迫使許多工廠倒閉，故最好的方式是每年生產新款式的產品，讓顧客願意每年都花錢來買，故產品的壽命也不用太長。但這種大眾消費期的經濟發展，因後來 1930 年代的世界性經濟危機及兩次世界大戰而緩和，一直到 1980 年代隨新自由主義化的全球性發展才普遍化。**而這新一波大眾消費期的到來，當然是跟新自由主義化帶來的商品化及消費文化的流行有關。**

商品化是透過市場的機制之運作，讓任何事物都成為可以賺取利潤的項目。譬如，照顧中度及輕度精神病患者的**中途之家**，主要是因病患家屬無力照顧。若沒有人照顧他們，不僅導致病情惡化，更可能成為社會的不定時炸彈。因此，這類事情原都是由國家或政府來負責。但在新自由主義化的趨勢下，**中途之家變成由個人企業來投標管理**。目前臺灣的中途之家幾乎都是由少數企業所壟斷，而且顯然還很賺錢，所以可以不斷開了一家又一家。在日本甚至出現專門扮演顧客親密親屬的工作形態。這使得人與人之間的關係愈來愈疏離與物化，人也愈來愈難透過與人的緊密互動中找到自己，而漸失去鏡我的基礎。另一方面，消費文化的流行，使人愈來愈依賴人與物的互動中找到自己，以回答我是誰的問題。因在流行文化中，雖然有物化的趨勢，但人還是可以透過商品的再吸納 (sublation) 過程，重新建構自己 (Miller 1987)。譬

如，牙買加的人雖大都只能買二手車，但他們往往會將這車裝飾成獨一無二的車子，每個人只要看到這車子就知道這是誰的車子(Miller 2001)。就如同第十二章筆者提到當代東埔社布農人蓋新房時，其實是在建構自己，或者就如同峇厘島男人養鬥雞是在塑造自己，因那隻雞其實就是主人。只是，缺少穩定的他人及社會文化的塑造，僅透過人與物的互動所建立的自我，往往是多重而破碎的，依然沒有真正解決我是誰的根本問題。

六、帶入物的研究導致研究領域的突破

雖然物的研究本身曾紅極一時而成了流行，但它的重要性還是在於它的引入確實能夠造成研究領域的突破。以親屬研究為例，第十二章我們討論空間時，就提到李維史陀將空間引入，以解決過去親屬研究討論什麼是親屬時，時常淪於單系、雙系、或非單系的爭辯，或落入繼嗣理論與聯姻理論的爭論，只有把家屋空間帶入，視家中同居共食的人都是親屬，才能跳出過去的爭辯，因而發展出「家社會」的觀念。不過，認真地討論，家社會不僅來自空間，也包含物，**因共食的重要性不亞於同居**。事實上，Janet Carsten (1997) 在馬來西亞 Langkawi 島的研究，就進一步說明**當地人之所以認為同住一家的人是親屬，那是因為他們吃同樣土地上生長的食物，使身體由同樣物質建構而成**。

而物的帶入，對於經濟研究的影響更是明顯。除了我們前面已提過敏茲有關糖的討論涉及**物質文化與消費文化的研究**，因作為貨幣的物進入原始社會而造成整個既有社會文化秩序的崩解，

更是典型的例子 (Bohannans 1968)。譬如，西非洲的 Tiv 人，對於物品的傳統分類有三：第一類是日常生活用品，價值等級低。第二類是銅桿、牛、馬、奴隸等貴重物品。第三類則是女人與小孩等家屬成員，價值等級最高。價值等級高的類別，可以用來換取價值等級低的貨物，但價值低的物品不可能用來換取價值高的物品或者人。但貨幣進入這社會之後，無論什麼類別的物品都可以用貨幣來購買，而打亂了原有的社會文化分類，也造成整個社會文化的崩解。所以，這個例子就如同上述澳洲土著石斧的例子一樣，在現代化理論之後，就不再是什麼新觀點。但貨幣的問題，從資本主義興起，一直到今天，它還是充滿著謎團與問題。譬如，德國的希美爾 (Georg Simmel) 在 1900 年出版的 *The Philosophy of Money* (1990) 一書，雖在 1907 被譯成英文，但之後就沒有人認真看待這本大書，一直到新自由主義化後，這本書在 1990 年重新再版，凸顯其對當代經濟上的意義（黃應貴 2021g: 283–284）。因這本書討論的，表面上處理的是貨幣如何從有價值物發展為功能性貨幣。但實際上對他而言，貨幣不只是主客體互動過程的交易手段，**更代表著一種生活方式。因為使用貨幣的社會必須有「個人」及相對的世界觀之存在，使追求（個人）經濟利益成為可能。社會成員也必須善於使用象徵，使心智在實際生活中成為最有價值的支配性能力，心智與抽象思考乃成為當時代的特色。因此，生活本質是基於心智。**自然，在這樣的社會裡，人必須超越直接的互動，因而要有類似現代國家的中央集權與廣泛的社群來維持客觀的法律、道德與習俗等。此外，除了社會發展為個人解放與

人格化的條件外，心理因素或機制更是整個現象發展背後的基礎。
因為當貨幣成為貿易、衡量及表現物或商品的價值之媒介，會造
成超越個人形式的客觀化生活內容，並導致個人的孤立與自我認
同的困惑。所有的認知與價值，就如同貨幣的客觀價格是由主觀
評估而來一樣，均是來自主觀的過程與起源，特別是來自主觀非
理性的情緒。換言之，貨幣所代表的生活方式，主要便圍繞在如
何剔除情緒而依賴心智。這裡不只涉及每個人都有的普遍性理性
與主觀非理性的情緒假定，也涉及到主觀與客觀文化間的關係所
構成的當時代生活方式。而貨幣本身不僅是時代的創造，就如同
藝術品一樣，它更具體地表徵著當時代的特性或是深層靈魂。是
以，它不僅影響到生活的許多層面，而且它本身就代表著一種生
活方式。這對當代尋求新自由主義之外的可能性者而言，具有重
大的意義。

　　在政治領域裡 ， 前面在講權力時 ， 就已提到束南亞的靈力
(potency)，最早發現於泰國，而且是透過護身符這物件而發現的
(Tambiah 1984)。因泰國小乘佛教的關係，每個地區都會有僧人因
修養到達某一境界後，變成該地區的模仿對象而成為聖人，並將
其圖像印刻在陶土上，燒成護身符，以保護該地區的百姓，形成
一種看似沒有秩序的社會秩序。因此，泰國雖沒有有效的行政體
系來統治這國家，又不曾被殖民統治而沒有建立現代的文官制度，
卻能維持應有的社會秩序，實得歸功於**這種完全由被統治者模仿
聖人而產生權力上的影響力之靈力觀念 ， 影響到後來 Anderson
的《想像的共同體》及葛爾茲的文化性權力的發展。**

　　就族群的研究領域而言，物的帶入，也使該領域的研究有所突破，這可見於 Comaroff 夫婦所研究的 *Ethnicity, Inc.* (2009) 一書上。其寫到一個有名的研究個案，是住在南非西北部 Kalahari 的 San 人。San 人一開始就沒有族群，過去他們生活在沙漠中，大部分時間是分散四處，很少集合成群體。所以他們沒有自稱，San 是他稱。他們的主要食物為沙漠中一種植物的根。吃了之後，不僅提供必要的養分，而且不容易有飢餓感。英國藥廠發現它可以做成減肥藥。為了壟斷這利益，藥廠就找到這群人分散四處的後代，組成 San 族人的協會，簽訂文化權的轉讓。於是，這族群只有在分配藥廠提供的利益時才存在。這例子正說明當代**新的族群性觀念是牽扯著政治權力與經濟利益在內，已經與過去的族群往往是結合社會文化的各個層面之群體，全然不同，也使我們對於當代族群性的問題，必須有新的理解與出發點不可。**

　　在思考領域裡，Jack Goody 於 1977 出版的 *The Domestication of the Savage Mind* 一書中，就指出文字的發明，對於人的思考有很大的影響。至少，我們現在熟悉的邏輯思考方式，必須在文字存在的前提下才能進行，也使知識得以大量累積而不斷發展。但相對於文字，當今網際網路的發明，更創造了所謂的「資料庫模式」思考方式，以相對於代表現代性的「樹狀圖模式」：後者是個體只看到許多小事件，但其背後有一個深層的大敘事（或大的知識體系）所決定（東浩紀 2012）。但前者是個體不僅可看到眼前的許多小事件，也看到小事件背後深層資料庫。因此，現代性下的個人，是透過小故事的深入來追求深層的大敘事。但後現代的

御宅族，而是利用資料庫來精巧化每個他有興趣的小故事，卻不
會去建構大敘事或大的知識體系。這兩種認識世界的方式，也代
表兩種不同的思考方式及其衝突，並阻礙知識的繼續累積與發展。
事實上，這衝突更阻礙當今社會人文學科的突破。只有超越這兩者
的對立，才可能有所進展。這就涉及物或物性研究上本體論轉向。

七、本體論的轉向

本體論的轉向，一開始還是來自物質文化研究者的挑戰。
2007 年，一群物質文化研究者覺得人類學理論在後現代以來沒有
什麼突破，因此，Amiria Henare、Martin Holbraad 及 Sari Wastell
合編了一本書，*Thinking Through Things: Theorising Artefacts
Ethnographically* (2007)，指出物質研究從 Daniel Miller 經過 Afred
Gell、Bruno Latour，直到此書，物質研究才有從人文主義者到後
人文主義者的發展。雖然 Miller 有關物性的研究已經試圖模糊人
與物的界線，但物還是與人連結，就如他強調兩者間的辯證關係，
卻還是立基在人、物二分的基礎上。故無法做到對於物的地位來
自物本身。縱使他強調研究策略上應該結合「打破二元對立的哲
學模式」及「民族誌的敏感性 (sensibility) 及同理心 (empathy)」。
甚至他計畫由民族誌呈現某些物性是如何與物質世界的互動中實
踐之方式，解放物避免人主體的獨裁，以更深入了解人。他的作
法還是提高或解放物由它與人的能動性連結。同樣，Gell 強調人
造物 (artefact) 的能動性，是與人對人造物的意圖有關。是以人文
主義立場對物的研究雖已嚴肅地看物的性質，但仍跟人連結而無

法真正提高物達到本體論上的根本改變。Latour 的作法類似，他雖已混和組裝 (hybrid assemblage) 的概念來模糊人與物的界線來解放人，以避免「人類世」(Anthropocenc)。但 There is no thing in itself, other than in the modern chimera。 直到 *Thinking Through Things* 這本書才試圖進到後人文主義的地步[1]。這依賴他們透過民族誌提出研究上的兩個階段：1.物有如啟發性的，2.物等同於觀念，才達到目的。如 Holbraad 有關非裔古巴人在使用西非占卜的 *Ache* 觀念，及 M. A. Pertsen 用蒙古人的護身符為例，說明物質性的重要。在非裔古巴人占卜時用的粉，就是一種力量，因在舉行儀式時，占卜師使用的粉可以到處飛揚，顯示力量的移動擴散，而不是實體。而且，粉有著各種不同的力量用於不同的個案及情境，就如粉末從占卜師指上飛發而構成移動中力量的概念。這主要來自粉的穿透性，而粉提供力量本身是流動性的觀念。粉也成為所有根本的、最後的觸媒。

在蒙古人護身符的民族誌研究中，我們可以發現護身符裡面包含各式各樣的東西，乘載著占卜者（薩滿）每次治病時的經歷，它必須不斷地傳承下去。但除了護身符，占卜師做儀式時所穿的衣物也是不可少的。這過程或實踐，實包含觀念的轉換，從多面向到可突變性，增加了時間及改變的面向。薩滿的衣服也被描述為一個代表它自己的理論。作為文化人造物，如自然物，本身包含了每件可以用來解釋它自己。所以物跟它的物性及展示方式，

1.有關這本書的討論，可參見 Holbraad & Pedersen (2017)。

構成了它本身解釋內容，提供人類學家不只是與薩滿有關的知識，也是一種特殊化宇宙。但這些物本身正面能力正好具體化了「後多重的抽象」(postplural abstractions)。而這些並非是單純的心靈所創造，而是充滿著靈力 (potency) 及美麗，由它本身放射而出。這放射型的物，屈從於自身的尺寸、自身轉換及自身的抽象。由上，我們可知這本書的作家們，並沒有野心要證明物可以自己想，而是自成一格的理論，為整個過程的整合部分。而且護身符作為思想，是不可與薩滿及人類學的關懷分離。故它並不是形而上學上處理現象或真實是什麼，而是一種啟發性的、實驗性的探討觀念，以闡明這些物的分析問題。這種有時被稱為新物質論的討論，顯然跟後來 Kohn 及英格德的企圖超越現代性知識的基本假定，以尋求新知識的本體論轉向還有一段距離。雖然如此，一旦打破物是固定的形體時，我們就會面對它是一還是多的基本哲學問題。如水、水氣、冰、雪、雲等，是一還是多？還是否有其他知識與方法，讓我們跳出這西方知識傳統的困境！所以新物質論的研究還是有它一定的貢獻，這多少可以從下面有關蔡晏霖的研究證之。

蔡晏霖 (Tsai 2019) 的 "Farming Odd Kin in Patchy Anthropocenes"，一開始就在挑戰臺灣社會學家喜歡引用 Karl Polanyi 的「雙重運動」(double movement) 對於宜蘭地區奢華農舍及有機種植並存的解釋：奢華農舍是資本主義對於宜蘭農地商品化的逐漸侵占，而新農民運動已成為社會抗議的反運動 (countermovement)，以便農地去商業化而回歸到農地的基本價值上。但由作者所參與的土拉克農場的經驗，指出宜蘭農地混和的

農地地景並非是奢華農舍與新生態友善農夫的對立，而是雙方對
於他們與農地關係的不同組裝。奢華農舍的地往往是原在地農夫
年老退休後，顧及下一代能有較好的向上流動機會而出售，以便
他們到都市發展有利家庭的繁衍。但從事有機農業與生態友善的
新農夫，多半與當地人既沒有血緣姻緣關係，又沒有土地，只得
租借一小塊地來從事有機農業耕作而非慣習農業的生產，以便在
這過去慣習農業造成的生態及社會浩劫後已像是廢墟般的農地
上，重建社會、政治、經濟與文化生活網絡，讓他們進一步轉變
工業化農業食物系統的傷害與失敗。除了要友善對待金蘋螺、土
螺、水鳥、烏龜及各種魚形成後工業水稻生態內外的多重食物鏈
外，這些來自都市不穩定工作者在這鄉村組裝新的生活方式，以
培養新的商品鏈而行走於嗜好與工作、藝術家與工業家、資本家
與非資本家的生產模式間。並參與與當地人沒有血緣或虛擬血緣
關係的老大公宗教活動，以得到祂對土地的護佑。這樣交錯編織
規範性實踐與奇怪的親屬，造成這農業地景不再只是排他性的農
業，而是共活於混和的人類世。這研究凸顯了 Latour ANT 理論在
本體論上試圖打破人與非人對立上的可能貢獻。當然還是有其限
制，這將於第十六章有關本體論的轉向時，進一步討論。

第十四章
個體與人觀

一、人與社會的關係

在我們從小被教育的過程,包括筆者在內,都被規訓說每一個人都是獨立自主、生而平等的,所以人都要為自己的行為負責。這樣的人,依據 G. G. Harris (1989) 的定義,應該包括三個部分。第一是**個體**,也就是客觀的身體。第二部分則是**自我**,也就是主觀的主體性或主體意識。第三部分是**社會人**,也就是人在社會中的角色。不過,過去在社會科學的討論中,特別是在經驗論的科學觀影響下,即使是心理學,幾乎都是把個人當作是客觀存在的個體來看。所以,我們過去社會科學的討論,幾乎都是有關個體與社會的關係。譬如,Mary Douglas (1978) 的討論便是有名的例子。在她的觀點裡,一個社會的構成,主要由兩個軸線所組成,一個是她稱之為群體 (group) 的社會凝聚力 , 另一個是 「格」(grid),是共享一個分類系統或社會知識的人群。這兩個軸共構成五類不同的社會,以展現五種人與社會不同的關係。

第一類是群體及格都很強的社會,也就是社會凝聚力很高,

社會成員又共享一套分類系統及社會知識。**在這樣的社會中，個人幾乎沒有自主性或整體的自我，只有每個人在特定社會情境中的角色。**譬如，西非洲迦納的 Tallensi 人，是個非洲典型的父系世系群所構成的社會，成員共享著父系繼嗣的祖先崇拜，每個成員都依系譜來扮演應該扮演的角色。新幾內亞的 Gahuku-Gama 人也是，成員在這社會中，只有特定社會情境中的角色，而沒有個體或個體的認同的存在。換言之，**是個只有社會沒有個人的社會。**

第二類是群體與格都很弱的社會，西方工業社會便是典型的代表。在這類社會中，**個人的重要性往往超越社會的存在，因社會是由個人所組成的，是個人主義發達的社會，**儘管內部分化而互相依賴，但社會凝聚力非常的低，社會成員也難有共同的分類系統或共有的社會知識，通常必須依賴外力如法律或市場的機制，來維持社會秩序。

第三類是群體很強但格很弱的社會。這類社會的凝聚力很強，但缺少共同的分類系統及社會知識，使得這類社會群體難以持久，經過一段時間後就解散或分裂。譬如，大洋洲的大人物 (big man) 社會，或亞馬遜流域的印第安人，一旦形成了群體，其一時的凝聚力很強。**因人際間的關係或情感往往先於個人的存在。**但因沒有共同的文化分類或社會知識，使得這群人沒有內部的明顯分工或專業性的角色以為依賴，人際間的實際關係曖昧不清，所以很容易分裂或解散。群體的建立**往往是透過個人間的互動組成新的群體，故群體的界線很不清楚又不穩定。**這類社會大都是我們過去談及的社群性 (sociality)，雖然這類社會還是可以進一步分辨，

因它之所以一時可以成為凝聚力很強的社會，所依據的基礎完全不同，如大洋洲所依據的交換與亞馬遜地區所依據的情感機制，便是完全不同的。

　　第四類是群體很弱但格很強的社會。這類社會往往是個人流動性很大，但在群體中，個人的自主性卻降到最低點，因群體有著明顯而共享的分類系統與社會知識。**這在中非洲的民族，因很早就受過許多不同殖民國家的輪流統治，加上它頻繁遷移經歷，以及母系繼承與男性掌權間的矛盾，使得這類人往往無法形成明顯的社會組織，來維持界線不明顯的團體**。因此，儀式成了這類社會能結合在一起的主要機制，但卻不是被經驗論科學觀認為是理性的、制度性的機制。這種機制之所以能夠有效運作，**就在於成員有著共同的分類系統與社會知識**。如中非洲尚比亞的Ndembu人，便是典型的例子。換言之，**這是個文化先於個人的社會**。

　　第五類則是完全超越群體及格的群體，既沒有社會凝聚力，也沒有共同的文化分類系統或共享的社會知識，是個只有個人存在而沒有群體的人群。故人與人之間，只有個人的私利，是一種極端的個人主義社會，不僅個人超越了群體，也沒有外在於個人之外的力量來維持社會的秩序。譬如，為了解決飢餓，父母可以拋棄兒女，**是個只有個人沒有社會的社會**。這可見於中非薩伊的Mbuti人或烏干達、肯亞的Ik人。但這兩個社會都是長期深受飢餓、戰亂的社會，這種極端的個人主義社會，是否是一種正常的現象？還是特殊的現象？還有待釐清。

二、經驗論科學觀的限制及牟斯的挑戰

上述討論人與社會的關係，因是建立在經驗論科學觀的基礎上，使得我們無法了解許多社會文化的現象。如筆者在第一章已提過布農人打乒乓球的獨特方式、分財產依個人的貢獻與能力而來、以及聚落成員間以相對能力來交易的例子，均讓筆者在從事田野工作時感到困惑不解。

這三個例子都涉及當地布農人主觀的文化觀念，但當時還深受經驗論科學觀影響的筆者，並沒有去探討當地人文化主觀的人觀，所以無解。一直到 1984 年，筆者到倫敦政治經濟學院唸書時，才重新理解到牟斯的理論，也才開始注意到他有名的文章 "A Category of the Human Mind: The Notion of Person, the Notion of Self" (1979) 所表達的意義。這篇早在 1938 出版的論文，主要是批評我們現在大家都習以為常的認為人是獨立自主、生而平等的觀念，其實是西方資本主義興起以後才逐漸發展出來的，而且一直到 17 世紀下半葉、18 世紀上半葉才普遍化。在此以前，反而深受基督教人觀的影響，包括人是生而有罪的；財產的有無，往往決定這人是否是公民。故這論文隱含對於資本主義文化所塑造出強調人的獨立自主、生而平等的觀念的解構，指出人觀其實是文化主觀的建構。這種有強烈文化建構論的觀點，在經驗論科學觀主宰的時代，完全被學界忽視，一直到 1980 年代，資本主義有了新的發展而進入新自由主義化的新時代，人觀有著激烈的改變，這篇論文才又被重新提出討論。像 1985 年， Carrithers, M.; S.

Collins & S. Lukes 合編的 *The Category of the Person: Anthropology, Philosophy, History* 一書,便是重新印行牟斯這篇論文,並由人類學家、哲學家及歷史學家,一起來討論這篇論文的價值與意義,結果引發國際社會人文學界對於人觀的研究。這風潮也與新自由主義化時代導致當代人改變對人的看法有關,包括強調人的主體性、多重而破碎的自我,並著重非理性的感情與情緒的重要性等。也在這樣的新時代歷史條件與學術氛圍下,讓筆者想起布農田野裡的上述三個困惑的經驗,才意識到其實那是涉及布農文化傳統的人觀。因布農傳統的人觀是強調人生而不平等的,每個人的能力都不一樣,因而發展出他們的人生觀,除了強調每個人在有生之年,都必須盡己之力,努力貢獻給社會群體,以肯定自己在社會中的地位,並發揮個人的能力與得到自我的認同外,更強調能力強者必須照顧能力弱者,因而形成平權的社會。上述三個布農的例子,都可以由此得到進一步的理解。

以第一個打乒乓球為例,既然承認每個人的能力不同,若對方明顯不如自己,則勝之不武。因此,比賽過程中,雙方都可以因球難接而放棄卻又不失分。但這樣一來,很可能使比賽頻頻中斷而難以為繼。因此,最理想的乒乓球遊戲,便是以實力相若的人作為對手。同樣,以三兄弟分財產為例,對他們來說,依據每一個人的能力及過去的貢獻或努力來分財產,三兄弟均認為這才是「平分」。即便是年輕時就到都市工作而沒有分到土地的老三,他也認為這樣的分法是很「公平」的。至於傳統的交換,是依據雙方的相對能力而來,才符合人的能力是生而不平等的,以及強

者照顧弱者的人生觀。但這僅限於傳統聚落內的人，聚落外者則完全採取占盡便宜的立場來交易，當然沒有強者照顧弱者的意義在內。

三、人觀：文化主觀的建構

也因這新發展得以跳出過去經驗論科學觀的限制，使筆者得以布農人的人觀完成博士論文，並使臺灣的社會人文學界的研究，進入所謂文化主觀的研究層面。在這趨勢下，我們可以發現，在資本主義文化影響之前，其實不同的民族都有其獨特的人觀，不同於資本主義文化所強調的個人之獨立自主、生而平等的觀點（黃應貴 1989）。譬如，我們在前面幾章一再提到大洋洲的人觀，強調關係先於人的存在，因此每個人要能認定自己之前，得透過不斷的交換過程，才能建立起自己的身分地位。像一個人的母親之兄弟，並不因外甥出生後就理所當然地成為舅舅，而是在外甥的生命成長過程，包括命名、成長、結婚、生小孩、死亡等關口，都能給外甥作為舅舅應該給的禮物，而外甥又能回禮，才能建立舅甥的關係，並不是天生命定的。只要有一方沒有在交換過程有適當的回應，這關係就無法建立。換言之，這關係必須依賴關係人努力去填滿必要的禮物交換，才能建立真實的人際關係。

更極端的例子是紐西蘭的毛利人，他們傳統上認為每個人的各種行為都是由其各種器官所決定，而不是有一個代表個體存在的自我存在來負責。因此，他們沒有罪犯的概念。包括殺人，並不是由某個人來負責。而且，他們相信人的器官之間是有所聯繫

的，故所有的罪過，往往是由群體來負責，而不是由個人來負責。

　　不僅上述原始民族所建構的人觀與資本主義所強調人的獨立自主及生而平等不同，即使文明古國的人觀也大不相同。如日本很強調**場所**與**上下關係**，故你是屬於哪個藩主或哪個企業，是很重要的。但同屬一藩主或企業的人，進入該場所的先後就很重要而有其上下關係。這種對於人的看法，從傳統到進入新自由主義化之前的日本社會，都可以由此來了解。譬如，同一個老師的學生，就如同進到同一個場所一樣，這些學生間，將依其被老師收為學生的先後，而形成上下關係，不能逾矩。但同一輩的學生當中，因地位是平等的，所以競爭相當激烈。

　　另一個例子表面很像布農族，實際卻大不相同。這便是有名的印度種姓制度下的人觀 (Dumont 1970)。表面上，它也強調人是生而不平等的，但和布農人所講的個人不平等不同，而是人群分類上的不平等。譬如，印度種姓一般分成婆羅門、剎帝利、吠舍、首陀羅等幾個主要的種姓。但實際上，在每個村落因過去的歷史發展，可以更細分出十幾、二十個種姓。這其中的分類，往往是依純淨 (pure) vs. 非純淨 (impure) 的原則來區分。分類之間，往往有著社會分工的上下關係。其中，食物的純淨與否，更直接影響人群的分類與分工。愈是下層的人，愈會汙染上層人的食物。但即使是上層的人，還是有許多汙穢的事，必須由下層的人來處理。譬如排泄物或屍體，是具有高汙染性的，就必須依賴下層的人。但婆羅門之所以地位最高，主要是它所代表的涅槃境界，其實是超越各種分類的類別。至少它是男也是女，既不是男也非女的超

越分類的一種境界。其次，種姓或分類之間的關係，是一種集合
的關係，也就是婆羅門是與其他所有的類別區分，而不是與剎帝
利單獨區分。同樣，剎帝利是與其他所有比它低下的人區分，而
不是只與吠舍區分。故同樣是強調人生而不平等，卻與布農人的
人觀截然不同。

四、人觀如何幫助我們超越既有社會人文學界的觀念之限制？

　　由上面幾個例子，已足以讓我們了解到前資本主義的社會，
其人觀往往因其文化主觀的建構，而有相當多的差異性及歧異性。
這對我們既有的社會人文學科之理論概念，可以有怎樣的突破與
挑戰？這可由上述印度的人觀對於我們社會科學既有的社會觀念
之挑戰談起。在過去社會科學的討論，我們往往假定了所有人類
社會有其一定的共同要素，所以才可以尋求人類社會的普遍性原
則，才有社會科學發展的空間。但由印度社會人觀的研究成果，
我們可以清楚看到印度社會與西方社會的根本差別 (Dumont
1970)：

　　　1.西方近現代社會是建立在**平等**的觀念上，相對而言，印
　　　　度社會卻是建立在**階序**的觀念上。
　　　2.西方近現代社會是由**個體人**所組成，而印度社會是由**集
　　　　體人**所組成。
　　　3.在**平等**觀念下，西方近現代社會是透過**政治、經濟制度**

或機制組成社會，而印度社會是在**階序**的觀念下，**透過
互相依賴、互相隔離的意識形態組成社會**。

4. 西方近現代社會的**政經結構是重要的**，所以**現代民族國
家是必要的**，但印度社會與現代民族國家無關。

5. 西方近現代社會的**宗教，是個人性的**，是私密性的，就
如社會，**是次要的**。而印度社會的政經結構是次要的，
宗教反而是主要的。

6. 這並不表示西方近現代社會的個人傾向完全沒有集體主
義的存在，正好相反，**因反對個體化或個人主義化，往
往造成集體主義及階級的出現**。反之，印度社會一直有
遁世修行者之類的世俗化個人，來相干扞或相彌補。

由上可知，每個社會有其特色，往往不是由西方近現代社會為原
形所發展出來的一般社會科學理論所能涵蓋的。至少，由上述印
度社會的特色，我們可以知道印度社會變遷的方向：

1. **印度的政經變遷很順利，因對印度而言，是次要而又孤
立，不影響到其他社會文化層面。**

2. **因有遁世修行者的觀念，故相對容易接受西方個人主義。**

上面的討論是在指出，任何一個社會因其文化主觀的建構，
使得每一個社會都有其特殊性，故對它的了解，只能從其歷史脈
絡的發展過程中來了解，而不能直接透過社會科學的理論來解釋。

事實上，因人觀的引入，有助我們對於許多社會科學研究領域有所突破或進展。以**政治**為例，過去我們在前面一再提到以布農的平權社會對比於排灣的階級社會，卻沒有解釋為什麼會有這種不同的發展？但從人觀的角度，相對於布農人的人觀，**排灣人認為每一個人身上有其 *lugen***，有如布農人的 *hanitu*。**但貴族的 *lugen* 不僅與平民不同而使貴族只能與貴族結婚，更因貴族的 *lugen* 往往會隨著小孩出生先後而逐漸淡化，故這也是他們會採取長嗣繼承、餘嗣分出的主要理由**（譚昌國 2007）。

就**宗教**領域而言，在臺灣原住民當中，大部分是在二次戰後開始接受基督宗教。但為何開始時，有些原住民趨於接受天主教，而有些趨於接受基督長老教？除了接觸的時間因素外，最重要的因素便涉及該社會文化上的人觀，**愈是階級性人觀愈是趨於接受天主教，愈是平權社會的人觀，則趨於接受基督長老教之類的新教**。因天主教是由上層的神職人員來決定教務，故有很強的階序觀念。但基督長老教是由平信徒投票選舉教會長老及執事、乃至於牧師，故有平權的傾向。因此，平權的布農人趨於接受基督長老教，而階級性社會的排灣及阿里山鄒族，則傾向於接受天主教（黃應貴 2012b）。

就**親屬**研究領域而言，人觀也幫助我們了解親屬範圍的界定，不全依賴血緣或姻緣，而是當事人是否遵守與履行親屬行為的規範，也必須從其人觀來了解。在有關布農人的親屬研究中，我們已發現許多傳統布農人的家可有沒有血緣或姻緣關係的人一同居住，而且視其為家人與親屬，因為布農人的人觀中，認為人的

hanitu 雖是繼承而來，但後天的努力可以增強當事人的 *hanitu* 並繼承下去。故布農人很強調當事人的實踐，是否履行親屬應有的行為規範或義務。是以，一個由祖父母撫養長大的孩子，往往視祖父母為父母，而視沒有履行父母義務者為外人。事實上，這種強調實踐的特性，幾乎是南島民族當中，平權社會的普遍現象（黃應貴 2012a）。

在有關族群的研究上，人觀的研究更帶來這領域研究上的突破。族群研究之所以在 1960 年代蓬勃發展，除了現代民族國家治理上的需要外，Fredrik Barth (1969) 透過「**族群邊界**」的概念，提供了研究族群的必要觀念之結果。不過，對於界定族群邊界的基礎是什麼？當時有兩個主要的理論（黃應貴 2021e），一個是依先天而來的「**根本賦予論**」**(primordialism)**，強調族群有如親屬，是天生命定的。另一派則認為族群或族群認同是易變的，往往會隨著政治經濟條件的改變而改變，此即「情境決定論」**(circumstantialism)**。過去的族群研究幾乎都是在這兩者之間掙扎，一直到 1990 年代才有所突破。這突破來自於大洋洲南島民族的研究而來。其中，Jocelyn Linnekin 與 Lin Poyer 的研究 (1990) 指出，族群性可分為兩種形態：**孟德爾型 (Mendelian model)** 與**拉馬克型 (Lamarckian model)**。前者強調了族群性是由類似親屬的繼嗣所決定，是天生的；後者是經由行為的轉變過程 **(process of becoming)** 而來，是以實踐的結果建構其認同，更是大洋洲民族在族群性界定上所表現出來的特性。因大洋洲南島民族的文化認同，不僅可以自我轉換，而且往往是多重認同，必須存續於社

會關係中。這種奠基於大洋洲南島民族人觀而來的自我與族群認同，遂成為大洋洲民族誌在族群或族群性研究上的獨特貢獻。這可見於 Rita Astuti (1995) 對於馬達加斯加島西部濱海的 Vezo 人研究。**Vezo 人的自我認同來源，來自當下「所做的」(doing) 行為，而非源自歷史或由起源祖先所決定。換言之，「是 Vezo 人就是作為 Vezo 人」 (to be Vezo is to act Vezo)；「Vezo 人」是一種行為的結果，而不是一種存在的狀態。「作為 Vezo 人」的行為是由學習而來的。當他們生活在海邊，學會捕魚，就成為 Vezo 人。一旦他們遷移至內陸而學會打獵的生活方式，他們就成了另一種族群的人。故非 Vezo 人也可透過時間藉由行動變為 Vezo 人。因此，韋柔性 (Vezoness) 不是固定不變的，而是著重當下的外顯行動。故此，Astuti 認為 Vezo 人有如透明人，沒有內在的本質。**人觀影響族群研究有所突破的成果，在第十三章的物提到 Comaroff 夫婦的成果之前，是這領域最重要的突破。而上面所說，主要是指人類對人的看法，不僅是文化主觀的建構，更是與政經或歷史脈絡相符合。有了這層理解，我們可以進一步來談新自由主義下的人觀。

五、新自由主義化下的人觀[1]

1. 多重人觀與自我

　　一般認為：從 1970 年代末期以來所發展出的新自由主義，到

---

1. 本段主要依據黃應貴 (2020a) 成果而來。

21 世紀初已經漸成熟而遍及全球。它之所以能發展出當代的新面貌，網際網路的科技發明是不可或缺的前提或條件。因為只有在網際網路存在的條件下，資本主義企業才得以將生產過程分散至世界各地最有利於實現利潤的地方，而不必像過去一般集中於一地。然而，網際網路的普及化，卻對人類社會帶來極大的影響。過去人類社會中個人的自我認同，是在人與人之間密切的、面對面互動與回應過程中逐漸形塑而來 。這是 C. H. Cooley (1964) 及 George Mead (1967) 所說的「鏡我」(looking-glass self) 理論。雖然，自我認同的建立或是榮格 (Jung 1969) 所強調的自性化 (individuation)，係指涉發展整全性的人格，以與他人有所區別的心理分殊化過程。然而，在現代化過程，自我認同仍必須憑藉民族國家、階級、核心家庭、族群團體等社會文化的形塑與制約，透過人與人之間的面對面接觸互動而得以發展，即使在存在主義達到高峰的 1960 年代亦然 。但是，網際網路的發明及手機的流行，使得直接的面對面互動機會不斷減少，等於無形中減弱了我們建立自我認同的機會。因此，這個新時代出現之初，即埋下了一個嚴肅的課題：**我是誰？**

　　除了網際網路之外，交通與溝通工具的快速發展也是新自由主義得以發展的相關前提或條件。這些使得人、物、資金、資訊的快速流通，超越現代民族國家的限制，既有傳統社會組織沒落，從而使個體與自我得以發揮到極點。是以，人得從既有的社會組織或社會規範中解放出來，使人更得面對人原生的自我。然而，從當代腦神經心理學家李寶 (Joseph LeDoux) 晚近的研究

(LeDoux 2002) 中，我們發現人的「突觸式自我」(synaptic self) 是由 「平行神經輸入」 (parallel neural input)、「突觸可塑性」(synaptic plasticity)、「調幅器的協調」 (coordination by modulators)、「輻合區神經自組」 (neural self-assembly in convergence zones)、「下行因果關係」(downward causation)、「情緒激發」(emotional arousal) 等幾個系統運作的過程共同構成。其間，每個過程又各自不斷擴張地界定自我。這樣的自我當然不是單一一致的 (unitary)，而是在生理、生物、心理、社會、文化等層面均存在著許多內在不一致性的單一合體 (union)。換言之，若缺少社會文化的塑造與約制，人與生俱來即是有多重人格或是破碎的自我。這自然加重了「**我是誰？**」問題的嚴重性。

另一方面，更因為新自由主義的全球性發展，消費主義主宰當代人的日常生活，使得人與商品或物的互動，成為當代人尋找自我認同主要且普遍的方式。這裡所說的「物」還包括空間與地景等。但是這種建構自我的方式，往往因商品的更迭快速或全球流行，即使經過個人的各自拼湊，仍很容易造成破碎的、多重的人觀與自我。更嚴重的是，多重的人觀與自我，往往彼此矛盾衝突，使人極為痛苦。此一發展的結果經常是以暴力方式將內在的痛苦發洩出來，加諸外在世界，讓家與社會承受更多傷痛。因此，這時代的暴力將是人類歷史所未曾經歷的，而隨機殺人事件即是這類暴力的典型代表。

上述問題因為新時代的發展，使人從既有的社會組織中解放而更加凸顯，因而人不得不面對人性中的不同層面、多重破碎的

自我，包括人性中的黑暗面。是以，「**我是誰？**」幾乎成為新時代的關鍵性問題，就如同存在主義在 20 世紀兩次世界大戰後，因為工業化使人宛如成為大型機械中的小螺絲釘，迫使人追求自我的存在而成為當時的時代精神一樣。但二者的成因不同，必須另尋解決之道——當前時代的存有問題，很難只透過個人內在的超越來解決，而是必須與人面對面直接互動中找到自己，這是 Jackson (2005, 2009) 所謂的「**關係性存有**」(relational being)，是「**互為主體性的**」(intersubjective)。

2. 認知科學所確知的宗教心靈

晚近的認知理論，則與演化生物學及發展心理學的發展有密切的關係。特別在有關宗教的研究上，以「**反直覺的本體論範疇**」(counter-intuitive ontological categories) 的概念來探討宗教觀念與儀式的認知基礎，已發展到具有重新解釋宗教現象的能力。以波爾 (Pascal Boyer) 的研究為例 (Boyer 1994)。波爾的基本觀點是：過去宗教人類學的研究，往往是討論人群的宗教概念，用來表現或解釋身處世界的抽象知識系統。換言之，人類學的研究基本上是以理性或知識的角度來討論信仰、觀念，以了解其宗教行為，或人群對世界的認識與解釋。但是，這種研究傳統無法幫助我們了解當地人為何去接受這些概念並產生信仰的過程，而這才是宗教人類學應關心的。然而，當地人為什麼相信，涉及到並非日常生活知識所能證明的某些現象，例如鬼、神。到目前為止，其存在仍無法具象地被證明。因此，當地人是如何去認識與相信這些存在呢？對波爾而言，這涉及到四個層面：本體論、因果、社會

範疇、儀式事件。每個層面都涉及不同的認知原則。波爾所代表
認知人類學的論點，進一步表現在他晚近 (Boyer 2001) 的著作上。
他認為：人類關於神或精靈的宗教觀念，雖是具有反直覺
(counter-intuitive) 的性質，但基本上是人類認知系統運作的結果。
比如，它多半是擬人化的 (anthropomorphic)。因為，在人的認知
指涉體系中，沒有比人更複雜的存在。超自然觀念既然是無所不
知、無所不在又包含各種指涉系統，只有擬人的想像才可呈現其
複雜性。超自然的性質，又往往以一般的人性來呈現，特別是人
的心靈。只是，它往往具有狩獵 (hunting) 及掠奪 (predation) 的隱
喻，是危險或駭人的，具有某種程度的曖昧性或本體論上的不確
定性。儘管超自然存在有其文化傳承的一面，但對波爾等認知人
類學家而言，超自然的宗教觀念，是人類認知系統運作之下自然
產生的結果。這些當代的腦神經心理學或認知科學的新發現，都
足以讓人類學家修正對人的看法：不再視為只是文化主觀的建構。

3. 當代金融制度對於主體的塑造

當代對人的理解，更因為金融資本主義新制度及其他外在環
境對人主體性的塑造過程，往往不為一般社會大眾所意識到而增
加了解上的困難。Lazzarato (2012: 145–151) 論及金融制度或體系
的運作過程如何塑造債權人與欠債者的社會類別及其主體性，就
清楚地說明了此種不被當事人所意識的社會類別是如何形成。舉
例：在金融危機發生時，政府從事失業救濟的過程中，必須設法
了解個別失業者失去工作的原因，及其未來找到工作的機會與可
能性，因此每個失業者的資料都愈來愈個人化、特殊化。此外，

政府一再引導 (conduct)、指導 (direct)、帶領 (lead)、指引 (guide)以及監看 (monitor) 當事人，導致每個失業者都成為「欠債者」，只能按政府的輔導與指示工作，獲得暫時補助。前述過程一方面檢視福利受益者的生活、計畫與效度，以牽動個人內心深處，引領其行為，進而創造出社會順服 (social subjection) 這類非自願性的主體；更透過個人良心、記憶、再現等，進一步塑造社會順服的欠債者。另一方面，經由國家與各種機構的調查和填寫表格而出現的「機器式臣屬」(machinic subjugation)，產生了「分子組成的 (molecular)（如身體的某個部分）、個人之下的 (infrapersonal)（如被壓抑或放縱的無意識自我），以及前個人的 (pre-individual)主體（如既有的社會角色）」，使個人成了自我難以意識的「分裂的人」 (dividual)──這個過程並不是經過個人反身性 (reflexive)的意識與再現，因此往往難以意識或察覺。例如：人們使用自動提款機 (ATM) 的過程本身，就涉及了自我、主體與個人等的拆解程序，但 ATM 使用者從來不曾思考到這個層面。由此觀之，社會順服 (subjection) 是啟動非自願的個人 (individual)，而機器式臣屬 (machinic subjugation) 是動用非自我意識的「分裂的人」來當作人的操作、能動性及要素。此外，相較於社會順服是從規範 (norms)、規則 (rules) 與法律來看非自願的自我關係，機器式臣屬則是由機器的技術過程與指令 (instructions) 等層面來理解非自我所能意識到的「分裂的人」。Lazzarato 將金融資本的制度運作特性帶入主體性之生產的討論，不僅凸顯出當代人的複雜性，早已超越過去資本主義興起過程所強調人之獨立自主性的人觀建構，

其所討論的主體，更超越了現代性主體，進而引出了什麼是「主體性」這個大哉問。

正因外在制度運作所塑造的主體是非自願乃至於非自我意識的，使得主體性的使用漸取代了自我的重要性，卻又有時代的精神與意義在內。故 Romin W. Tafarodi (2013) 會認為 Raymond Williams 的「感覺的結構」(structure of feeling) 有助於我們理解當代的主體性。因為這個概念指涉特定時空下的生活像什麼？尤其是情緒的調性 (emotional tone)、敏感度 (sensibility) 等不能化約為社會特性及生活方式，以及個人對於社會真實的「創造性回應」(creative response)。個人經歷過的生活，有很大一部分不能由後來的自己所涵蓋 (即後來的自己重新解釋自己的過去)。這當然是在新的全球經濟壓力下，制度形式、價值與實踐被塑造，自我與認同的反思也改變。當代的反思之想像的輪廓是經由消費者的生命政治而來，其中充滿著挫折的欲望、挫敗的希望、破碎的允諾及詐欺，使個人成了有無限靈活性的幻想。或是一種深深的失落而渴望過去的想像，因而產生傳統無止盡的再創造，乃至於對反對性、暴力性的再認要求。而這無限靈活性的自省，也將貶值、荒廢、暫時性等吸納入個人對於未來及自我的理解。換言之，當代人是不斷地拼湊自己，而呈現多元、破碎、流動性的主體化過程。甚至如 **Henrietta L. Moore (2011)** 所說「主體 (subject) 不同於自我 (self)，主體應當被視為是多重建構的 (multipleconstituted)。個人的自我會認同在不同的面向上或情境下採取不同的主體位置，而這許多由論述、情感或結構所形成的

主體位置，構成了一個主體性的矩陣。因此，主體化的過程是一個開放而持續進行的過程，而主體位置的陣列不僅可能會有所變動，其間也可能會相互衝突而非永保協調」（張正衡 **2021: 314**）。

　　由上，我們就可以理解到在當代新自由主義的政治經濟歷史條件下，個人從既有社會組織解放後，必須面對生物性的多重或破碎的自我與本我，宗教性、制度性與外在政治經濟條件所塑造的各種主體，造成人無法像過去所認為的一般，透過人與人實際互動而來的鏡我來建立自我的認同。使得「我是誰？」的問題，成了新時代最嚴峻的課題之一，也是一般人在日常生活中最主要的關懷之一。這便涉及如何經由關係性存有的建立來重新建構自我來解決。但在談自我重構之前，我們必須先意識到一件事，人的存在，除了理性的意識層面，更有其非理性的層面，包括潛意識、非意識、以及情感與情緒等的部分，這將是後面討論的主題。

第十五章
情感、潛意識與主體性[1]

一、理性主義的限制

 1980 年代後現代理論的出現，主要是解構資本主義興起以來所建構的社會分類或概念，以便得以面對新時代的新現象。但後現代理論雖有其解構之功，但大都只是消極地解構，並沒有積極地再建構，更何況，後現代只是一個籠統的名詞，包含太多不同的觀點與作法，甚至是相衝突的，反而造成混淆。因此，源自亞里斯多德而集大成於康德的基本分類概念之研究的引入，才讓既有的社會人文學科有了解構與再建構的新發展。此一發展，不僅引起各學科或各研究領域有所突破，甚至發展出新的研究領域。譬如，當我們把時間帶入有關現象的研究時，不僅對於工業資本主義或現代核心家庭的出現有不同的理解，甚至引出文化如何界定歷史、文字以外為載體的集體記憶等，因能建構出多元歷史而挑戰了既有的國族史。同樣，空間、物與人觀的引入，不僅挑戰

1.本章主要依據黃應貴 (2002, 2020a, 2021m) 的研究成果而來。

了既有的研究領域的成果而有所突破，更創造出新的研究領域。像空間與物導致的家社會觀念對既有親屬研究的挑戰、空間與人觀對於平權社會或階級社會的新理解、或物對於經濟研究上的突破、或物與人觀對於族群研究上的挑戰等均是。而由東埔社布農人的例子，我們更看到這些分類概念的引入建構出新的研究領域或範疇，使我們對於人類社會的歷史演變過程有了過去所沒有的理解。因這三個分類概念（指空間、物與人觀）的引入所呈現的歷史現象，不僅不同而相輔相成，更有著共同的大歷史趨勢，使我們得由個案的研究反映出更大社會的發展過程與趨勢。

但另一方面，基本分類概念的研究，原則上仍來自西方理性主義的知識傳統，有其實質上的限制。至少，傅柯在他的《性史》(Foucault 1978, 1985, 1986a, 2021) 已經清楚地指出，在人類社會文化的現象上，最終的解釋來自人本身的非理性之情感與情緒的力量，而不是過去所強調的理性客觀之結構性力量，那只能視為條件之一。在當代新自由主義化過程，這論點造成人從既有的社會組織、社會規範及文化價值中解放出來，使人的個體與自我得以發揮到極點的新歷史條件下，是有其說服力。這也涉及了非理性的情感或情緒、潛意識及主體性的問題。

二、非理性的情感或情緒

社會科學所說的現代性，主要是指西方資本主義興起以來，經歷啟蒙運動，透過科學、理性、科層組織等的發展所帶來的力量，讓資本主義得以全球性發展，造就了近現代世界的出現，成

了涂爾幹、馬克思、韋伯等理論大家所要解釋的對象，也是社會科學所稱的現代性所在。但另一方面，伊里亞思在 1939 年所提出的「文明化」理論，便涉及非理性的心理動力之重要性。因在他 (Elias 2000) 的文明化理論中，認為人類文明的發展主要是為了控制所有人內心深處所存在的心理內驅力，如攻擊、暴力等，因而發明了新制度，讓這些心理動力得以有適當的管道發洩或加以控制。如此，人類文明才得以進步。但這類探討所關心的，往往是人內心中非理性的部分，甚至是人自己都不易察覺的潛意識或心理情結。也因這類心理動力所涉及的是非理性的情感或潛意識，在西方理性主義的傳統限制下，伊里亞思的理論幾乎完全被忽略，一直到 1980 年代以後，因資本主義新的發展所造成的新自由主義條件下，才重新被學界重視。但伊里亞思的理論，實銜接佛洛依德以來對於過去現代性所依賴的人之自主性的質疑。

西方自經歷文藝復興、啟蒙運動，逐漸發展出現代化所強調且為我們現在所熟悉的每個人都是獨立自主及完整一致人格的人觀，而且是能力無限、不斷創造的進步觀念下的人觀。然而，到了 19 世紀，瑞典作家易卜生 (2004) 開始質疑人的自主性之後，佛洛依德進而發展出潛意識的概念，第一次正式挑戰人是自己的主人之觀點。而他提出的弒父戀母情結及戀父忌母情結，早已是文學、戲劇、乃至於一般社會大眾耳熟能詳的概念。事實上，在現代文學的發展過程，我們可以發現從西方現代文學的始祖，塞凡提斯 (2016) 的《堂吉訶德》開始，成功的文學作品，幾乎都涵蓋了上述理性與非理性兩方面的內容，以便同時回答「什麼是時

代精神？」及「什麼是人？」的兩個主要問題。它也同時證明到 17 世紀初時，上述理性與非理性早就普遍性地存在，只是啟蒙運動以來理性主義與經驗論科學觀的偏見，使我們無法正視伊里亞思所提出的非理性之心理動力的解釋。

三、對於既有文化傳統的新理解與新解釋

上述對於個人的自主性之質疑與非理性之潛意識的重視，使我們得以對過去已知的既有文化傳統，可有新的理解與解釋，並承認非理性的感情與情緒，還是有其文化性及時代性。譬如，過去最常被用於呈現美國文化特色者，便是 David Riseman 的 *The Lonely Crowd* (2001) 強調美國社會如何由他人導向 (other oriented) 的清教徒社會走向自我導向 (self oriented) 的個人主義社會。但若從非理性的情緒角度出發，依 Stearns, C. Z. & P. N. Stearns 的 *Anger: The Struggle for Emotional Control in America's History* (1986)，我們將會發現在 17 世紀的美國，生氣不為當時人所注意。而 18 世紀到 19 世紀中葉，由於工業化、都市化發展的結果，使得工作場所與家分離，並必須與許多陌生人接觸，如何控制個人生氣的情緒便成了重要的社會規範。甚至，容易生氣被視為是一種疾病。而 19 世紀中葉到 20 世紀中葉，家與工作場所被視為兩個不同的生活領域：在家中的私領域，每個人必須避免生氣，而在工作場所，生氣的釋放是被認為發揮個人競爭的動力而被鼓勵。

同樣地，依 W. M. Reddy 的 *The Navigation of Feeling: A*

Framework for the History of Emotions (2001) 的研究，法國 1789 年的大革命，最後變成暴民政治，而不得不依賴拿破崙的獨裁統治來結束失序，完全違反當初革命的目的，實是浪漫主義所導致的結果。但浪漫主義之所以會發生，其實是對於啟蒙運動以來的理性主義運動之反動的結果。不過，對於非理性心理因素的引入，主要的貢獻並不在於對既有文化傳統的新解釋，而是對於既有理論觀念的挑戰。

四、對於既有理論觀念的挑戰

　　最早對於既有理論的挑戰是來自 Jean L. Briggs (1970) 的 *Never in Anger: Portrait of an Eskimo Family* 有關因紐特人（原中譯為「愛斯基摩人」，現統一改稱「因紐特人」）的研究，對於人類學的家與親屬觀念的挑戰。在這研究中，原本 Briggs 意圖對在加拿大哈德遜灣西北部的因紐特人從事社會結構的研究。由於整個冬天都居住在雪屋裡，她直接觀察到雪屋內人與人間的情緒如何影響了互動關係，因而指出：真正建立因紐特人群體之間緊密關係的，往往不是原本人類學家所認為的血緣、親屬、或婚姻關係等親屬因素，而是人與人的日常生活過程裡的情緒所產生的作用。作為一個研究者，她被當地人接受的過程，也分為被接納、被驅逐到和解的幾個階段，這使得她重新去挑戰既有的親屬理論，認為親子之間被認為是習以為常的「愛」，並不是建立在血緣關係的親疏遠近上，而是建立在人與人之間的互動、情緒的基礎之上。Briggs 的個案研究，不僅因為討論情緒如何影響親屬關係的實際

運作，對親屬問題提供了由情緒來了解的新切入點，而成為情緒人類學的經典著作。更凸顯了游牧族群社會的個人化 (personalized) 特性，也涉及 1980 年代新民族誌及民族誌書寫、乃至於人類學知識性質等有關問題的反省。

在政治研究的領域上，我們也可見 Charles Lindholm (1982) 的 *Generosity and Jealousy: The Swat Pukhtun of Practice of Northern Pakistan* 有關 F. Barth 所研究過的 Swat 人的不同理解而來的挑戰。Lindholm 重新研究位於巴基斯坦西北部、接近阿富汗地區的斯瓦特巴坦，其動機是他在巴基斯坦旅遊之時，當地的貴族對他倍加照顧，讓他任意使用自己的房子，其熱情真摯如生死之交。由於這跟 Barth 所描述的功利主義權力觀念下的人有著天壤之別，Lindholm 相當訝異，並決定以這個地區作為博士論文研究對象。

在研究過程中，Lindholm 發現 Barth 的描述是正確的。男人之間確實充滿競爭與敵意，原因是這個地區缺少土地，極度依賴氏族制度來保障土地權利，氏族的分支結構原則極為鮮明，對外均高度團結。但是，跟非洲不同的是，氏族內部的個人關係是高度競爭的。兄弟姊妹之間、父子之間存在著潛在的敵意。例如，初為人父者，固然欣喜於新生兒的降生，但當兒子漸漸長大之後，父子之間便開始產生緊張關係，父親擔心兒子懷抱著篡位企圖。在當地文化中，男子被培養成具有獨立自主與攻擊性的個性，這樣的特性更與社會結構相輔相成。在這個社會看不到信任、愛、親密關係，反而看到孤獨的個人。也因此，該社會賦予友情很高

的價值，特別是與陌生人建立的友情。因為，陌生人不具有搶奪土地的動機。

此外，Lindholm 也注意到政治活動背後的普遍性情緒模式 (universal pattern of emotion) 之基礎，那是由愛與恨、統一與分離、群體與個人之間的辯證關係所構成。簡言之，由於當地社會過於強調個人的獨立自主，造成心理上偏向敵意與恐懼，也因此，為了心理平衡，在制度上發展成對陌生人的親切友情關係，以彌補原來的孤立與敵意。社會的運作與社會秩序的建立，不只是來自人跟人之間追求最大利潤的互動，背後還有心理的內驅力。

同樣地，Thomas Maschio (1998) 在他的論文，"The Narrative and Counter-Narrative of the Gift: Emotional Dimensions of Ceremonial Exchange in Southwestern New Britain" 研究位於新不列顛 (New Britain) 西南方的 Rauto 人，以情緒的角度來解釋因接受禮物的人疏於回禮，送禮者在情緒上產生憤怒、羞恥、悲傷等心理反應，以致於採取巫術手段來報復。不僅以情緒的解釋來回答牟斯所探問回禮義務的問題，更提供了不同於牟斯以物有 *hau*（精靈）會懲罰疏於回報者的解釋，使大洋洲民族誌進展到過去未能有效處理的心理層次上之理論討論。

在宗教研究的領域上，G. G. Harris (1978) 的 *Casting out Anger: Religion among the Taita of Kenya* 有關非洲肯亞 Taita 人的研究，指出 Taita 人認為**各種不幸**（意外死亡、失敗、天災等）**都是由神祕代理者的憤怒所造成的，所有的 *Kutasa* （儀式或習俗）都是為消除神祕代理者的憤怒，代之以愛。**這不管個人或集

體的儀式均如此。所以，**憤怒與愛**是 Taita 人宗教儀式的兩個基本的主題。但這樣的宗教儀式活動之所以有效，卻基於三個主要條件與實際過程而來： 1.內在心境、真誠的條件、人的感覺、新的慣性或心理過程。對作者而言，它是普遍性的生理心理機制之基礎或條件。 2.社會名位、關係的整體系統、社會層面、宗教與社會秩序的連結或社會關係的條件。 3.儀式的整體或儀式間的關係所發展出的神祕肇因。不過，對作者而言，情緒或心理的慣性在了解人的重要性上，不只是條件而已，它與其他條件或過程的結合本身實創造或呈現真實。而這社會的創造，並不只是反射心理的形成，而是社會與心理過程的會合形塑，不只是自然而也是神祕與文化的心之慣性。換言之，像 Taita 人的宗教，我們可以透過**憤怒與愛**的情緒來了解。雖然，這類心理解釋仍無法完全脫離社會與儀式的條件，尤其是家的成員關係上。

而情緒的帶入，也使我們對於過去非常類似的那些流動性大而沒有清楚界線的平權社會，更因其往往缺少世系群或法人團體的組織、擁有土地的團體、權威結構、政治與社會結構等，不易區辨其間的差別，現在則有新的切入點來分辨。以 M. Z. Rosaldo (1980) 的 *Knowledge and Passion: Ilongot Notions of Self & Social Life* 研究的 Ilongot 為例，正如大部分東南亞南島語族的平權社會一樣，出草是相當頻繁普遍的現象。但以往我們視之為血族復仇的活動，或是為了豐富作物的生長等宗教儀式目的。但在菲律賓的 Ilongot 人，凡是遇到喪失親人（如病死）或各種心理挫折（如追求女友失敗等）而造成個人心理重大不平衡時，就會去出草。

但在出草過程，最高的榮譽是給那位最先將獵獲的頭摔在地上，讓自己的怨氣得以發洩的人，而不是第一個獵獲人頭的人。

　　當然，因非理性的情緒情感之引入而挑戰既有觀念的最佳例子，便是我們在談政治與權力時，已提過並仔細討論的亞馬遜河流域的印第安人，因這看起來既沒有清楚疆界又沒有像血緣或地緣的法人團體之群體，其成員不斷地在重新組合及改變下，上個世紀一直無法理解它是如何運作的。直到這世紀初，研究者才發現當地印第安人其實是依賴心理的情緒或情感機制，來建構其群體的形成與維持群體的有效運作。其中，愛、照顧、陪伴、慷慨等情緒，往往正面地構成社會秩序的建立與維持，而憤怒、恨意等反社會的情緒，則造成社會的瓦解。以往無法了解這類社會秩序如何建立及維持，是我們既有的社會概念無法接受屬於個人內心的非理性心理內驅力可以成為解釋社會文化現象的因素，除了涂爾幹的社會事實概念的限制外，更是理性主義無法接受非理性因素的重要性之結果。

　　此外，從後現代以來的研究，我們不再相信社會結構或文化關鍵性象徵觀念的不變，多半強調變或混和與流動的現象，往往造成研究者的困惑：既然沒有不變的現象，那又何必了解過去？對這，Fenella Cannell (1999) 的 *Power and Intimacy in the Christian Philippines* 的研究個案提供一個值得深思的例子。有關菲律賓低地 Bico 社會，先後歷經西班牙、美國的殖民統治，從接受基督宗教開始，文化不斷改變，失去本真的傳統文化而成為多元、混和而不斷流動的後現代文化。但作者發現在不斷變化的表面下，有

著至今不變的情緒慣性。這與他們至今依然沒有改變而聽從父母安排的結婚制度有關。由於奉父母之命成婚，當地人對於配偶的情感，一開始會覺得是被壓迫而感到厭惡，但經過一段時間共同生活後，開始同情對方而有了親密的關係，最後產生愛。這樣的情緒慣性也見於當地治病靈媒產生的過程。由於靈媒工作辛苦而又不能收取報酬，因而沒有人願意擔任。通常被精靈附身而成為靈媒者，一開始都感到被迫而厭惡工作及病人。但當她了解來求助靈媒醫療的人都是沒錢去醫院看病的人時，開始同情他們，進而產生了愛心，貫注於治病儀式之中。這類共同的情緒慣性，也見於葬禮及聖人或 *Ama* 等儀式上。由此，我們不僅知道情緒慣性往往有一定的制度來支持，更可見到在文化不斷變化的表象下，可以有著較不變的文化特色，是存在於人的心靈深處。

　　上述的論點也可見於日本的心理分析研究成果上。相對於佛洛依德的觀念，日本精神分析學前驅古澤平作於 1932 年訪問佛洛依德時提出了「阿闍世情結」，正好解釋了日本家庭中母親與孩子的關係。我們知道日本家庭從明治維新以前就是以母親為中心，有如母系社會，雖經歷明治維新建立現代民法，而有了以父親為主的家父長制，使父權高漲。更因軍國主義的發展，父權達到最高峰，不過隨著日本戰敗男人戰死沙場，母親又重新負起家的重建工作。戰後父親再次掌握家之權力，並因日本戰後的復興而於 1980 年代初期到達另一高峰。但隨 1980 年代中期經濟的泡沫化，戰後體制的崩壞，以及失落的二十年，母親開始走出家庭，造成日本社會不小的震撼。這過程，不管日本家庭如何經歷表面上父

權的高漲與衰落過程，母親卻一直是家中不動的中心，直到母親
出走才開始有所改變，母親與家人間的情結，往往超過其他家人
間的關係而有其支配性。故日本人依佛經的故事發展出「阿闍世
情結」，除代表受苦受難的母親外，更反映日本人內心深處較不易
轉變的潛意識情結 。 這個觀點在日劇 「即使如此也要活下去」
(2011) 中被充分發揮。這也涉及文學戲劇對於社會科學面對當代
所能提供的啟發。

五、文學戲劇的啟發

上述的突破，在社會人文學科的領域，因過去理性主義之經
驗論科學觀的主宰，難有快速的進展，往往不如在文學戲劇上的
明顯突破。譬如，第五屆大江健三郎文學獎的得獎作品，**星野智
幸**的**《俺俺》**，就在描述每一個人都有幾十個我，並預言這發展趨
勢最後必造成人吃人的世界，只有每個人都真的找到自己，才能
解除這場世紀災難。是以，「**我是誰？**」幾乎是這新時代的關鍵性
問題，就如同上個世紀二次世界大戰之後，存在主義成為當時的
時代精神一樣，只是原因與解決之道完全不同，因這時代的存有
問題，已經不再是透過個人內在的超越就可以解決，而是必須與
人面對面直接互動中找到自己，是一種 Jackson (2005, 2009) 所謂
的「**關係性存有**」，是「**互為主體性的**」(intersubjective)。

同樣，依據**藥丸岳**同名小說改編的日劇「**刑警的眼神**」，**就是
要呈現當代人性的複雜面**。譬如，在第一回合，故事是一位在先
生過世後辛苦撫養兒子的母親，到兒子高中時，她遇上一位喜歡

的男人，這男人住到她家，除向她要錢外，還有家暴傾向，故兒子非常討厭他。有一天，她家被人放火，這男人死於火災中。一開始，大家認為是這母親不能忍受男人的家暴而將其殺害，但男主角刑警最後發現這母親要殺害的其實是她辛苦養大的兒子。母親之所以這麼做，是她喜歡這男人，但兒子反對。為了追求自己的幸福，只能除去兒子。

而在最後兩回合中，是有關池袋地區發生一連串隨機殺人案，兇手是男主角刑警輔導過的青少年。這青少年的父親被殺、母親自殺，以致於成長過程被社會所排斥，最後他以隨機殺人方式向社會抗議外，也以殺人的手段來證明自己活過。正如被這兇手所模仿的對象所說，「我曾是被排斥的年輕人，被所有的連帶關係及這社會本身排斥在外。如果繼續無視下去，人會覺得自己不應該活在這世上。」然而，最終回要呈現的，卻是兇手雖殺了兩人，也承認加害了第三個人，但實際上，那卻是他原想要救的人。因這母親的自殺，會使她的小孩走上他自己過去所走的道路。所以，他才會承認他殺了她，以免小孩受到母親自殺的陰影。這也使男主角刑警發現這兇手有其善良的一面。這也是因男主角最後意識到「**如果把受害者看成受害者，加害者看成加害者，你跟閉著眼睛沒有兩樣。而且，這個世界不會改變，永遠不會**」。只有意識到當代人性上的複雜性，才有可能面對這新時代。

然而，既然人性那麼複雜，我們又怎能對其他人有所信任與依賴呢！有名的電影「告白」及日劇「贖罪」的原著湊佳苗，在她後來的小說並改編成日劇的「**為了 N**」中，**試圖找尋答案**。劇

中女主角從小住在瀨戶內海上的一個小島，她跟母親被父親所遺棄，母親更怕女兒遺棄她而不准她離開小島。但在青梅竹馬的男同學協助下，雙雙離開小島，尋找個人的未來。中間可以看到每個人為了達到自己的人生目的，都有其善良與邪惡的不同面貌與掙扎。女主角在眼看走上成功之途時，卻突然發現自己患了癌症末期，原想以逃避方式終結一生，劇情進行到這時，我們才發現每個人幾乎都沒有最終可依賴的。**最後，她發現小時候青梅竹馬的男同學之感情，其實是最單純的，她稱為終極之愛，是她沒有預期要對方有回饋的，卻也是她最終所能依賴的。所以，她最後回到這童年同伴的身邊度過最後的人生。**這部日劇完全跳脫湊佳苗過去小說的灰色色調，而開始在複雜的人性下，**應該還是有最終可以依賴的吧！同樣的立場或觀點，也可見於她的另一部小說改編的電影「白雪公主殺人事件」。從中我們可以清楚看到，沒有社會科學理性主義與經驗論科學觀包袱的文學與戲劇，正如伊里亞思所提的文明化理論，不僅可以有效地再現當代的實際現象，更可以讓我們進一步去思考及探討複雜人性下，如何去信任及依賴其他人，以解決關係性存有的問題。**這也是為何，筆者會在清華人社院學士班開小說及日劇的課，主要是讓同學能從文學與戲劇，看到比既有社會科學更易了解當代的另一面窗子及找到可能的空間，以便對既有社會科學有所改革。

六、舊酒裝新瓶

當然，上述的突破並非在社會科學過去的研究上都未曾出現

或努力過。事實上，在社會科學一個世紀前就有新的嘗試以求突破，只是時代的限制讓他們的努力在當時是被忽略的（如前述的伊里亞思）、甚至像皮爾斯被排擠以至一生都沒有在大學找到教職。皮爾斯是 19 世紀末到 20 世紀初挑戰笛卡兒、洛克以來而集大成於康德的哲學傳統者之一。在當時是屬於國際學界非主流的邊緣人，不僅一生都找不到大學的正式教職，晚年貧困還得依賴好友詹姆斯的救濟才能度日。他挑戰最用力的是笛卡兒的物與心靈或身心二元論，以及洛克的經驗論。直到 1980 年代，解構論及後結構論的興起，他的學術地位才重新得到肯定，並於 1989 年在他 150 歲冥誕時舉辦第一次國際學術研討會討論他的思想。其中，他的符號學，主要是反對能指／所指結構語言學以語言結構來了解世界的作法。他提出了 object/sign/interpretant 的三元模式來討論，以便建構出人、動植物、乃至於自然景觀與人造環境都可以共通的象徵符號，這個沒有 signified 的象徵符號得以超越文化與自然、或人與非人的對立，來探索新知識的可能性。如今，他已經成為當代社會科學研究上最常被引用的學者之一而成為 21 世紀的學者。

同樣，皮爾斯的好友詹姆斯的古典著作，《宗教經驗之種種》(James 2002)，在被冷凍了一個世紀後，這本 1902 年出版而在當代一再被重印的作品中，他收集了西方宗教人物的傳記或自傳裡之宗教經驗並加以討論。他承認宗教經驗的多元性，再從意識場域的角度解釋，承認我們現有的意識世界只是許多存在的意識世界之一，而且那些其他意識世界也必然包括對我們生命有意義的

經驗，那個（宗教）世界的經驗與我們現實世界的經驗是分隔的，但這兩個世界可以相連，而且更高層的能力也滲透進來。是以，道德益處也成了宗教經驗所不可少的。換言之，直覺的洞察、哲學的理性及道德的效果是互相證成的，與心靈的整體，包括意志、情感、認識與實踐都有關聯。由此，他界定宗教經驗並不是單一的心靈實體，而是情緒的儲藏室，任由宗教對象所取用。同理，也不存在一種特定且根本的宗教對象，我們心靈所有的感知與行動都是宗教經驗發生時可能動員的資源。因此，若要理解宗教的本質，就要從個人最內在、最隱密的經驗尋覓。因此，宗教經驗構成宗教的核心，而宗教經驗就是對那不可見的力量之親身體會，此力量有為經驗者帶來轉化的效果。所以，宗教最核心的性質並不是為了認識或理解，而是被使用。分析到最後，宗教的目的並不是神，而是生活──更多的生活，一個更廣大、更豐富、更令人滿意的生活。對生活的愛在發展過程的任何階段都是宗教的推力。所以，神聖不會只有單一的性質，它必然包括一群性質；不同性質在不同人的身上輪流得到優勢，個別的經驗就有如整體樂章的一個音節，需要全人類的經驗才能將整體的訊息展現出來。由此，我們得以知道宗教的探究其實是人性的探究，企圖在個人命運的答覆之上，提供了什麼來針對人類的普遍信息。譬如，一種不安，以及藉著更高力量的適當聯繫而得到一種解放。這是有意識的自我與一個更廣大的自我相連，從而得到救贖經驗。而個人又植根於情感，並且只有在情感深處，個性更為隱晦與向外視覺中斷的層次，我們才得以掌握在世界中發生的事實，是理解事

件如何發生，工作如何完成的所在。總而言之，詹姆斯的研究是接近、又遠離的雙重視角，一方面從人主體內部經驗著手，又把理解帶到外部，以探討人類心靈意識場域的多元與豐富性，讓我們了解到人類心靈遠大於所有理性認知的總和。但更重要的是，他指出閾下經驗意識同時涵納了激情、衝動，以及較高的靈感與信仰。因此，宗教經驗固然可以拓寬、加深人的意識場域，但也可能造成偏狹。

事實上，曾是佛洛依德好友兼其理論可能繼承者的榮格，卻因佛洛依德過分強調經驗論科學觀及理性主義而分道揚鑣。正如蔡怡佳 (2019) 所指出，榮格將無意識（包括佛洛依德所說的潛意識）對人的影響理解為「一個基本的宗教現象」。這種觀點，反而是將宗教視為心理現象，並將無意識提升為宗教的現象。這涉及了榮格將佛洛依德的原欲理解為「心靈能量」(psychic energy)，而不只是性本能。由此，榮格進而認為「人格的整體並不等同於意識場域中心的自身 (ego)」。榮格把這無法完全認識的整體人格稱為自我 (self)。自身從屬於自我；自身與自我的關係猶如部分與整體的關係。自身無法直接認識自我，只能透過宗教象徵的方式來理解它，自我是自身植根之處。人格的整體在這些原型意象中位於最高點，與神的形象密不可分。因此所有關於神的意象的描述都可以被看做對於整體經驗的象徵。依此，我們就可以理解榮格所說的「自性化 (individuation) 也就是在整體心靈結構與意識層次浮現的歷程，成為統合而獨特的個體，也就是以自我為中心的、全體人格的統合」。換言之，最高境界的自我所統合的意識與無意

識，就是宗教，也是自性化的過程。這包括戒慎恐懼地服從某種存在，對於某種力量的敬畏和服從。這些力量包括鬼魂、惡魔、諸神、法則、觀念、理想典範，或人類在其世界稱呼那些強勢的、危險或有助益的事物，這是獨立於主體意志之外的力量，同時是主體的某種原始狀態。榮格認為生命的目的在於整體的實現，他以超功能來指意識與無意識之間動態的整合，也就是自性化的途徑。因此，自性化不僅是重生的過程，也是昇華的過程，逐漸達到神聖的事物或境界。如建造塔樓與繪製曼陀羅，即是自性化過程，也是達到神聖的事物之過程的著名事例。如此，榮格將宗教的奧秘與心靈連結在一起。

　　上述這些舊酒裝新瓶，加上第十四章提到新自由主義化下的多重人觀與自我、認知科學所確知的宗教心靈、當代金融制度對於主體的塑造等等，使自我與主體性有了更複雜的關係，而使當代的主體性與 Ortner (2005) 所凸顯的現代性主體有了區別。正如張正衡在《日常生活中的社會運動》中的論文〈寓居中的地方主體〉 所說的， 在這後新自由主義的社會想像與建構中，「**主體 (subject) 不同於自我 (self)， 主體應當被視為是多重建構的 (multiply constituted)**。個人的自我會認同在不同的面向上或情境下採取不同的主體位置，而這許多由論述、情感或結構所形成的主體位置，構成了一個主體性的矩陣。因此，主體化的過程是一個開放而持續進行的過程，而主體位置的陣列不僅可能會有所變動，其間也可能會相互衝突而非永保協調」（張正衡 2021: 314）。這裡所說的後新自由主義社會之建構，正如第七章社會中所說，

不僅是日本目前發展地方創生在日本東北岩手縣紫波町正在進行的 OGAL 計畫,更是透過平臺的觀念,將人(政治人物、公務員、商人、建築師、設計師、居民)、物(鐵道系統、車站、町產材、生質能源系統、節能住宅、體育館、旅館、辦公廳舍、圖書館、幼兒園、草坪、步道、車道、廊道等)、文化概念(美國的 PPP 與金融管理技術,英美的新都市主義規劃風格、北歐的緊密城市與永續生態系統等)及資本,再與既有的環境、法規、歷史、在地社群進行磨合成形後,藉由公司化法人「OGAL 紫波」來監管營運的一個組裝體。更重要的是它是**結合在地人與外來者、地方社會的公共利益與私人資本團體之利益,創造出一套與大型購物中心或美式消費地景不同,而與新的社會組織方式相稱的經濟運作模式,使這新的平臺經濟能夠重新鑲嵌在新的社會脈絡與市場體系中。這不僅隱含未來社會之可能面貌,其多尺度不同力量的組裝,正好可以凸顯其複雜性、彈性與開放性。**這背後涉及新社會想像外,更與發展新知識的可能性與本體論的轉向有關,也是本書最後、第十六章要討論的課題。

第十六章
想像、意象與本體論轉向

一、前　言

在第十五章已經提到，當代因網際網路的革命，加上交通及溝通工具的快速發展，使得人、物、資金、資訊的流通加速，往往超越國家的控制，造成既有社會組織的沒落，包括國家的弱化在內。這使得個體與自我得以從既有社會組織、社會規範及文化價值中解放出來，個體與自我得以發揮到極點，也使個人的非理性因素，如情感、情緒、乃至於潛意識的心理情結及無意識等，逐漸居於重要地位。

另一方面，面對人從既有社會組織中解放出來以後，人也得面對人的孤單寂寞與自我認同的問題。因不再有過去社會自我認同所依據的「鏡我」為基礎，也使得「關係性存有」成了這個新時代解決「我是誰」問題的關鍵所在。也就是如何重建人際關係中找到自我。但在這同時，當我們把基本分類概念及非理性的情感、情緒、乃至於潛意識或無意識帶入思考及分析研究當中，勢必造成我們的分析架構變得非常複雜而難以駕馭。因此，如何找

到關鍵性的新切入點就變得很重要。唯有如此,我們才有辦法在紛雜混亂的當代現象中,抓到一堆粽子的繩結,一次就能整串提起。而用來超越「個體與群體」或「真實與虛幻」的**社會想像**或**社會意象,就成了新時代新的關鍵點或新的概念**。甚至在人類學界,像 Brad Weiss (2004, 2009),就認為未來社會想像或意象,有可能取代既有的文化觀念。

二、社會想像或社會意象

事實上,社會想像或社會意象,並不是什麼新的概念。只是在過去理性主義與經驗論科學觀的主宰下,這類的討論或思考,往往被歸入所謂的社會思想當中,並不足以成為社會事實,因而在社會科學的研究上,往往被忽略或落於邊陲位置。但到了這個新世紀,在知識的本體論上不再拘泥於現代性所強調的真實與虛幻的區辨,而以追求效率取代真理的新條件下,社會想像與社會意象的觀念才逐漸浮現。這時,依 Claudia Strauss (2006) 的論文,我們就可以發現在西方既有的學術傳統上,其實早就有至少三個不同的學術傳統:一個是 Cornelius Castoriadis 的社會學傳統,第二是 Jacques Lacan 的心理分析傳統,第三是 Benedict Anderson 的《想像的共同體》與 Charles Taylor 的《現代的社會想像》之學術傳統。

Castoriadis 所說的社會想像,不只是社會的真實想像而已,它也是一個群體的精神氣質 (ethos),是特殊的象徵結構所建立的一種具有普遍性、教條性之關係,而且是一種抽象性而非落實在

人的心理及行為上的。換言之，他所說的社會想像，往往是與社會的實際狀況疏離，卻也提供社會得以看到事物真實以外的層面與可能性而成為它創造力的潛在資源，更因奠基在共同的文化基礎上，往往是結合人群的重要基礎。換言之，他要說的社會想像是一個文化成員所共同接受的規範或價值下，人們能想到的真實世界以外的其他可能性，因而成為其創新的基礎。譬如，在強調父系繼嗣原則的漢人社會，女性的影響力或權力，往往透過她床邊的男人產生作用，是相當常見的事。就如同漢人社會的男人常常自我調侃說我只管大事，不管小事，只是我家沒有大事只有小事。不過，Castoriadis 理論，在 1975 年出版時，因與當時經驗論科學觀的主流思潮不符而被忽略。到了 1990 年代之後，因想像的問題逐漸出現後，他的作品才被注意，但他理論未能以個人為中心，而是以社會為中心，並不完全符合當代的需要，使得他的理論並沒有因此大放異彩。

　　類似地，Anderson 及 Taylor 的社會想像，基本上是把它看成想像我們社會的一種途徑，而社會想像是承載於意象、故事、傳奇等上，它是複雜的，包括規範性期盼及了解等。譬如，英國中世紀以來的圓桌武士傳奇，強調以和平、妥協方式來解決問題的文化傳統，便是一種社會想像。一直到北愛爾蘭共和軍反抗到最激烈、死傷最嚴重時，英國社會還是相信他們一定可以找到雙方都可以接受的方式。最終停火協定後，他們很得意地說，這就是圓桌武士的精神。換言之，這種想像既非事實又是規範性的，它往往隱含社會全體共享認知上的基模 (schemas)，最後經過實踐而

成了事實。不過，Taylor 其實已經將 Anderson 原有的理論觀點做了調整，使得這社會想像可以從個人出發，經過社會傳播過程而被社會整體所接受，更強調它是集體行為上的資料庫，以避免它的固定性及同質性。這在有關社會的討論時，已進一步說明，在此不再重複。

相對而言，Lacan 不僅把想像視為為了回應心理需要所創造出的幻想（fantasy 或 illusion），他更認為人格是建立在社會與文化的關係裡，是互為主體的 (intersubjective)。譬如，欲望的第一個目標便是被他人所承認，而欲望更是由語言及象徵系統所結構。是以，他區分了事實、象徵及想像三個層次。而象徵與想像是建構失敗或誤建 (misconstruct) 的來源，但象徵屬於群體，而想像屬於個人。如此，使他得以透過想像來連接心理及社會，並強調潛意識是文化的建構，個別的主體性並不完全由共有的論述 (discourse) 所表達，必須由他們的特殊性 (particularity)。而幻想是屬於特殊的個人，不是抽象的文化主體。換言之，Strauss 有意無意間，認為只有 Lacan 由心理分析進一步發展出來的想像，才能真正有效連結個人心理與社會，因而凸顯出當代的特性及開展出研究上的新領域。

當然，僅這三類的社會想像或意象，其實無法有效處理當代一再發生的現象。譬如，第一章已談過，東埔社布農人在這世紀初（2006 年）已發展出一個有名的當代想像：他們將玩排球的規則做了一些修正，第一局，發球那方一次發兩個球，必須兩球都贏才算贏一分，只贏一球平手不得分。第二局是雙方同時發一球，

也是兩球都贏才算贏一分。第三局決勝負時才回歸正常打一球的
方式來進行。他們以此表現他們對這新時代的想像。因以往，他
們只要努力工作就可以有所成，既滿足家的需求，也滿足個人的
責任。但現在，社會現象太複雜，往往顧此失彼，一個人很難照
顧周全，就如同打排球一次打兩個球一樣。**故新的排球規則其實
是他們對於這新時代的想像與再現。這種想像既不全是來自社會
文化的特殊性前提，又不是來自心理分析上的幻想衍生而來，往
往是結合各種知識所創造出來的**。這裡筆者說不完全來自社會文
化的特殊性，多少還是與他們的社會文化傳統有關，因在布農的
文化傳統上，原本打獵是他們用來確定一個人**能力與創意**是否可
成為當地領導人的場域，發展到戰後，打獵被禁止而轉化成**運動，
成為表現個人能力與創意的場域**，故運動的場域他們常有驚人之
舉，包括創造出獨特打乒乓球的規則（見第一章導論），便是一個
例證。另一方面，更讓筆者吃驚的是每週安息日禮拜後的打排球
休閒時間（或婚禮節日共餐後的休閒活動），幾乎全聚落的人都會
參與（這是個人自願，非強迫性的）。雖然大部分的人只是在場邊
加油吶喊，但無論打球者或加油者都聲嘶力竭，讓筆者深深感覺
到這貌似歇斯底里的一般活動，使所有參與者將一星期內的心理
挫折、不滿與無奈，藉機發洩出來，到了第二天又重新開始。此
看似日常的群體聚會活動，其實是一種集體的心理治療與對時代
的抗議（黃應貴 2021k: 37）。

　　上述的問題，也可以進一步由當地人想像出來的玉山三寶證
之。東埔社有人在 2012 年去臺東訪問朋友時，剛好碰到漢人藥商

在臺東山區收購玉山薊，他才知道原本在東埔社附近到處都看得見的雜草，原來是一種中藥材。回到東埔之後，便想以溫室種植的方式大量生產。但需投資三百萬以上，因此向原住民委員會申請補助。為了得到好的結果，他發現一千元大鈔背後的圖案，左下角就有這種玉山薊的圖案，上方另有太陽的圖案，中間則是玉山及帝雉的圖案，他想到用帝雉、陽光及玉山薊合稱「玉山三寶」的名號向原住民委員會、文化部、農業部等公家機構申請補助，結果無往不利，順利建立溫室並大量生產原在當地被視為是有害農業的雜草。事實上，玉山薊是全世界只有在臺灣玉山附近才有的物種，極為稀有，才會刻在千元大鈔的圖案上。**而玉山三寶完全是個人的想像而來，與當地布農人的社會文化一點關係都沒有，卻因成了地方產業的成功名號，為他創造了財富外，也為當地文化增添了新要素，更構成整個玉山地區（除布農人外，還包括這地區的閩南人、客家人及退伍老兵後代的村落）的新地方產業。**但這新要素，是 2012 年個人所創造出來的，他的創新固然來自他個人的想像，更是他結合各種機緣及各種相關知識所創造出來的，與個人的心理分析潛意識理論一點關係都沒有。因他都可以很理性地告訴筆者整個理性思考與實踐的過程。

事實上，即使在西方的國際學界，有關想像的探討，早已超越上述 Strauss 所強調的三個傳統。譬如，由藝術、電影、戲劇等發展出來的 picture theory，更與想像的問題緊密相關，只是它不屬於社會科學的範圍，所以完全被 Strauss 排除在外。但對當代人來說，誰管這是屬於什麼範圍，只要有用就可以拿來用。Weiss

就應用了 picture theory。事實上，社會想像或意象的提出，之所以能成為當代研究上的重要新領域，是它強調了當代新知識在創意上的主宰性。因我們這裡所說的社會想像或意象，不只是在討論當代對於社會的想像而已，而涉及我們在回顧及解構既有的主要觀念時，所期望的相關創新，以找到新的出路與可能性，包括資本主義之外是否有另外一種可能?現代民族國家弱化或崩解後，是否有另一種新的政體來取代國家？有怎樣新形式的個人性宗教來取代過去西方傳統的制度性宗教？有否從個人出發的多元歷史來取代國族史？理性的制度性宗教研究是否可能與非理性的宗教經驗體驗結合而開展出超越兩者的新視野與新知識？等等都需要創意來豐富當代的新知識，以找到未來的出路及可能性。另一方面，社會想像的提出，實也象徵著在新知識體系下所創造出的新研究領域。這類領域除了第十五章提到的情感情緒及潛意識有關的心理情結、記憶以及存有等三個領域外，像認知便是另一個發展非常快速的領域，只是它趨向於自然科學的探討，而與認知科學、腦神經學、資訊科學等緊密結合。另一個新領域就是 **Henrietta L. Moore** 在她的新書 *Still Life: Hopes, Desires and Satisfactions* **(2011)** 及 **Alain Touraine** 在 *Thinking Differently* **(2009)** 所提到的 **sexuality**。由於它直接銜接著兩個人而打破當代個人的孤單寂寞以達到關係性存有，在西方社會本身的研究上的熱度，早就超越社會想像。只是，在非西方社會，這是否是一個研究當代的適當切入點，還有許多爭議與保留。

　　不過，相對於 sexuality 的共同看法，Touraine 與 Moore 對於

當代主體的看法卻明顯不同 。 Touraine (2009) 主張 ， 社會 (the social) 在當代已被終結，主體的社會學則成了新的研究模式或範式。這主題是來自客觀的市場世界與主觀的主體世界之間的衝突。若欲了解主體，就必須了解主體內心的衰敗 (decaying) 或去社會化 (desocialization) 這類有關主體之自我建構，而不是只關注過去研究所聚焦的宰制 (domination) 與剝削等問題。 因此，我們要處理的問題，主要來自我們的世界與文化之內，它不再是客觀的真實，而是主觀的情境，包括主體與客體的對抗、或主體對抗其被安排的生活。這是由主觀的自我對自我 (self-to-self) 關係所引導，再經由反身性 (reflexivity) 及意識之協助所建構的。這裡所說的主體，有別於自我 (the self) 和己身 (ego)：己身是個體；自我則涉及自我意識 (self-consciousness)，因而是多重的。主體則是自我意識加上潛意識，來自自我對自我 (self-to-self) 的關係，特別是經驗上的自我 (experiencing self) 與自我意象 (self-image) 所構成的雙重體 (doubling)。但自我的浮現是與他者的存有，可被另一個有主體的行動者所感覺與理解，是以，主體是鑲嵌於他者中。很顯然，Touraine 雖意識到主體的潛意識，但基本上並未跳出現代性主體的限制[1]。關於這點，Moore 有不同的進路。

Moore (2011) 認為研究當代之所以成為問題，是由於人類學過去的研究是由差異理論 (theories of difference) 著手 ， 但如今已無法有效。因為這類理論與社會條件脫節，幾乎不談論其存在的

---

1. 參見黃應貴 (2021k) 有較詳細的討論。

社會、政治、經濟等脈絡，以至於全球化或資本主義都只是隱喻的觀念。即使我們對這些條件或脈絡都有了必要的了解，在當代還是得面對一個根本問題：何謂主體？差異理論主要是處理自我與他者的關係，故當其討論主體時，往往只論及個人內心的活動，很少將內心的活動放置於前述更廣大的脈絡中來加以看待。換言之，我們仍將認同的問題看成個人內心問題，以對比於外力的作用或條件，無視於當代人生活在全球化的社會中這個事實。這是因為我們仍然深陷於全球化相對於地方化、或外力相對於內力等二元對立的觀念泥淖中，完全忽略新的科技早已創造出新的宇宙觀或本體論。如流行世界的日本動漫，早已超越個別文化的限制，創造出各地文化的人都可認同的新文化之本體論。另一方面，新的生物科技特別是基因工程，在創造出人為的 non-human、in-human、post-human 的形式之後，使主體化問題已無法單純建立在理性或意識的基礎上。故有關認同背後的主體之理解，愈來愈依賴情感 (affect)、希望 (hopes)、欲望 (desires)、滿足 (satisfactions) 等來再現與了解。這種能被想像 (imagination) 或幻想 (fantasies) 所了解的主體，更是立基在共同依賴與共構之上，因而有著新的政治本體論。換言之，人觀已改變。若我們要了解當代的認同，必須經由各種不同的連結來呈現。這不只涉及如何理解與掌握更寬廣的世界，更涉及我們要如何找出新的切入點，以理解那日益複雜且本身即包含自我相對於他者關係的主體。對此，Moore 認為，社會想像、倫理想像、希望或欲望等，就變得十分重要且切題。

　　然而，了解了當代並不表示問題就因此解決。以知識或認識世界的方式為例，無論是社會新秩序的出現或建立，以及新人觀與新主體性的浮現，背後都涉及了金融化以來認識世界方式之改變有關。這除了涉及 Jean-François Lyotard (1984) 在 *The Postmodern Condition: A Report on Knowledge* 一書強調網際網路的科技革命帶來知識本體論上的革命，以有效取代真理之外，更觸及了東浩紀 (2012) 在《動物化的後現代：御宅族如何影響日本社會》一書提出的問題。他認為（日本的）御宅族以網際網路創造出他們的特殊文化，此一特殊文化是現代化文化所具有的整體統一性淪喪後，被電腦與網際網路所隱含之看待世界的新方式所取代。他將此一看待世界的新方式，稱為「資料庫模式」，相對於近現代或現代性的「樹狀圖模式」。在樹狀圖模式中，個體只看到許多小事件，但其背後是由一個深層的大敘事（或更大的知識體系）所決定。因此，現代性下的個人，是透過小故事的深入來追求深層的大敘事。對照之下，資料庫模式下的個體，不僅可看到眼前的許多小事件，也可看到小事件背後深層的資料庫。然而，後現代的御宅族，僅僅只是利用資料庫來精巧化每一個他或她有興趣的小故事，卻不圖建構大敘事或更大的知識體系。這兩種認識世界方式的差異，實見於其他學者的討論[2]。

　　譬如德勒茲與伽塔利 (Deleuze & Guattari, 1987) 以根莖 (rhizome) 作為隱喻，比擬他們所說（當代）的游牧思想體系，強

---

2. 參見黃應貴 (2021l)。

調依連結、異質、多元、斷裂、製圖、轉印等原則來刻劃他們自由漫生的組織思想與認識世界的方式，以挑戰西方正統哲學思想史所呈現的一脈相承、開枝散葉的嚴謹樹狀體系（張正衡 2016: 85）。又如，英格德 (Ingold 2008) 以「解釋秩序」(explicate order) 來指涉過去的社會研究將社會想像成由個別的實體 (entities) 與事件所構成的世界，這其實是啟蒙運動以來的自然科學用以了解及解釋這世界的真實與實體的方式。他認為若我們要了解當代，就必須了解這個本質上由心與世界相互滲透、混合的「隱含秩序」(implicate order)，它不僅是由關係之整體所構成，更是有如生命的過程，其主要關懷是當地人的存有或存有的方式。在一定程度上，這類討論可以有效再現當代認識世界的某些特色與面向，卻也無法跳脫它內蘊的視野限制，導致了解新時代的大理論遲遲無法浮現。因此，如何克服這兩種不同認識世界方式間的對立，以超越既有的族群、民族國家以及社會文化等，為我們在認識世界時所設下的視野限制，恐怕是當代除了要解決金融化帶來貧富極端化及個人極端化之外，另一個不得不面對的難題。換言之，上述的討論，確實幫助我們區辨現代性知識與後現代或新自由主義化下認識世界及知識上的差別，而無法超越兩者的不同來創造或發現超越兩者對立的新知識。這就涉及了本體論的轉向。

三、本體論的轉向

正如第十三章物與物質性所說，本體論的轉向，一開始還是來自物質文化研究者的挑戰。2007 年，一群物質文化研究者覺得

人類學理論在後現代以來沒有什麼突破，因此，Amiria Henare、Martin Holbraad 及 Sari Wastell 合編了一本書 *Thinking Through Things: Theorising Artefacts Ethnographically* (2007)，指出物質研究從 Daniel Miller 經過 Afred Gell、Bruno Latour，直到此書，物質研究才有從人文主義者到後人文主義者的發展。這依賴他們透過民族誌提出研究上的兩個階段：1.物有如啟發性的，2.物等同於觀念，才達到目的。但他們的民族誌深度不夠，理論上又缺乏完整的知識系統，故在他們提出 *Ontology Is Just Another Word for Culture* 的關鍵爭辯後，就幾乎完全銷聲匿跡。取而代之的是源自研究亞馬遜地區的人類學家 Philippe Descola 以來、經 Eduardo Viveiros de Castro、到 Eduardo Kohn 所累積的民族誌之挑戰。尤其是亞馬遜後裔的人類學家 Viveiros de Castro 到法國後，提出了觀點主義 (perspectivism) 而與 Bruno Latour 爭辯後，他似乎成了社會科學界的新趨勢。尤其其後的 Kohn 是透過皮爾斯的符號學，建立一個動植物、人、乃至於自然環境及人造環境都可以共享溝通的符號形式 (form)，以建立一個超越人的人類學 (Kohn 2013, 2015)。但 Latour 所提出的人類世 (anthropocene) 及行動者網絡理論 (ANT, actor-network-theory)，以解決大自然環境對人類的反撲，而強調非人的物質或自然，除了能對人產生塑造作用，更有其獨立自主性。由於他的理論把具有主體性的物帶入人的組裝中來解釋社會文化現象，並不重視民族誌上的論證，很容易就吸引民族誌積累不足的年輕一代研究者加以應用，使他的理論觀點很快就紅極一時，臺灣也不例外。這可見於蔡晏霖、趙恩潔的研究上。

但因他的理論過於單薄，不曾有過區辨上述現代性知識與後現代或新自由主義化知識的差別，以致其討論鮮少觸及對上述有關認識論問題的反省。因此往往被其他路徑的學者批評，認為他並沒有提出超越人與自然對立的認識論與本體論的具體論點　（Kohn 2013, Ingold 2016, 黃應貴 2019）。

　　相對於上述本體論的轉向，英格德獨樹一格，他晚近的研究如 *Lines: A Short History* (2007) 及 *The Life of Lines* (2015)，試著從自然與人活動所共有的（生命）線條之觀念切入，以超越既有自然與文化，或人與自然的二元對立。他所探索的主體並不是有機體與外在環境的關係，而是交織在一起的生活關係。藉由研究線條的生命，他企圖找出一種方式，將我們作為整體人類的經驗，重新鑲嵌於有機生活的連續體中。在這個意義下，並不存在我們目前熟知的各種分科或次領域的界線。其理論上的複雜性與創新性，可見於第八章文化裡，筆者所引用黃郁茜 (2021) 的研究上。雖然如此，英格德理論上最大的限制與問題，就跟其他學者一樣要從事本體論的挑戰，但挑戰理論背後之思維，仍無法跳出西歐啟蒙運動以來的現代性思維、甚至是自古希臘以來的思考方式之限制而難達其功[3]。以理論性最為完整而最系統的英格德為例，他的理論之作 (Ingold 2015) 令讀者充滿著跨越學科知識的驚喜及新意，但全書充滿著二元對立的觀念，幾乎每一章都提出一對

---

3. Kohn (2015) 認為 Descola、Viveiros de Castro 及 Latour 都還是結構論者而不滿。

新的二元對立（或對比）的觀念來討論[4]，最後又回歸於人類學四個主要分支（親屬、經濟、政治與宗教）的重新定義化，卻忘了這四大分類範疇原就是現代性知識的產物。主要問題的解決，可能必須由從現代性知識的另一個基本假定著手：自然相對於超自然，或世俗相對於神聖，或宗教現象相對於宗教經驗與信仰。這就牽涉到筆者在第九章宗教裡所提出的本體論轉向[5]。

筆者的結論是「**人與超自然的互動，由於直接挑戰了既有的現代性知識，而不易被認識，也不易深入了解。這條路徑，不再承認現實的意識是人存在的唯一意識世界，更不將世界具體固定化於限定的空間，反而強調人可依其個人生命經驗的領悟或修行，達到更深、更廣、更遠的視野與格局，使當代狹隘的主體化問題轉換為達到更高整全性自我追求的境界，包含認識世界的方式與面對未知知識的昇華**」（黃應貴 2020a: 57）。因此，對於當代宗教研究的未來，筆者認為並非要證明宗教經驗的真假，而是要**超越現代性知識中理性或科學相對於宗教經驗或非理性對立的基本假**

---

4. 如第一部分的團與線 blob vs. line、joint vs. knot、sterotomic vs. technic、extrusion model vs. skyscraper model 等，第二部分的 linealogy vs. meterology、銘刻與印象 (inscription vs. impression)、地面與天空 (ground vs. sky)、territorial vs. aerial、氣象世界與天氣世界 (climate world vs. weather world)、視覺模式與觸覺模式 (optic model vs. haptic model) 等，第三部分的 the maze vs. the labyrinth、anthropomorphism vs. anthropologenesis、humanising vs. humanifying、growing-in-making vs. making-in-growing、undergoing-in-doing vs. doing-in-undergoing 等等。

5. 可參閱黃應貴 (2021l)。

設。這種本體論的挑戰，比起其他本體論的轉向更易跳脫現代性知識背後西方知識傳統思維的限制，也可以讓生命達到更高整全性自我的境界，更可讓我們對英格德的生命線理論有不同的理解與解釋。至少，筆者認為現在的我是過去生命經驗中各種力量，包括能動性 (agencing)、社會文化的各種結構性力量的塑造與個人的創新、以及各種自然力量經年累月疊累的影響而成，**它不再是英格德理論中像 in-between 的點一樣，只強調「不先有人存在的預設」，而是點有大小及線有結點而呈現生命存在的不同形式，雖然它一樣是非固定而開放的。**

　　在第一章中，筆者最後認為真正能在這新時代有關新知識的發現或創造，恐怕還是得等出生就活在這新時代的新世代，而非像筆者是屬於上個世紀的人來主導。故筆者最後還是要問年輕世代讀者五個問題：你真的知道自己的優點與能力所在？你了解你自己？你知道自己到底要什麼？你真的了解你自己的時代？你真的認為你已有足夠的世界觀來面對這個時代？如果讀者讀完這本書，能夠坦誠地面對自己、認真的面對你生活本身及這個時代，那麼，筆者花費在這本書上的心血都是值得的。

引用文獻

大江健三郎

2001《燃燒的綠樹》。鄭民欽譯。石家莊：河北教育出版社。

于宗先

2011〈百年米的經濟學〉。刊於《中華民國發展史：學術發展》（上冊），王汎森等著，頁317–347。臺北：國立政治大學、聯經出版公司。

小森陽一、高橋哲哉（合編）

2017《超越民族與歷史》。趙仲明等譯。南京：南京大學出版社。

中村文則

2016《教團X》。許金玉譯。臺北：臺灣東販。

王嵩山

2014〈展演臺灣：博物館詮釋、文化再現與民族誌反思〉。刊於《重讀臺灣——人類學的視野：百年人類學回顧與前瞻》，林淑蓉、陳中民、陳瑪玲主編，頁391–433。新竹：國立清華大學出版社。

毛澤東

1951《湖南農民運動考察報告》。收錄於《毛澤東選集》第一卷。北京：人民出版社。

朱雲漢、林碧炤、蕭高彥

2011〈中華民國政治學發展史〉。刊於《中華民國發展史：學術發展》（上冊），王汎森等著，頁259–285。臺北：國立政治大學、聯經出版公司。

李宜憲

2001《大港口事件1877–1878》。臺北：行政院原住民委員會。

n.d.〈部落傳說的創造與轉型：以阿棉納納事件中的核心人物為主〉（未刊稿）。

托爾斯泰

1957《戰爭與和平》。王元鑫譯。臺北：新興書局。

吉本芭娜娜

1999《廚房》。吳繼文譯。臺北：時報文化。

村上春樹

2003《挪威的森林》。賴明珠譯。臺北：時報文化。

村上龍

2002《希望之國》。張致斌譯。臺北：大田出版。

角田光代

2012《樹屋》。劉姿君譯。臺北：聯經出版公司。

呂欣怡

2014〈地方文化的再創造：從社區總體營造到社區文化產業〉。刊於《重讀臺灣——人類學的視野：百年人類學回顧與前瞻》，林淑蓉、陳中民、陳瑪玲主編，頁 253–290。新竹：國立清華大學出版社。

呂玫鍰

2020〈天命難違？從靈乩到童乩的跨界經驗與自我探索〉。刊於《主體、心靈、與自我的重構》，黃應貴主編，頁 235–305。臺北：群學。

杜斯妥也夫斯基

1983《卡拉馬助夫兄弟們》。耿濟之譯。臺北：志文出版社。

易卜生 (Henrik Johan Ibsen)

2004《易卜生精選集》。北京：北京燕山出版社。

吳文藻

1935〈中國社區研究的西洋影響與國內近況〉。《北京晨報・社會研究》102: 416–421。

河合隼雄

2004《日本人的傳說與心靈》。廣梅芳譯。臺北：心靈工坊。

2013《高山寺的夢僧：明慧法師的夢境探索之旅》。林暉鈞譯。臺北：心靈工坊。

林開世

2014〈對臺灣人類學界族群建構研究的檢討：一個建構論的觀點〉。刊於《重讀臺灣——人類學的視野：百年人類學回顧與前瞻》，林淑蓉、陳中民、陳瑪玲主編，頁 217–251。新竹：國立清華大學出版社。

2016〈從頭人家系到斯卡羅族：重新出土的族群？〉。刊於《族群、民族與

　　　現代國家：經驗與理論的反思》，蕭阿勤、汪宏倫（合編），頁 257–
　　　313。臺北：中研院社會學研究所。

　2019a〈導論一：政治已經逝去？還是到處都是政治？〉。刊於《政治的消融
　　　與萌生：新自由主義國家的治理效應》，黃應貴、林開世合編，頁 1–
　　　15。臺北：群學。

　2019b〈新自由主義與國家：對當前幾種理論取向的評估〉。刊於《政治的消
　　　融與萌生：新自由主義國家的治理效應》，黃應貴、林開世合編，頁
　　　57–106。臺北：群學。

東浩紀

　2012《動物化的後現代：御宅族如何影響日本社會》。褚炫初譯。臺北：大
　　　鴻藝術。

柄谷行人

　2013《世界史的結構》。林暉鈞譯。臺北：心靈工坊。

　2017《日本近代文學的起源》。吳佩珍譯。臺北：麥田。

胡適、李濟、毛子水等

　1968《胡適與中西文化：中國現代化之檢討與展望》。臺北：水牛。

星野智幸

　2014《俺俺》。伊之文譯。三重：新雨出版社。

康拉德 (Joseph Conrad)

　2006 [1899]《黑暗之心》。鄧鴻樹譯。臺北：聯經出版公司。

陳寅恪

　1974a《隋唐制度淵源略論》。臺北：洪氏出版社。

　1974b《唐代政治史述論》。臺北：洪氏出版社。

陳紹馨

　1979《臺灣的人口變遷與社會變遷》。臺北：聯經出版公司。

莊雅仲

　2019〈新疆界：科學城的誕生與重組〉。刊於《政治的消融與萌生：新自由
　　　主義國家的治理效應》，黃應貴、林開世合編，頁 191–235。臺北：群
　　　學。

張正衡

2016 〈根莖狀的社區：新自由主義下的日本地方社會〉。刊於《21 世紀的地方社會：多重地方認同下的社群性與社會想像》，黃應貴、陳文德合編，頁 47–100。臺北：群學。

2021 〈寓居中的地方主體：日本地域營造運動的過去與未來〉。刊於《日常生活中的社會運動》，黃應貴主編，頁 217–351。臺北：群學。

葉春榮

1995 〈風水與空間──一個臺灣農村的考察〉。刊於《空間、力與社會》，黃應貴主編，頁 317–350。臺北：中研院民族學研究所。

黃崇憲

2008 〈利維坦的生成與傾頹：臺灣國家研究範例的批判性回顧，1945–2005〉。刊於《群學爭鳴：臺灣社會學發展史，1945–2005》，謝國雄主編，頁 321–392。臺北：群學。

黃郁茜

2021 〈論路徑、行走，與創造路徑──從雅浦與蘭嶼的村落路徑談起〉。《臺灣人類學刊》19 (2): 57–106。

黃應貴

1979 〈農業機械化：一個臺灣中部農村的人類學研究〉。《中央研究院民族學研究所集刊》46: 31–78。

1984 〈光復後臺灣地區人類學研究的發展〉。《中央研究院民族學研究所集刊》55: 105–146。

1989 〈人的觀念與儀式：東埔社布農人的例子〉。《中央研究院民族學研究所集刊》67: 177–213。

1995 〈空間、力與社會〉。刊於《空間、力與社會》，黃應貴主編，頁 1–37。臺北：中研院民族學研究所。

1997 〈對臺灣考古「學」研究之我見：一個人類學者的觀點〉。《國立臺灣大學考古人類學刊》52: 129–139。

1999 〈時間、歷史與記憶〉。刊於《時間、歷史與記憶》，黃應貴主編，頁 1–29。臺北：中研院民族學研究所。

2001 《臺東縣史‧布農族篇》。臺東：臺東縣政府文化局。

2002 〈關於情緒人類學發展的一些見解：兼評臺灣當前有關情緒與文化的研究〉。《新史學》13 (3): 117–148。

2004 〈物與物質文化〉。刊於《物與物質文化》，黃應貴主編，頁 1–26。臺北：中研院民族學研究所。

2006a 〈想像中的臺灣史〉。刊於《人類學的視野》，黃應貴，頁 239–244。臺北：群學。

2006b 〈再談歷史與文化〉。刊於《人類學的視野》，黃應貴，頁 37–55。臺北：群學。

2006c 〈記憶、認同與文化〉。刊於《人類學的視野》，黃應貴，頁 71–98。臺北：群學。

2012a 《「文明」之路》。第一卷，《「文明化」下布農文化傳統之形塑 (1895–1945)》。臺北：中央研究院民族學研究所。

2012b 《「文明」之路》。第二卷，《「現代化」下文化傳統的再創造 (1945–1999)》。臺北：中央研究院民族學研究所。

2012c 《「文明」之路》。第三卷，《新自由主義秩序下的地方社會（1999 迄今）》。臺北：中央研究院民族學研究所。

2014 〈臺灣人類學的未來？ 新世紀的省思〉。《臺灣社會研究季刊》 94: 1–50。

2015 〈導論：宗教的個人化與關係性存有〉。刊於《日常生活中的當代宗教：宗教的個人化與關係性存有》，黃應貴主編，頁 1–25。臺北：群學。

2016 〈導論：多重地方認同下的社群性及社會想像〉。刊於《21 世紀的地方社會：多重地方認同下的社群性及社會想像》，黃應貴、陳文德合編，頁 1–45。臺北：群學。

2019 〈導論二：新自由主義國家下的政治、權力與新知識的浮現〉。刊於《政治的消融與萌生：新自由主義國家的治理效應》，黃應貴、林開世合編，頁 17–55。臺北：群學。

2020a 〈導論：主體、心靈、與自我的重構〉。刊於《主體、心靈、與自我的重構》，黃應貴主編，頁 1–67。臺北：群學。

2020b〈聚落：一個考古學與人類學研究的匯合點〉。《考古人類學刊》92: 1–24。

2021a〈我的人類學經驗〉。《反景入深林：人類學的觀照、理論與實踐》，黃應貴，第一章第一節，頁 2–17。臺北：三民書局。

2021b〈社會的概念與理論〉。《反景入深林：人類學的觀照、理論與實踐》，黃應貴，第二章，頁 25–58。臺北：三民書局。

2021c〈文化的概念與理論〉。《反景入深林：人類學的觀照、理論與實踐》，黃應貴，第三章，頁 59–98。臺北：三民書局。

2021d〈政治與權力〉。《反景入深林：人類學的觀照、理論與實踐》，黃應貴，第七章，頁 185–210。臺北：三民書局。

2021e〈國族主義與族群〉。《反景入深林：人類學的觀照、理論與實踐》，黃應貴，第八章，頁 211–233。臺北：三民書局。

2021f〈經濟與社會〉。《反景入深林：人類學的觀照、理論與實踐》，黃應貴，第九章，頁 235–267。臺北：三民書局。

2021g〈經濟與文化〉。《反景入深林：人類學的觀照、理論與實踐》，黃應貴，第十章，頁 269–289。臺北：三民書局。

2021h〈宗教、儀式與社會〉。《反景入深林：人類學的觀照、理論與實踐》，黃應貴，第十一章，頁 291–320。臺北：三民書局。

2021i〈思考模式〉。《反景入深林：人類學的觀照、理論與實踐》，黃應貴，第十二章，頁 321–344。臺北：三民書局。

2021j〈文化與歷史〉。《反景入深林：人類學的觀照、理論與實踐》，黃應貴，第十四章，頁 371–394。臺北：三民書局。

2021k〈導論：日常生活中的社會運動〉。刊於《日常生活中的社會運動》，黃應貴主編，頁 1–46。臺北：群學。

2021l〈民族誌、理論與時代性：四十年來臺灣人類學的發展〉。刊於《深耕茁壯——臺灣漢學四十回顧與展望》，耿立群主編，頁 659–710。臺北：漢學研究中心。

2021m〈文化與心理〉。《反景入深林：人類學的觀照、理論與實踐》，黃應貴，第十三章，頁 345–370。臺北：三民書局。

黃應貴主編

1993《人觀、意義與社會》。臺北：中央研究院民族學研究所。

1995《空間、力與社會》。臺北：中央研究院民族學研究所。

1999《時間、歷史與記憶》。臺北：中央研究院民族學研究所。

2004《物與物質文化》。臺北：中央研究院民族學研究所。

2015《日常生活中的當代宗教：宗教的個人化與關係性存有》。臺北：群學。

2018《族群、國家治理、與新秩序的建構：新自由主義化下的族群性》。臺北：群學。

2020《主體、心靈、與自我的重構》。臺北：群學。

2021《日常生活中的社會運動》。臺北：群學。

黃應貴、林開世（合編）

2019《政治的消融與萌生：新自由主義國家的治理效應》。臺北：群學。

黃應貴、陳文德（合編）

2016《21 世紀的地方社會：多重地方認同下的社群性與社會想像》。臺北：群學。

黃應貴、鄭瑋寧

2017a〈導論：金融經濟、主體性、與新秩序的浮現〉。刊於《金融經濟、主體性、與新秩序的浮現》，黃應貴、鄭瑋寧合編，頁 1–74。臺北：群學。

黃應貴、鄭瑋寧（合編）

2017b《金融經濟、主體性、與新秩序的浮現》。臺北：群學。

萊特曼 (Alan Lightman)

2005 [1992]《愛因斯坦的夢》。童元方譯。臺北：天下遠見。

塞凡提斯

2016《堂吉訶德》。楊絳譯。臺北：聯經出版公司。

落合惠美子

2010 [2004]《21 世紀的日本家庭，何去何從》(《21 世紀家族へ：家族の戰後體制の見かた・超えかた》)。鄭楊譯。濟南：山東人民出版社。

費孝通

1948《鄉土中國》。臺北：綠洲出版社。

趙恩潔

2020〈蛻變的豬與死屍：印尼清真驗證科學化與本體論轉向再反思〉。《考古人類學刊》92：31–70。

蔡怡佳

2019《宗教心理學之人文詮釋》。臺北：聯經出版公司。

蔡彥仁

2012〈從宗教的「不可化約性」論華人學術處境中的宗教研究〉。刊於《華人學術處境中的宗教研究：本土方法的探討》，黎志添主編，頁 15–45。香港：三聯書店。

蔡侑霖

2017〈晚近科學園區周遭的反農地徵收抗爭：經濟的實質意義、無常空間，與反制性運動〉。刊於《金融經濟、主體性、與新秩序的浮現》，黃應貴、鄭瑋寧合編，頁 185–245。臺北：群學。

鄭楊

2010〈譯後記〉。刊於《21 世紀的日本家庭，何去何從》，落合惠美子，頁 231–234。

鄭瑋寧

2017〈資本的幽靈、分裂的主體：魯凱人的日常金融實踐與經濟生活〉。刊於《金融經濟、主體性、與新秩序的浮現》，黃應貴、鄭瑋寧合編，頁 247–326。臺北：群學。

2019〈「權力」、情緒與分歧的未來：當代魯凱人的政治社群性〉。刊於《政治的消融與萌生：新自由主義國家的治理效應》，黃應貴、林開世合編，頁 299–372。臺北：群學。

濱野智史

2012 前田敦子はキリストを超えた：〈宗教〉としての AKB48（《前田敦子超越了基督：作為宗教的 AKB48》）。東京：筑摩書房。

譚昌國

2007《排灣族》。臺北：三民書局。

Agamben, Giorgio

1998 *Homo Sacer: Sovereign Power and Bare Life*. Daniel Heller-Roazen, trans. Stanford: Stanford University Press.

Anderson, Benedict

1991 *Imagined Communities: Reflections on the Origin and Spread of Nationalism*. Revised ed. London: Verso.

Asad, Talal

2003 *Formations of the Secular: Christianity, Islam, Modernity*. Stanford: Stanford University Press.

Astuti, Rita

1995 The Vezo are not a kind of people: identity, difference, and "ethnicity" among a fishing people of Western Madagascar. *American Ethnologist* 22 (3): 464–482.

Barrett, William

1969《非理性的人：存在哲學研究》。彭鏡禧譯。臺北：志文出版社。

Barth, Fredrik

1959 *Political Leadership among Swat Pathans*. London: The Athlone Press.

Barth, Fredrik (ed.)

1969 *Ethnic Groups and Boundaries: The Social Organization of Culture Difference*. Boston: Little, Brown and Company.

Benedict, Ruth

1934 *Patterns of Culture*. New York: Houghton Mifflin Co.

Berta, Peter

2009 Materialising Ethnicity: Commodity Fetishism and Symbolic Re-Creation of Objects among the Gabor Roma (Romania). *Social Anthropology* 17 (2): 184–197.

Bloch, Maurice

1998 Internal and External Memory: Different Ways of Being in History. *How We Think They Think: Anthropological Approaches to Cognition, Memory, and Literacy*, M. Bloch, pp. 67–84. Boulder, CO.: Westview Press.

Bognar, B.

1989 The Place of No-Thingness: The Japanese House and the Oriental World Views of the Japanese. In *Dwellings, Settlements and Traditions: Cross-cultural Perspectives*. Jean-Paul Bourdier and Nezar Alsayyad, eds, pp. 183–211. Lanham, MD.: University Press of America.

Bohannan, Paul & Laura

1968 *Tiv Economy*. Evanston: Northwestern University Press.

Bourdieu, Pierre

1977 *Outline of a Theory of Practice*. Cambridge: Cambridge University Press.

1990a *The Logic of Practice*. Stanford, California.: Stanford University Press.

1990b The Kabyle House or the World Reversed. In *The Logic of Practice*, P. Bourdieu, pp. 271–283. Cambridge: Polity Press.

2005 *The Social Structures of the Economy*. Cambridge: Polity Press.

Boyer, Pascal

1994 *The Naturalness of Religious Ideas: A Cognitive Theory of Religion*. Berkeley: University of California Press.

2001 *Religion Explained: The Evolutionary Origins of Religious Thought*. New York: Basic Books.

Briggs, Jean L.

1970 *Never in Anger: Portrait of an Eskimo Family*. Cambridge, Mass.: Harvard University Press.

Callon, Michel (ed.)

1998 *The Laws of the Markets*. Oxford: Blackwell.

Cannell, Fenella

1999 *Power and Intimacy in the Christian Philippines*. Cambridge: Cambridge University Press.

2010 The Anthropology of Secularism. *Annual Review of Anthropology* 39: 85–100.

Carrithers, Michael; Steven Collins & Steven Lukes (eds.)

1985 *The Category of the Person: Anthropology, Philosophy, History*. Cambridge: Cambridge University Press.

Carsten, Janet

1997 *The Heat of the Hearth: The Process of Kinship in a Malay Fishing Community*. Oxford: Clarendon Press.

2004 Uses and Abuses of Substance. In *After Kinship*, Janet Carsten, pp. 109–135. Cambridge: Cambridge University Press.

Clifford, James

2013 *Returns: Becoming indigenous in the Twenty-First Century*. Cambridge: Harvard University Press.

Cohen, Paul A.

1997 *History in Three Keys: The Boxers as Event, Experience, and Myth*. New York: Columbia University Press.

Coleman, Janet

1992 *Ancient and Medieval Memories: Studies in the Reconstruction of the Past*. Cambridge: Cambridge University Press.

Comaroff, John L. & Jean Comaroff

2009 *Ethnicity, Inc.* Chicago: The University of Chicago Press.

Connerton, Paul

1989 *How Societies Remember*. Cambridge: Cambridge University Press.

Cooley, Charles Horton

1964 *Human Nature and the Social Order*. New York: Schocken Books.

Corrigan, Philip & Derek Sayer

1985 *The Great Arch: English State Formation as Cultural Revolution*. Oxford: Blackwell Publishers.

Deleuze, Gilles and Fèlix Guattari

1977 *Anti-Oedipus: Capitalism and Schizophrenia*. Translated by Brian Massumi. New York: Viking Press.

1987 *A Thousand Plateaus: Capitalism and Schizophrenia*. Translated by Brian Massumi. Minneapolis: University of Minnesota Press.

de Saussure, Ferdinand

1959 *Course in General Linguistics*. New York: McGraw-Hill.

Douglas, Mary

1978 Cultural Bias. Occasional Paper No. 35 of the Royal Anthropological Institute of Great Britain and Ireland. London: Royal Anthropological Institute.

Dumont, Louis

1970 *Homo Hierarchicus: An Essay on the Caste System*. Chicago: The University of Chicago Press.

Durkheim, Emile

1984 *The Division of Labour in Society*. London: Macmillan.

Elias, Norbert

2000 *The Civilizing Process: Sociogenetic and Psychogenetic Investigation*. Oxford: Blackwell Publishers.

Evans-Pritchard, E. E.

1937 *Witchcraft, Oracles and Magic among the Azande*. Oxford: Clarendon Press.

Fei, Hsiao-tung（費孝通）

1939 *Peasant Life in China: A Field Study of Country Life in the Yangtze*

Valley. London and Henley: Routledge and Kegan Paul.

Ferguson, James

2015 *Give a Man a Fish: Reflections on the New Politics of Distribution.* Durham: Duke University Press.

Ferguson, James & Akhil Gupta

2002 Spatializing states: Toward an ethnography of neoliberal governmentality. *American Ethnogist* 29 (4): 981–1002.

Foucault, Michael

1977 Preface to *Anti-Oedipus: Capitalism and Schizophrenia*, G. Deleuze and F. Guattari, pp. xl–xlv.

1978 *The History of Sexuality: An Introduction*, Vol. 1. New York: Pantheon Books.

1979 *Discipline and Punish: The Birth of the Prison.* New York: Vintage Books.

1985 *The History of Sexuality: The Use of Pleasure*, Vol. 2. New York: Pantheon Books.

1986a *The History of Sexuality: The Care of the Self*, Vol. 3. New York: Pantheon Books.

1986b Texts/Contexts of Other Spaces. *Diacritics* 16 (1): 22–27.

2008 *The Birth of Biopolitics: Lectures at the College de France, 1978–1979.* Londom: Palgrave Macmillan.

2021 *Confessions of the Flesh: The History of Sexuality*, Vol. 4. New York: Pantheon Books.

Fried, Morton

1967 *The Evolution of Political Society.* New York: Random House.

Frisby, David & Derek Sayer

1986 *Society.* London: Tavistock.

Fuller, S.

1993 Disciplinary Boundaries and the Rhetoric of the Social Sciences. In

Knowledges: Historical and Critical Studies in Disciplinarity, Messer-Davidow, Ellen, ed., pp. 125–149. Charlottesville, VA.: University of Virginia Press.

Fustel de Coulanges, Numa Denis

1979 [1864] *The Ancient City: A Study on the Religion, Laws, and Institutions of Greece and Rome.* Gloucester, MA.: Peter Smith

Gallin, Bernard

1963 *Land Reform in Taiwan: Its Effect on Rural Social Organization and Leadership.* (unpublished report)

1966 *Hsin Hsing, Taiwan: A Chinese Village in Change.* Berkeley: University of California Press.

Geertz, Clifford

1973a Person, Time, and Conduct in Bali. In *Interpretation of Culture,* C. Geertz, pp. 360–411. New York: Basic Books.

1973b Deep Play: Notes on the Balinese Cockfight. In The *Interpretation of Culture,* C. Geertz, pp. 412–453. New York: Basic Books.

1980 *Negara: The Theatre State in Nineteenth-Century Bali.* Princeton: Princeton University Press

Gell, Afred

1995 The Language of the Forest: Landscape and Phonological Iconism in Umeda. In *The Anthropology of Landscape: Perspectives on Place and Space,* E. Hirsch & M. O'Hanlon, eds., pp. 232–254. Oxford: Clarendon Press.

Giddens, Anthony

1984 *The Constitution of Society: Outline of the Theory of Structuration.* Berkeley: University of California Press.

Giddens, Anthony, et al.

2005a *Introduction to Sociology,* "The Development of Sociological Thinking," pp. 12–22. New York: W. W. Northon.

2005b *Introduction to Sociology,* "Culture and Society," pp. 70–83. New York: W. W. Northon.

Goody, Jack

1977 *The Domestication of the Savage Mind.* Cambridge: Cambridge University Press.

Gudeman, Stephen

1986 *Economics as Culture: Models and Metaphors of Livelihood.* London: Routledge & Kegan Paul.

Halbwachs, M.

1992 [1950] *On Collective Memory.* Chicago: The University of Chicago Press.

Hamilton, Peter

1992 The Enlightenment and the Birth of Social Science. In *Formations of Modernity,* in Hall, Stuart and Bram Gleben, eds., pp. 17–58. Cambridge UK: Open University Press.

Harris, Grace Gredys

1978 *Casting out Anger: Religion among the Taita of Kenya.* Cambridge: Cambridge University Press.

1989 Concepts of Individual, Self, and Person in Description and Analysis. *American Anthropologist* 9193): 599–612.

Hart, Keith

2007 Marcel Mauss: In Pursuit of the Whole. A Review Essay. *Comparative Studies in Society and History* 49 (2): 473–485.

Hawthorn, Geoffrey

1987 *Enlightenment and Despair: A History of Social Theory.* Cambridge: Cambridge University Press.

Heilbron, Johan

1991 The Tripartite Division of French Social Science: A Long-Term Perspective. In *Discourses on Society: The Shaping of the Social*

Science Disciplines, P. Wagner & B. Wittrock, eds., pp. 73–92.

Henare, Amiria、Martin Holbraad & Sari Wastell (eds.)

2007 *Thinking Through Things: Theorising Artefacts Ethnographically.* London: Routledge.

Hertzler, Joyce Oramel

1961 *American social institutions: a sociological analysis.* Boston: Allyn & Bacon.

Hobsbawn, E. J.

1990 *Nations and Nationalism since 1780.* Cambridge: Cambridge University Press.

Holbraad, Martin & Morten Axel Pedersen

2017 Things as Concepts. In Marti Holbraad and Morten Axel Pederse(eds.) *The Ontological Turn: An Anthropological Exposition,* pp. 199–241. Cambridge: Cambridge University Press.

Hoopes, James

1991 Introduction. In *Peirce on Signs: Writing on Semiotic by Charles Sanders Peirce*, James Hoopes, ed., pp. 1–13. Chapel Hill and London: The University of North Carolina Press.

Hugh-Jones, C.

1977 Skin and Soul: The Round and the Straight-Social Time and Social Space in Pira-Parana Society. In *Social Time and Social Space in Lowland South American Societies,* Joanna Overing–Kaplan, ed., pp. 185–204. Actes XLII Congrés International des Americanistes, Vol. 2. Paris.

Hulme, Peter

1990 The spontaneous Hand of Nature: Savagery, Colonialism, and the Enlightenment. In *The Enlightenment and its Shadows,* P. Hulme & L. Jordanova, eds., pp. 16–34. London: Routledge.

Ingold, Tim

2007 *Lines: A Brief History.* New York: Routledge.

2008 Anthropology is *Not* Ethnography. *Proceedings of the British Academy* 154: 69–92.

2015 *The Life of Lines.* New York: Routledge.

Jackson, Michael

2005 *Existential Anthropology: Events, Exigencies and Effects.* Oxford: Berghahn Books.

2009 *The Palm at the End of the Mind: Relatedness, Religiosity, and the Real.* Durham: Duke University Press.

James, William

2002 [1929] *The Varieties of Religious Experience: A Study in Human Nature.* London: Routledge.

Jenkins, Keith

1991 What history is. In *Re-Thinking History*, K. Jenkins, pp. 5–26. London: Routledge.

Jenkins, Keith & Alun Munslow

2004 Introduction to *The Nature of History Reader*, K. Jenkins & A. Munslow eds., pp. 1–18. London: Routledge.

Jing, Jun（景軍）

1996 *The Temple of Memories: History, Power, and Morality in a Chinese Village.* Stanford: Stanford University Press.

Jung, Carl Gustav

1966 *Two Essays on Analytical Psychology.* Princeton: Princeton University Press.

1971 *Psychological Types.* Princeton: Princeton University Press.

Kapferer, Bruce

1988 *Legends of People, Myths of State: Violence, Intolerance, and Political Culture in Sri Lanka and Australia.* Washington:

Smithsonian Institution Press.

Kohn, Eduardo

2013 *How Forests Think: Toward An Anthropology Beyond The Human.* Berkeley: University of California Press.

2015 Anthropology of Ontologies. *Annual Review of Anthropology* 44: 311–327.

Kuper, Adam

1999 *Culture: The Anthropologist' Account.* Cambridge, MA.: Harvard University Press.

Lazzarato, Maurizio

2012 *The Making of the Indebted Man.* Los Angeles, CA: Semiotext(e).

2015 *Governing by Debt.* Translated by Joshua David Jordan. South Pasadena, CA.: Semiotext(e).

Leach, Edmund

1954 *Political Systems of Highland Burma: A Study of Kachin Social Structure.* London: The Athlone Press.

1974 *Levi-Strauss.* Glasgow: Fontana.

LeDoux, Joseph

2002 *Synaptic Self: How Our Brains Become Who We Are.* New York: Penguin Books.

Le Goff, Jacques

1980 *Time, Work and Culture in the Middle Ages.* Chicago: University of Chicago Press.

Le Roy Ladurie, Emmanuel

1979 *Montaillou: The Promised Land of Error.* New York: Vintage Books.

Lèvi-Strauss, Claude

1984 The Concept of "House". In *Anthropology and Myth: Lectures 1951–1982.* C. Levi-Strauss, pp. 151–152. Oxford: Basil Blackwell.

Lèvy-Bruhl, Lucien

1966 [1923] *Primitive Mentality.* Boston: Beacon Press.

1985 [1926] *How Natives Think.* Princeton: Princeton University Press.

Lindholm, Charles

1982 *Generosity and Jealousy: The Swat Pukhtun of Northern Pakistan.* New York: Columbia University Press.

Linnekin, Jocelyn & Lin Poyer

1990 Introduction to *Cultural Identity and Ethnicity in the Pacific,* J. Linnekin and L. Poyer, eds., pp. 1–16. Honolulu: University of Hawaii Press.

Lukes, Steven

1974 *Power: A Radical View.* London: Macmillan.

Lyotard, Jean-François

1984 *The Postmodern Condition: A Report on Knowledge.* Manchester: Manchester University Press.

MacKenzie, Donald

2008 *An Engine, Not a Camera: How Financial Models Shape Markets.* Cambridge, MA.: MIT Press.

Maffesoli, Thomas

1996 *The Time of the Tribes: The Decline of Individualism in Mass Society.* London: Sage.

Malinowski, Bronislaw

1961 [1922] *Argonauts of the Western Pacific: An Account of Native Enterprise and Adventure in the Archipelagoes of Melanesian New Guinea.* New York: E. P. Dutton & Co., Inc.

Manicas, Peter T.

1991 The Social Science Disciplines: The American Model. In *Discourses on Society: The Shaping of the Social Science Disciplines,* P. Wagner & B. Wittrock, eds., pp. 45–71. Dordrecht: Kluwer Academic

Press.

Maschio, Thomas

1998 The Narrative and Counter-Narrative of the Gift: Emotional Dimensions of Ceremonial Exchange in Southwestern New Britain. *Journal of the Royal Anthropological Institute* 4: 83–100.

Mauss, Marcel

1979 A Category of the Human Mind: The Notion of Person, The Notion of Self. In *Sociology and Psychology: Essays*. Marcel Mauss, pp. 57–94. London: Routledge and Kegan Paul.

1990 [1950] *The Gift: The Forms and Reason for Exchange in Archaic Societies.* London: Routledge.

Mauss, Marcel & Henri Beuchat

1979 [1904–1905] *Seasonal variations of the Eskimo: A Study in Social Morphology.* London; Boston: Routledge & Kegan Paul.

Mead, George Herbert

1967 *Mind, Self, and Society: From the Standpoint of a Social Behaviorist.* Chicago: University of Chicago Press.

Mead, Margret

1961 *Coming of Age in Samoa: A Psychological Study of Primitive Youth for Western Civilization.* New York: Morrow.

Miller, Daniel

1987 *Material Culture and Mass Consumption.* Oxford: Basil Blackwell.

Miller, Daniel (ed.)

2001 *Car Cultures.* Oxford: Berg.

Mintz, Sidney

1985 *Sweetness and Power: The Place of Sugar in Modern History.* New York: Penguin Books.

Moore, Henrietta L.

2011 *Still Life: Hopes, Desires and Satisfactions.* Cambridge: Polity Press.

Moore, Jerry D.

2019 *Visions of Culture: An Introduction to Anthropological Theories and Theorists.* Fifth Edition. London: Rowman & Littlefield.

Mueggler, Erik

2001 *The Age of Wild Ghosts: Memory, Violence, and Place in Southwest China.* Berkeley: University of California Press.

Nora, Pierre

1996 From *Lieux de mémoire* to *Realms of Memory. Realms of Memory: Rethinking the French Past.* Vol. I: *Conflicts and Divisions.* ed. L. D. Kritzman, pp. XV–XXIV. New York: Columbia University Press.

1998 The Era of Commemoration. *Realms of Memory: Rethinking the French Past.* Vol. III: *Symbols.* ed. L. D. Kritzman, pp. 609–637. New York: Columbia University Press.

2001 General Introduction. *Rethinking France: Les Lieux de Mémoire.* Vol. I: *the State.* ed. D. P. Jordan, pp. VII–XXII. Chicago: University of Chicago Press.

Ortner, Sherry

2005 Subjectivity and Cultural Critique. *Anthropological Theory* 5: 31–52.

Overing, Joanna & Alan Passes (eds.)

2000 *The Anthropology of Love and Anger: The Aesthetics of Convivality in Native Amazonia.* London: Routledge.

Pletsch, C.

1981 The Three Worlds, or the Division of Social Scientific Labor, circa 1950–1975. *Comparative Studies in Society and History* 23 (4): 565–590.

Piketty, Thomas

2014 *Capital in the Twenty-First Century.* Cambridge: The Belknap Press of Harvard University Press.

Polanyi, Karl

1957 *The Great Transformation: The Political and Economic Origins of Our Time.* Boston: Beacon Press.

Preda, Alex

2009 *Framing Finance: The Boundaries of Markets and Modern Capitalism.* Chicago: University of Chicago Press.

Reddy, William M.

2001 *The Navigation of Feeling: A Framework for the History of Emotions.* Cambridge: Cambridge University Press.

Riseman, David

2001 [1961] *The Lonely Crowd: A Study of the Changing American Character.* New Haven: Yale University Press.

Rosaldo, Michelle Z.

1980 *Knowledge and Passion: Ilongot Notions of Self and Social Life.* Cambridge: Cambridge University Press.

Russell, Bertrand

1959 The problems of philosophy. New York: Oxford University Press.

Sahlins, Marshall

1981 *Historical Metaphors and Mythical Realities: Structure in the Early History of the Sandwich Islands Kingdom.* Ann Arbor: University of Michigan Press.

Sallnow, Michael J.

1981 Communitas Reconsidered: The Sociology of Andean Pilgrimage. *Man* 16 (2): 163–182.

1987 *Pilgrims of the Andes: Regional Cults in Cusco.* Washington, D.C.: Smithsonian Institution Press.

Schneider, David

1968 *American Kinship: a cultural account.* Englewood Cliffs, N.J.: Prentice-Hall.

Sharp, Lauriston

1953 Steel Axes for Stone-Age Australians. *Human Organization* 11: 17–22.

Shimizu, Akitoshi（清水昭俊）

1991 On the Notion of Kinship. *Man* 26 (3): 377–403.

Simmel, Georg

1990 [1900] *The Philosophy of Money*. London: Routledge.

Spengler, Oswald

1991 The Decline of the west. Oxford: Oxford University Press.

Stearns, C. Z. & P. N. Stearns

1986 *Anger: The Struggle for Emotional Control in America's History*. Chicago: The University of Chicago Press.

Strathern, Marilyn

1988 *The Gender of the Gift*. Berkeley: University of California Press.

1990 Artefacts of History: Events and the Interpretation of Images. In *Culture and History in the Pacific*, J. Siikala, ed., pp. 25–44. Helsinki: The Finnish Anthropological Society.

Strauss, Claudia

2006 The Imaginary. *Anthropological Theory* 6 (3): 322–344.

Sumner, William Graham & Albert Galloway Keller

1927 *The Science of Society*. New Haven: Yale University Press.

Tafarodi, Romin W.

2013 Introduction. In *Subjectivity in the Twenty-First Century: Psychological, Sociological, and Political Perspectives*, R. W. Tafarodi, ed. pp. 1–8. Cambridge: Cambridge University Press.

Tambiah, Stanley J.

1984 *The Buddhist Saints of the Forest and the Cult of Amulets: A Study in Charisma, Hagiography, Sectarianism, and Millennial Buddhism*. Cambridge: Cambridge University Press.

Taussig, Michael T.

　1987 *Shamanism, Colonialism, and the Wild Man: A Study in Terror and Healing.* Chicago: Univercity of Chicago Press.

Taylor, Charles

　2004 *Modern Social Imaginaries.* Durham: Duke University Press.

　2007 *A Secular Age.* Cambridge: The Belknap Press of Harvard University Press.

Thompson, E. P.

　1974 Time, Work-Discipline, and Industrial Capitalism. In *Essays in Social History,* M. W. Flinn and T. C. Smout, eds., pp. 39–77. Oxford: Clarendon Press.

Touraine, Alain

　2007 *A New Paradigm for Understanding Today's World.* Cambridge: Polity Press.

　2009 *Thinking Differently.* Cambridge: Polity Press.

Tsai, Yen-Ling（蔡晏霖）

　2019 Farming Odd Kin in Patchy Anthropocenes. *Current Anthropology* 60, Supplement 20: S342–S353.

Turner, Victor

　1957 *Schism and Continuity in an African Society: A Study of Ndembu Village Life.* Manchester: Manchester University Press.

Turton, A.

　1978 Architectural and Political Space in Thailand. In *Natural Symbols in Southeast Asia,* G. B. Milner, ed., pp. 113–132. London: SOAS.

Viveiros de Castro, Eduardo

　1992 *From the Enemy's Point of View: Humanity and Divinity in an Amazonian Society.* Chicago: University of Chicago Press.

Wallerstein, Immanuel

　1991 Braudel on Capitalism, or Everything Upside Down. *Journal of*

Modern History 63 (June 1991): 354–361.

Weber, Max

1978 *Economy and Society.* Vol. One & Two. Berkeley: University of California Press.

Weiss, Brad

2004 Street Dreams: Inhabiting Maculine Fantasy in Neoliberal Tanzania. In *Producing African Futures: Ritual and Reproduction in a Neoliberal Age,* B. Weiss, ed., pp. 193–228. Leiden: Brill.

2009 *Street Dreams and Hip Hop Barbershops: Global Fantasy in Urban Tanzania.* Bloominton: Indiana University Press.

Wittfogel, Karl August

1957 *Oriental Despotism: A Comparative Study of Total Power.* New Haven: Yale University Press.

Wolf, Eric R.

1966 *Peasants.* Englewood Cliffs, N.J.: Prentice-Hall.

1982 *Europe and the People without History.* Berkeley: University of California Press.

1990 Facing Power-Old Insights, New Questions. *American Anthropologist* 92: 586–596.

Zonabend, Francoise

1984 *The Enduring Memory: Time and History in a French Village.* Manchester: Manchester University Press.

Note

Note

Note

社會學理論（修訂五版）

蔡文輝／著

本書以簡潔易讀的文字，有系統地介紹和討論當代西方社會學主要理論學派的概念和理論架構。對於功能論、衝突論、符號互動論及交換論等四大學派及其代表人物等，皆有詳盡的說明。本書緊扣理論的精華，並以客觀的立場評其得失，不僅是社會學系學生學習之指引，也是其他社會科學系學生不可或缺之參考書。

社會學概論（修訂五版）

蔡文輝、李紹嶸／編著

誰說社會學是一門高深、難懂的枯燥學科？本書由社會學大師蔡文輝與李紹嶸聯合編著，透過簡明生動的文字，搭配豐富有趣的例子，帶領讀者進入社會學的知識殿堂。本書特色在於：採取社會學理論最新的發展趨勢，以綜合性理論的途徑，精闢分析國外與臺灣的社會現象與社會問題。

犯罪學——社會學探討

侯崇文／著

本書從社會學角度，檢視古典學派、實證生物學派、芝加哥學派、衝突學派、社會心理學等諸多經典犯罪學理論，並詳細介紹學者生平與理論出現的時代背景，藉以感受到社會發展與結構轉變之於犯罪問題思考的重要性。

進出「結構─行動」的困境
──與當代西方社會學理論論述對話（三版）

葉啟政／著

作者意圖對現代西方社會學理論從事知識社會學式的剖析，同時循此分析的線索，針對晚近西方社會學理論企圖彌補結構功能論之缺失所提出之「結構／施為」的論爭進行闡述，嘗試以「孤獨」與「修養」二概念為主軸，提出一個另類的思考線索來經營有關「社會」圖像的理解，並以此做為與西方社會學理論思考接續與分離的轉折點。

危險與祕密──研究倫理（修訂二版）

嚴祥鸞／主編

余漢儀、周雅容、畢恆達、胡幼慧、嚴祥鸞／著

本書囊括研究倫理的實例，幫助讀者建立完整和清晰的研究倫理圖像，並揭示研究者和被研究者互為主體的合作關係，提供讀者對於研究倫理和知識生產的另類視野。

社會學導論（修訂二版）

彭懷真／編著

本書是認識社會學的基礎讀物，以簡單易懂、清晰扼要的文字，帶領讀者一步步進入社會學的知識殿堂，了解何謂社會學，以及認識文化、社會化、社會互動、社會組織、社會階層化、社會流動、社會變遷等重要的社會學議題，進而明白個人與社會的關係。

反景入深林
——人類學的觀照、理論與實踐（二版）

黃應貴／著

從「受魔鬼誘惑的人」到「高貴野蠻人」，從「黑暗的大陸」到「失落的自然」，我們對於「他者」的理解，就像一面鏡子，映照出自身的偏見與侷限。人類學的發展是別除霸權文化偏見的過程，透過反思與挑戰既有的理論，建構出更為廣泛、多元的視野。

國家圖書館出版品預行編目資料

解鎖新「識」界：一個社會科學家的生活探索、建構
及解決「我」與「知識」的問題／黃應貴著.——初
版一刷.——臺北市：三民，2022
　　面；　公分——(社會人文新視界)

　ISBN 978-957-14-7465-6　(平裝)
　1. 社會科學

500　　　　　　　　　　　　　　　111007928

社會人文新視界

解鎖新「識」界——一個社會科學家的生活探索、建構及解決「我」與「知識」的問題

作　　者	黃應貴
主　　編	黃應貴
編輯委員	林開世　張正衡　黃冠閔　鄭瑋寧
責任編輯	王敏安
美術編輯	黃霖珍

發 行 人	劉振強
出 版 者	三民書局股份有限公司
地　　址	臺北市復興北路 386 號 (復北門市) 臺北市重慶南路一段 61 號 (重南門市)
電　　話	(02)25006600
網　　址	三民網路書店 https://www.sanmin.com.tw

出版日期	初版一刷 2022 年 7 月
書籍編號	S500300
ISBN	978-957-14-7465-6

三民書局